本书为天津市2021年度哲学社会科学规划资助项目（项目编

新时代

凝聚思想共识的
理论基础与实现策略研究

XINSHIDAI NINGJU SIXIANG GONGSHI DE LILUN JICHU YU SHIXIAN CELÜE YANJIU

武雅君 ◎著

知识产权出版社
全国百佳图书出版单位
—北京—

图书在版编目（CIP）数据

新时代凝聚思想共识的理论基础与实现策略研究/武雅君著 . —北京：知识产权出版社，2024.4

ISBN 978-7-5130-9326-2

Ⅰ．①新…　Ⅱ．①武…　Ⅲ．①思想政治教育—研究—中国　Ⅳ．① D64

中国国家版本馆 CIP 数据核字（2024）第 064119 号

内容提要

本书以我国凝聚思想共识为研究主题，以当前复杂的思想现实为研究切入点，以凝聚思想共识的理论基础与实现策略研究为落脚点，着眼我国广泛而深刻的社会变革，深入研究我国凝聚思想共识的理论基础，全面分析我国凝聚思想共识的现实境遇，重点探索我国凝聚思想共识的实现路径和实现保障，以期在多样多变的思想观念中找到最大公约数，在新时代的历史方位中聚合最大思想合力，汇聚推动实现中华民族伟大复兴的磅礴之力。

本书适合马克思主义理论、政治学等领域的研究者，以及从事思想政治教育和宣传的工作人员阅读使用。

责任编辑：李海波　　　　　　　　　责任印制：孙婷婷

新时代凝聚思想共识的理论基础与实现策略研究

武雅君　著

出版发行：知识产权出版社有限责任公司	网　　址：http://www.ipph.cn
电　　话：010-82004826	http://www.laichushu.com
社　　址：北京市海淀区气象路 50 号院	邮　　编：100081
责编电话：010-82000860 转 8582	责编邮箱：laichushu@cnipr.com
发行电话：010-82000860 转 8101	发行传真：010-82000893
印　　刷：北京中献拓方科技发展有限公司	经　　销：新华书店、各大网上书店及相关专业书店
开　　本：720mm×1000mm　1/16	印　　张：14.75
版　　次：2024 年 4 月第 1 版	印　　次：2024 年 4 月第 1 次印刷
字　　数：240 千字	定　　价：72.00 元

ISBN 978-7-5130-9326-2

前　言

　　凝聚思想共识不仅是重要的理论问题，更是需要重视的实践难题。当今的世界正处于大发展大变革时期，我国全面深化改革已经进入关键的攻坚期，如何解决好人们的思想困惑，凝聚好人们的思想共识，把人们的思想和力量统一到实现中华民族伟大复兴的共同目标上来，已经成为巩固主流意识形态、汇聚强大发展合力的关键问题，事关社会整体的向心力和凝聚力，事关党和国家的前途命运。2013年11月12日，习近平总书记在党的十八届三中全会第二次全体会议上强调："现在，社会结构深刻变动，利益格局深刻调整，思想观念深刻变化，凝聚改革共识难度加大，统筹兼顾各方面利益任务艰巨。这就更需要我们下功夫去凝聚共识。"❶习近平总书记在庆祝中国共产党成立100周年大会上的重要讲话中进一步指出："新的征程上，我们必须坚持大团结大联合，坚持一致性和多样性统一，加强思想政治引领，广泛凝聚共识。"❷由此可见，在社会变革、结构转换、利益调整的情况下，开展和推进我国凝聚思想共识的相关研究，是具有很高理论意义和现实意义的重要课题，不仅有助于深化思想共识问题和共识理

---

❶ 中共中央文献研究室.习近平关于全面深化改革论述摘编［M］.北京：中央文献出版社，2014：45.

❷ 习近平.在庆祝中国共产党成立100周年大会上的讲话［N］.人民日报，2021-07-02（001）.

论的研究，还有利于协调利益冲突，维护社会和谐，在全社会画出最大的思想同心圆。当前，中国特色社会主义进入新时代，凝聚思想共识最重要的就是要坚持马克思主义指导地位，以习近平新时代中国特色社会主义思想武装全党、教育人民，筑牢全党全国人民团结奋斗的精神之魂，为实现中国梦提供源源不断的中国力量。

本书以我国凝聚思想共识为研究主题，以当前复杂的思想现实为研究切入点，以凝聚思想共识的理论基础与实现策略研究为落脚点，着眼我国广泛而深刻的社会变革，深入研究我国凝聚思想共识的理论基础，全面分析我国凝聚思想共识的现实境遇，进而探究我国凝聚思想共识的实现路径和实现保障，以期在多样多变的思想观念中找到最大公约数，在新时代的历史方位中聚合最大思想合力，汇聚推动实现中华民族伟大复兴的磅礴之力。

本书共分为六个章节。

第一章导论主要论述了本书的选题缘由、研究意义、国内外研究现状、研究思路与研究方法、研究的重难点及创新点。

第二章是凝聚思想共识相关概念的内涵阐释。开展凝聚思想共识的研究必须从基本问题入手，从概念和内涵入手。本章围绕"凝聚思想共识是什么"这一基本问题，对思想共识的概念进行解析，重点涵盖了共识与思想共识、思想共识的形成、思想共识的特征三方面的内容，还对凝聚思想共识的含义、本质及目标进行阐释，并且从纵向发展的角度探究凝聚思想共识问题的演进及经验，力争为接下来系统研究我国凝聚思想共识提供概念基础。

第三章是我国凝聚思想共识的理论基础。本章重点从理论维度展开考察，围绕凝聚思想共识的理论基础这一问题进行分析，分别梳理了理论根基、理论指导、理论继承和理论借鉴，阐述了马克思主义相关理论、马克思主义中国化的理论成果、中华传统文化关于凝聚思想共识的智慧、西方社会关于凝聚思想共识的主要观点。凝聚思想共识理论基础的阐明为接下来的现状分析、策略探寻奠定了理论依据，对于我们进一步完善和推动凝聚思想共识的理论研究，促进凝聚思想共识的实践进步具有重要的意义。

第四章是我国凝聚思想共识的现实境遇。对我国凝聚思想共识的把握不能离开对现实境遇的审视，本章着重从当前的实际状况出发，分析了我国凝聚思想共识面临的机遇和挑战。机遇主要包括新时代的历史方位、党中央的坚强领导、中国梦的愿景号召、多极化的发展趋势四个方面；挑战主要包括经济全球化、网络信息化及社会现代化三个方面。此外，本章还进一步阐释了凝聚思想共识在社会领域的现实状况，分别从经济、政治、文化、社会、生态五个方面进行了具体的分析和解读，为研究我国凝聚思想共识的实现路径和实现保障做好准备工作。

　　第五章是我国凝聚思想共识的实现路径。在掌握凝聚思想共识的现实境遇的基础上，本章从凝聚思想共识的思想导向、原则、方法和途径入手，积极探索我国凝聚思想共识的实现路径。其中，坚持凝聚思想共识的思想导向主要包括夯实思想理论、澄清价值取向、保持思想定力、筑牢文化阵地四个方面；坚守凝聚思想共识的基本原则主要包括政治性与社会性相统一、主导性与多样性相统一、继承性与创新性相统一、整体性与层次性相统一；创新凝聚思想共识的有效方法主要有理论武装、思想疏导和实践强化；此外，还要拓展凝聚思想共识的多维途径，可以分为宏观、中观、微观三个层面。在宏观层面，要健全党委领导、政府负责的领导体制；在中观层面，要促进学校、家庭和社会教育一体化；在微观层面，也就是在主体维度上，要培育现代公民，培养公民意识，由此形成党和政府主导、学校家庭社会积极参与、个人因素充分调动的基本途径，筑造全体社会成员共建共享的精神家园。

　　第六章是我国凝聚思想共识的实现保障。我国凝聚思想共识的实现离不开当前的社会现实环境，需要强化凝聚思想共识的社会基础，也需要优化凝聚思想共识的保障条件。经济发展、政治民主、文化繁荣和生态平衡是我国凝聚思想共识的社会基础。保障条件主要包括制度保障、理念保障、利益保障、法治保障、宣传保障和网络保障，重点着眼于这六个方面，阐明推动和促进我国凝聚思想共识所需的准备条件。

目　录

第一章 导　论

理论研究源于对问题的关注，现实问题孕育着理论的生长点。"一个时代的迫切问题，有着和任何在内容上有根据的因而也是合理的问题共同的命运：主要的困难不是答案，而是问题。因此，真正的批判要分析的不是答案，而是问题。正如一道代数方程式只要题目出得非常精确周密就能解出来一样，每个问题只要已成为现实的问题，就能得到答案。"❶ 当前，中国特色社会主义已经进入新时代，立足新的历史方位和时代背景，着眼我国广泛而深刻的变革，面对文化多元、利益多样、思想多变的现实境遇，如何解决好人们的思想困惑，凝聚好人们的思想共识，把人们的思想和力量统一到实现中华民族伟大复兴的共同目标上来，已经成为思想政治教育的重要任务和重大课题，也是亟待寻找答案的现实问题。

第一节　选题缘由

近年来，改革开放持续推进，经济社会快速发展，人民生活极大改善，然而机遇与挑战总是并存相依，伴随着急剧的现代化转型，我国社会不断分化，不同群体利益诉求多样化问题凸显，思想文化呈现出多元多变的特点，意识形态领域的斗争也愈演愈烈，这些问题均给思想共识的达成带来了困难。在这样复杂尖锐的形势下，能否统一思想、凝聚力量，事关社会整体的向心力，事关党和国家的前途命运。越是多元多样越要确立思

---

❶ 马克思恩格斯全集：第 1 卷［M］. 北京：人民出版社，1995：203.

想主导，越是多变多维越要凝聚思想共识，在现实社会中大体应呈现为从思想差异、观念多样到逐步形成共识的动态过程，也就是"凝聚"的过程。由此，凝聚思想共识的问题逐渐进入人们的视线并得到广泛的关切。

党的十八大以来，以习近平同志为核心的党中央高度重视思想建设和凝聚共识，习近平总书记在多个场合谈到凝聚共识，特别是多次阐述了统一思想的重要性，强调了凝聚共识的紧迫性。2013年11月12日，习近平在党的十八届三中全会第二次全体会议上发表重要讲话，明确指出："凝聚共识很重要，没有广泛共识，改革就难以顺利推进，也难以取得全面成功。"他还强调："现在，社会结构深刻变动，利益格局深刻调整，思想观念深刻变化，凝聚改革共识难度加大，统筹兼顾各方面利益任务艰巨。这就更需要我们下功夫去凝聚共识。"❶2016年4月19日，习近平在网络安全和信息化工作座谈会上的讲话中指出："凝聚共识工作不容易做，大家要共同努力。为了实现我们的目标，网上网下要形成同心圆。什么是同心圆？就是在党的领导下，动员全国各族人民，调动各方面积极性，共同为实现中华民族伟大复兴的中国梦而奋斗。"❷习近平总书记在党的十九大报告中指出，"经过长期努力，中国特色社会主义进入了新时代，这是我国发展新的历史方位"，并强调指出，"我国社会主要矛盾已经转化为人民日益增长的美好生活需要和不平衡不充分的发展之间的矛盾"❸。站在新的历史起点，深刻认识主要矛盾的变化，把握社会整体思想意识的变动，满足全国人民对美好生活的追求，用习近平新时代中国特色社会主义思想引领全体人民的思想共识，用中国梦构筑全体中华儿女统一思想的最大共识点，是当前我国改革发展关键期和机遇期亟须解决的现实问题。

国家的稳定和社会的和谐仅靠强制力的统治是不够的，还需要用柔性

---

❶ 中共中央文献研究室.习近平关于全面深化改革论述摘编［M］.北京：中央文献出版社，2014：45.

❷ 习近平.习近平谈治国理政：第2卷［M］.北京：外文出版社，2017：335.

❸ 习近平.决胜全面建成小康社会 夺取新时代中国特色社会主义伟大胜利——在中国共产党第十九次全国代表大会上的报告［N］.人民日报，2017-10-28（001）.

的方式实现"软治理"，思想政治教育就是实现"软治理"至关重要的内容和手段。习仲勋同志曾说："我们的一切工作都不能离开现实生活，不能离开今天的现实问题。"❶思想政治教育也应当如此。长期以来，思想政治教育着眼于我国的现实问题和现实生活，服务于我国的社会发展需要，在这个过程中思想政治教育不断实现了自身的深化与创新。当前，我国的改革发展已经进入攻坚期和深水区，触及的都是深层次的难题，留下来的都是难啃的硬骨头。社会不同个体、群体有不同的利益诉求，随着改革进程的不断推进，各种利益关系深刻调整。一方面，贫富差距扩大，利益冲突日趋激烈；另一方面，冲破利益固化的藩篱必然打破原有的利益格局，导致利益矛盾集中爆发。矛盾的化解需要诉诸思想的疏导，沟通协调不同利益群体的思想诉求，才能更好地将不同的群体加以融合。因此，凝聚思想共识就成为思想政治教育特别是新时代思想政治教育中的重大问题和重要任务。

社会由不同的个体组成，是利益的集合体，社会的深刻变革实质上是利益的调整和重组。社会结构的转化和利益关系的冲突会直接影响人们的思想观念，也会具体反映在人们思想意识的变化中。一方面，个体或群体思想的无序和分散在一定程度上冲击了社会整体思想的规范性、有序性；另一方面，个体或群体思想的崛起和丰富在一定程度上淡化了整个社会思想共识的吸引力、凝聚力。面对当前的现实问题，思想政治教育要作出积极的回应，提升思想政治教育的解题效度，充分发挥思想政治教育的功能，撬解复杂多样的利益矛盾乃至利益冲突，在思想层面促使人们坚定理想信念，凝聚共同意志，增进精神力量，达成维护社会稳定、深化改革发展的思想共识，激励全体中华儿女同心同德、同向同行，为早日实现中华民族伟大复兴的中国梦努力奋斗。因此，本书以当前我国多样多变的思想现实为研究切入点，以我国凝聚思想共识为研究主题，以凝聚思想共识的理论基础与实现策略研究为落脚点，以期在多样的思想观念中找到最大公约数，在新时代的多元社会中形成最大思想合力。

---

❶ 习仲勋文选［M］. 北京：中央文献出版社，1995：187.

<h1 style="text-align:center">第二节　研究意义</h1>

一、理论意义

第一，有助于拓展思想政治教育的研究视野。思想政治教育是一项既古老又年轻的教育活动，是社会历史发展的必然产物，自产生以来，其主要内容和目的就是要把一定社会的思想观念、政治意识、道德规范传导给社会成员，教育和培养广大社会成员形成良好的思想品德和思想政治素质。"中外思想政治教育发展史也表明，思想政治教育也一直在以不同的方式体现自身的价值，即以人为起点，以人的全面发展为最终依归，就其终极意义而言，它是教育者'主观故意'地运用各类各种传播介体以及人文环境、自然环境等影响受教育者的精神传导运动，是人的思想政治素养形成、发展、走向完善的助力，是惠及人的精神世界健康、进步、和谐、愉悦的行为实践活动。"[1] 随着时代的发展，思想政治教育不断面临新情况和新课题，需要作出系统而自觉的理论回答。面对当前多元多样的思想观念和凝聚思想共识的挑战，从凝聚思想共识的视角开展研究是推进思想政治教育理论创新的内在要求，有助于拓展思想政治教育研究视野，拓宽思想政治教育研究维度，助推思想政治教育扎根社会现实不断寻找新的理论生长点，着眼社会思想问题不断获取深化研究的创新空间。

第二，有助于丰富共识问题的理论研究。国内外学界对于共识的研究由来已久，关于共识问题的研究整体上呈现出了逐步探索，并且愈加系统深入的研究进程，不仅产生了诸多知名的专家学者，还形成了一些具有影响力的理论著作。但通过具体收集和梳理文献资料可以发现，这些现有的研究成果和观点大多集中于政治学和政治哲学领域，研究对象大多聚焦于政治共识和价值共识、道德共识等，而共识存在于社会的众多方面，共识问题也不仅仅存在于政治、价值、道德等领域，思想问题和思

---

[1] 张澍军.试论思想政治教育学科前沿的若干重大问题［J］.马克思主义研究，2011（1）.

想共识也是不可或缺和不能忽视的重要领域。目前来看，思想共识和凝聚思想共识的相关研究成果多是报纸刊发的文章，鲜有学者聚焦思想共识开展理论研究，在理论成果和文献资料上还较为薄弱，仅有的一些学术论文也是围绕凝聚思想共识的内涵、本质、价值、影响因素等进行阐释，缺少系统性、整体性的研究和论述。因此，凝聚思想共识问题的研究在一定程度上能够推进和深化思想共识的研究，进一步丰富和充实共识问题的相关理论。

二、现实意义

第一，有利于化解社会矛盾，维护社会秩序。马克思曾深刻指出："人们为之奋斗的一切，都同他们的利益有关。"❶ 现实社会中的个体都难逃利益两字，思想与利益两者的关系更是紧密相连、相互作用，利益的冲突和矛盾难免会使人们的思想观念受到影响。中国正处于深化改革时期，社会结构深刻变动，利益格局深刻调整，必然导致思想观念的深刻变化，社会矛盾也势必更加突出、更加集中。而思想困惑、观念冲突和利益矛盾引发的思想问题，如果没有得到及时有效的思想疏导，就容易转化为影响社会和谐的不稳定因素，一旦在某个节点激化为群体冲突或群体性事件，必然会破坏社会正常秩序，阻碍改革发展稳定的顺利推进。化解社会矛盾和协调利益冲突需要解决思想方面的问题，因为人们"行动的一切动力，都一定要通过他的头脑，一定要转变为他的意志的动机，才能使他行动起来"❷。而思想问题的疏导和化解离不开思想引导和思想政治教育，用科学、正确的思想统一人们的认识，凝聚全社会各方各面的思想共识，才能协调利益冲突，化解社会矛盾，维护社会和谐，推动改革发展。

第二，有利于推进思想政治教育的与时俱进，提升思想政治教育的实效性。习近平总书记在哲学社会科学工作座谈会上明确指出："坚持问题导向是马克思主义的鲜明特点。问题是创新的起点，也是创新的动力源。"❸ 思想政治教育要紧扣时代问题，把握社会需求，才能不断与时俱进，解答

---

❶ 马克思恩格斯全集：第 1 卷［M］. 北京：人民出版社，1995：187.

❷ 马克思恩格斯选集：第 4 卷［M］. 北京：人民出版社，2012：258.

❸ 习近平 . 在哲学社会科学工作座谈会上的讲话［N］. 人民日报，2016-05-19（001）.

现实难题，始终保持与时代的发展同步伐。思想政治教育研究对象主要就是人们的思想行为变化发展的规律，可见思想问题始终是重点内容和重要任务，也正是当人们面临思想困惑时，思想政治教育才能更充分地发挥魅力及效用。当前，思想观念上的分歧与共识已经成为思想政治教育深层次的矛盾，不研究思想共识，思想政治教育的时代性就难以凸显；不解决思想共识的分歧，思想政治教育的实效性就难以增强。贴近人们的现实生活，研究人们的思想问题，凝聚人们的思想共识，才能更好地引导和帮助人们澄清思想观念，坚定理想信念，切实推进思想政治教育理论与实践的结合，提升思想政治教育的时代性与实效性。

第三，有利于加强党的思想领导，为实现中国梦汇聚思想合力。中国共产党是我国各项事业顺利推进的领导核心，通过政治领导、思想领导和组织领导团结带领全国人民不断奋进。毛泽东曾强调掌握思想领导是掌握一切领导的第一位。面对艰巨繁重的改革重任和风云变幻的国际局势，党的思想领导尤为重要，凝聚思想共识也有了更强烈的需要，如果不能将全体人民的思想统一起来、力量凝聚起来，整个国家和社会就会呈现出一定的离心分散状态。中国特色社会主义是在党的领导下开创和发展起来的，也只有在党的领导下才能继续向前，治国理政的大政方针只有党引领和凝聚全体人民才能形成强大的思想合力。在这个过程中，一方面，了解和掌握民众整体的思想动态，在多元社会寻找人们思想的最大公约数，有利于增进人们对党的认可和支持，加强党的思想领导，夯实党的执政基础；另一方面，深入探索和研究凝聚共识的问题，最大限度凝聚全民思想共识，有利于把人们的思想统一到实现中华民族伟大复兴的共同目标上来，把人们的力量汇聚到实现中国梦的美好愿景上来。

第三节　国内外研究现状

一、国内研究现状

近年来，国内学者围绕共识问题进行了广泛持久的研究，取得了不少成果，研究领域涉及哲学、政治学、社会学、心理学等学科，研究对象涵盖社会共识、思想共识、政治共识、改革共识、价值共识、道德共识等方面，研究内容主要包括概念界定、功能作用、影响因素、实现途径等问题，但围绕思想共识进行的探讨和思考还不够深入，与思想共识直接相关的研究成果还较为缺乏。党的十八大以来，习近平总书记多次提及并论述凝聚共识，强调凝聚共识的重要性，学界也更加关注凝聚共识并且开始聚焦凝聚思想共识的相关问题研究，部分学者提出了关于凝聚思想共识的深刻见解和有益思考，这些成果为把握和开展本书的研究提供了研究资料和思想资源。目前，凝聚思想共识作为新时代思想政治教育的重要任务和重大问题，正在逐渐成为思想政治教育理论与实践研究的热点问题，拥有十分广阔的空间和前景，也亟待进一步深化和拓展。

（一）凝聚思想共识研究的文献概况

我国学者关于凝聚思想共识的研究起步较晚，成果较少。从专著来看，目前学界尚未在思想共识研究方面形成专著性研究成果，更未发现凝聚思想共识的学术专著，与此相关的思考和讨论或呈现于有关共识的专著中，或是散见于近年来思想政治教育的研究著作之中。据查询，已经出版的与凝聚思想共识相关的著作主要有：《改革共识与中国未来》（吴敬琏，中央编译出版社 2013 年版）、《改革再出发 凝聚成共识：全国社会科学院系统中国特色社会主义理论体系研究中心纪念邓小平同志诞辰 110 周年学术研讨会文集》（王战、潘世伟，上海社会科学院出版社 2014 年版）、《道德价值共识论》（韩桥生，人民出版社 2015 年版）、《当代西方共识民主理论研究》（寇鸿顺，人民出版社 2014 年版）、《新时代共识的凝聚——社会主义核心价值观宣传教育读本》（本书编写组，安徽大学出版社 2017 年版）、《多元时代的政治共识：中立论自由主义的学理检视》（杨晓畅，法律出版社 2019 年版）等。略有涉及的相关著作有：《聚焦两会热点 2017》（本书编写组，中国言实出版社 2017 年版），该书紧扣时事热点，反映各方诉求，凝聚各方共识，汇聚各方智慧。复旦大学的林尚立教授出版了《中国协商民主的逻辑（修订版）》（林尚立、赵宇峰，上海人民出版社 2016 年版），着眼协商凝聚共识的角度，系统阐述了我国协商民主最可靠，也最能凝聚智慧和力量。还有的作者立足基层治理课题，谋求凝聚基层治理思想共识，如《基层治理之路：来自基层实践者的中国梦》（唐奕，中央编译出版社 2016 年版）。

从主流报纸和网络平台上刊发的文章来看，党的十八大以来，以"思想共识"及"凝聚思想共识"为主题的文章呈现出逐渐增多的趋势，近两年的数量增长尤为突出。经过收集和梳理，主要有以下文章：《人民日报》（2017 年 11 月 8 日）《凝聚思想共识　汇集筑梦力量》、央视网（2018 年 8 月 21 日）《凝聚广泛思想共识　熔铸坚实精神支撑》、《南昌日报》（2018 年 11 月 28 日）《凝聚广泛思想共识　汇聚发展强大合力》、新华网（2016 年 1 月 15 日）《着力用当代中国马克思主义凝聚思想共识》、《江西日报》（2019 年 3 月 21 日）《凝聚思想共识　树立必胜信心》、《甘肃日报》（2019 年 1 月 25 日）《凝聚思想共识　合力攻坚克难》等。其中，值得关注的还有一些立足不同岗位、针对不同工作提出凝聚思想共识的相关文章，如《人民日报》（2017 年 3 月 25 日）《凝聚思想共识　发挥自身优势　提高履职水平》、《解放军报》（2017 年 11 月 10 日）《凝聚思想共识　汇聚强军力量》、《西藏日报》（2017 年 12 月 18 日）《树牢"四个意识"　凝聚思想共识　扎实推进国家监察体制改革试点工作》、《大同日报》（2018 年 8 月 24 日）《凝聚工业振兴的思想共识和行动合力》等。

从学术论文来看，本研究通过中国知网（CNKI）进行检索❶，以"思想共识"为篇名的论文共有 185 篇，其中期刊论文 112 篇。以"凝聚思想共识"为篇名进行检索，共检索到 135 篇论文，其中期刊论文 69 篇，具体来看，期刊论文 2008 年发表 1 篇，2013—2017 年发表 23 篇，2018 年以来发表 45 篇。以"思想政治教育"和"思想共识"两者为篇名的论文共检索到 0 篇，以两者为主题进行检索共有 13 篇，包含博士论文 2 篇和硕士论文 2 篇。此外，以"思想共识"和"现状"为主题，可检索到论文 1 篇，进一步精确至以"凝聚思想共识"和"实现策略"为主题进行检索，检索结果显示为 0。可见，本书直接相关的文献资料相对较少，但思想共识和共识问题紧密相关，凝聚思想共识和凝聚共识两者的研究关联性很大，甚至在很多场合的会议讲

---

❶ 源于中国知网数据库，检索时间为 2023 年 6 月 25 日。

话及学术论文中存在交互使用的情况，概念使用和阐发论述中并未严格区分，因此，凝聚共识方面的理论成果也为凝聚思想共识的研究提供了可资借鉴的思想资源。以下主要从关于凝聚共识问题的研究、凝聚思想共识的研究、思想政治教育凝聚功能的研究三个方向展开。

（二）关于凝聚共识问题的研究

我国学者对凝聚共识的问题较为关注，从不同的角度进行了探讨和思考，相关研究成果较为丰硕，通过梳理和分类，主要集中在凝聚共识及社会共识、价值共识、政治共识、改革共识、道德共识等方面。

1. 凝聚共识的研究

共识概念的界定。关于共识研究的重要前提就是对共识概念的理解，杨国荣（2019）认为："所谓共识，也就是社会不同成员基于社会发展的现实需要，通过理性的互动、价值的沟通在观念层面所达到的某种一致。"❶ 颜学勇、周美多（2011）提出共识是不同利益和价值观念之间围绕特定的议题，通过互相沟通、调整或妥协所达成的一种合意状态。❷ 中国人民大学刘建军教授（2018）还进一步指明了凝聚共识的内涵，他认为所谓"凝聚共识"，就是"在人们的利益和观念呈现多元多样态势的情况下，一定的社会主体在推进一项社会事业的时候，为了调动广泛的社会积极力量或至少是为了减少各方面的社会阻力，而寻求和扩大社会共同认知的过程"❸。

凝聚共识的重要意义。习近平强调："学习贯彻党的十八届三中全会精神，重点是坚定信心、凝聚共识、落到实处。"❹ 中国人民大学刘建军教授（2018）在《习近平对凝聚共识的全面论述》中立足思想政治教育视角，指出凝聚共识是思想政治教育的重要任务，特别是在新时代思想政治教育中具有特殊重要地位。刘明厚（2011）从重要性和必要性出发，探讨了多

---

❶ 杨国荣.论伦理共识［J］.探索与争鸣，2019（2）.

❷ 颜学勇，周美多.基于共识的治理：后现代情境下政策共识的可能性及其限度［J］电子科技大学学报（社科版），2011，13（4）.

❸ 刘建军.习近平对凝聚共识的全面论述［J］.思想理论教育导刊，2018（9）.

❹ 习近平.坚定信心　凝聚共识　落到实处［J］.党建，2014（1）.

元社会的共识需求，指出多元利益冲突需要某种共识的规约，此外意义知识的多元化与冲突化呼唤共识。❶

凝聚共识的影响因素。国内学者对于影响凝聚共识的观点较为一致，大多从多元社会、利益因素、文化多样等方面进行论述，如李雪强（2007）认为是利益诉求多元化，马九福（2007）坚持利益冲突常态化，李咏梅（2010）还指出共识达成的理论障碍。

凝聚共识的途径研究。关于凝聚共识的途径，学者们见仁见智，柯利（2014）指出用社会主义核心价值体系凝聚共识，分析了社会主义核心价值体系凝聚共识的动力因素、影响机理和对策建议。❷刘磊、朱志明、鲍超（2013）认为要用中国特色社会主义理论体系凝聚共识，要坚持在价值观多元化、利益多元化、文化多元化中寻求共识。❸寇清杰（2014）指出"中国梦是历史的呼唤、现实的诉求、未来的向往"，要在历史、现实、未来的统一中找到最大共识点。❹还有学者着眼文化引领、利益调整、基层组织建设等方面，葛慧君（2017）指出做到广泛凝聚共识需要深入研究思想引领、价值引领、导向引领、文化引领的问题。❺

2. 凝聚社会共识的研究

目前，在是否存在社会共识的问题上，国内学者的观点不尽相同，有的学者认为存在，也有学者持有不同观点。通过梳理凝聚社会共识的相关文献资料，我们不难发现多数学者承认存在社会共识，并且从不同的视角进行了论证，有的学者还从价值共识等方面阐述了社会共识的不可否认性，从而确证了社会共识的存在空间。与此同时，我们也关注到部分学者否认存在社会共识，姚大志（2007）就认为社会成员之间没有共识，社会

❶ 刘明厚. 论多元社会的共识基础——兼论我国和谐社会的共识建设 [J]. 理论与改革，2011（2）.

❷ 柯利. 社会主义核心价值体系凝聚共识的动力因素与影响机理[J]. 重庆社会科学，2014（5）.

❸ 刘磊，朱志明，鲍超. 中国特色社会主义理论体系凝聚共识规律研究 [J]. 思想教育研究，2013（12）.

❹ 寇清杰. 在认同中凝聚共识和力量 [J]. 红旗文稿，2014（6）.

❺ 葛慧君. 切实担负起凝聚共识的职责使命 [J]. 思想政治工作研究，2017（2）.

共识是不存在的，虚无缥缈的。❶

此外，也有学者聚焦社会共识进行文献述评，王忠勇（2018）在《近年来国内外社会共识问题研究综述》一文中对国内外社会共识问题的研究进行了综述和评析，并且提出了今后对社会共识问题进行深入研究的着力点。还有很多研究成果是围绕凝聚社会共识的内涵论述、重要意义和路径思考展开的。简要来看，关于社会共识的内涵论述，郑广永（2010）认为社会共识就是指全体社会成员对某个目标、某种价值观、某种判断的认同。❷王锁明（2014）进一步分析了凝聚社会共识的主要内容，认为当前我国社会共识需要凝聚的是改革共识、发展共识和稳定共识。❸关于凝聚社会共识的重要意义，刘明厚（2011）认为社会共识的凝聚就如同黏合剂一样，能把分化的个人和组织凝聚在同一个机体当中，成为维系一个社会的关键要素。❹关于凝聚社会共识的路径思考，学者的观点较为丰富，李德全、杨全海（2013）强调要以社会主义核心价值体系凝聚社会共识，指出"实现中华民族伟大复兴是以社会主义核心价值体系凝聚社会共识的目标愿景"❺。高成军（2018）认为树立宪法共识才能凝聚社会共识，他提出宪法共识是价值多元社会的认同共识，是制度化的共识凝聚，是社会成员取得社会共识的最大公约数。❻代表性的观点还有萧功秦（2012）提出要超越左右激进两极思维，坚持"要以中道理性作为社会共识的基础"❼。

3. 凝聚价值共识的研究

关于价值共识较有代表性的文章有韩东屏（2010）《如何达成价值共

❶ 姚大志．社群主义的两副面孔——评沃尔策的正义理论［J］．天津社会科学，2007（1）．

❷ 郑广永．社会共识与建设社会主义和谐社会［J］．党政干部学刊，2010（1）．

❸ 王锁明．凝聚社会共识的重要性及路径思考［J］．人民论坛，2014（11）．

❹ 刘明厚．论多元社会的共识基础——兼论我国和谐社会的共识建设［J］．理论与改革，2011（2）．

❺ 李德全，杨全海．坚持以社会主义核心价值体系凝聚社会共识［J］．思想理论教育导刊，2013（11）．

❻ 高成军．宪法共识：价值多元社会的认同共识［J］．甘肃社会科学，2018（4）．

❼ 萧功秦．超越左右激进两极思维——以中道理性为基础重建社会共识［J］．人民论坛，2012（10）．

识》、樊浩（2014）《中国社会价值共识的意识形态期待》、吕治国和温小平（2022）《凝聚价值共识的现实困境与实现路径》等，诸多学者围绕价值共识和凝聚价值共识开展了相关研究。

首先，在内涵阐述上，沈湘平（2011）指出差异性共在是价值共识的存在论基础，可知论信念是价值共识的认识论前提，公共性原则是价值共识的方法论原则，社会的正义良序是价值共识的政治前提。❶

其次，在价值共识是否可能的问题上，沈湘平（2007）《价值共识是否及如何可能》及胡敏中（2008）《论价值共识》均深刻剖析了价值共识何以可能的问题。杨佩、李建群（2018）则从后哲学话语这一语境出发，指出"价值共识需要在价值多元化和价值相对主义的文化图景下重新建立"，进一步阐述了价值共识达成的可能性。❷

最后，在凝聚价值共识的困境和路径方面，蒋璀玢、魏晓文（2018）指出面对"后真相"引发的价值共识困境，要把人民对美好生活的向往作为奋斗目标、重塑事实与真相的权威、改进话语方式并强化情感共鸣，是凝聚价值共识的路径选择。❸ 袁银传、郭亚斐（2018）在《试论当代中国价值共识的凝聚机制》中强调要完善利益整合机制、教育引导机制、制度规范机制、实践养成机制。❹ 汪信砚（2017）探讨了价值共识的两种基本形式：价值认同和价值认异，以及价值共识对社会和谐、世界和平的重要意义。❺ 还有学者从不同的视角出发探寻对策，吴云、朱宗友（2017）着眼道德价值共识的重构，指出要从社会主义核心价值观、利益、制度、文化、舆论、实践等方面努力，多维度建构。❻ 周谨平（2018）论证了权威性社会价值的共识进路，强调"价值共识是国家治理语境下形成权威价值

❶ 沈湘平.反思价值共识的前提［J］.学术研究，2011（3）.

❷ 杨佩，李建群.后哲学话语背景下价值共识的可能性探究［J］.学术界，2018（2）.

❸ 蒋璀玢，魏晓文."后真相"引发的价值共识困境与应对［J］.思想教育研究，2018（12）.

❹ 袁银传，郭亚斐.试论当代中国价值共识的凝聚机制［J］.思想理论教育导刊，2018（7）.

❺ 汪信砚.价值共识与和谐世界［J］.武汉大学学报（哲学社会科学版），2017（5）.

❻ 吴云，朱宗友.道德价值共识的重构［J］.科学社会主义，2017（4）.

的必然选择"❶。王莹（2017）提出从思想政治教育的视角来看，归根结底，价值共识的缺失才是社会治理困境的深层原因，还进一步阐述了思想政治教育为社会治理培育价值共识的实践思路。❷

4. 凝聚政治共识的研究

政治共识的概念。郭定平在1993年就立足多元社会探析了政治共识，分别从内容、目标、性质进行了阐述。王崇兴（2005）指出政治共识是"在一定时代，生活在主权国家范围内，作为政治主体之一的公民或其形成的利益集团所共有的一系列信念、价值观念和规范准则"❸。李风华（2012）对政治共识的界定是，"社会成员所拥有的以社会基本目标为核心内容，涵盖社会的主要权利和义务等基本结构的政治观念"❹。还有学者分层次进行定义，如李雪强等人从体系、过程与基础三个层次来探讨政治共识。李锦峰（2012）聚焦政治共识的内涵，具体分析了政治共识的内部结构。

凝聚政治共识的重要意义。人民论坛课题组（2016）对公众的政治观念与政治意识进行了调查，报告分析并指出越是深化改革的关键时期，越需要高度凝聚政治共识。❺王崇兴（2005）不仅研究了政治共识的内涵、内容和特点，还强调政治共识对凝聚人心、降低政治成本和维护稳定有着公认的作用。寇鸿顺（2013）在《论多元社会的政治共识与政治整合》一文中，立足多元社会指出凝聚政治共识的重要性，认为政治整合要以政治共识为前提。❻此外，周显信、叶方兴（2012）将政治

❶ 周谨平.权威性社会价值的共识进路［J］.湖北大学学报（哲学社会科学版），2018（3）.

❷ 王莹.思想政治教育融入社会治理的着力点——一种基于社会治理现实的生成性视角［J］.思想理论教育，2017（7）.

❸ 王崇兴.当代中国社会政治共识探析［J］.学术交流，2005（12）.

❹ 李风华.政治共识：一种新的政治观念研究路径［J］.政治学研究，2012（1）.

❺ 人民论坛课题组.改革发展关键阶段需要全面凝聚政治共识——当前公众的政治观念与政治意识调查报告［J］.人民论坛，2016（29）.

❻ 寇鸿顺.论多元社会的政治共识与政治整合[J].郑州大学学报（哲学社会科学版），2013（3）.

共识的研究进行了视角转换，从政治社会学视域出发探讨政治共识的时代意义。❶

凝聚政治共识的困境分析。部分学者针对凝聚政治共识的困境进行了较为全面的论述，如王可园、唐兴军（2013）分析了政治共识构建的困境，指出主要有个人利益、权利与集体利益的冲突，发展经济与保护环境的矛盾，以及追求效率与追求社会公平之间的矛盾三方面的因素。❷郭中军（2012）关注网络民粹主义，指出网络民粹主义蚕食并解构着传统的政治共识，影响政治共识的凝聚。❸

凝聚政治共识的实现途径。政治共识的凝聚需要一定的基础，刘杰（2012）指出"政治共识的首要基础是一国国民对于国家的认同和关怀"❹。同时，秦国民（2014）指出"凝聚政治共识不仅需要不同政治价值理念的交流、妥协与合作，而且还需要共同遵守一定的程序规则"❺。具体路径方面，夏德峰（2014）阐述了我国社会转型期政治共识的凝聚路径及其有效构建，其中一条路径就是建设规则型主导社会，重构政治权威。❻刘舒、薛忠义（2013）发表的论文《中国共产党政治沟通的机制、功能与价值》聚焦执政党凝聚政治共识，强调政治沟通、社会整合和政党权威是执政党凝聚政治共识的基本途径。吕元礼（2005）立足现代民主社会，认为政治共识包括基本价值的共识和程序的共识，达成途径主要通过妥协让步和认同转型。❼张树平（2012）则从政治共识主动建构这一面向出发，论述如何从知识结构的角度建构政治共识。❽

———————

❶ 周显信，叶方兴. 政治共识：一种政治社会学的分析视角[J]. 马克思主义与现实，2012（3）.

❷ 王可园，唐兴军. "中国梦"与政治共识的构建［J］. 社会主义研究，2013（5）.

❸ 郭中军. 网络民粹主义与传统政治共识的解构［J］. 学习与探索，2012（9）.

❹ 刘杰. 国家关怀与政治共识的建构［J］. 学习与探索，2012（9）.

❺ 秦国民. 政治共识的凝聚：社会主义政治发展道路运行的价值机制［J］. 郑州大学学报（哲学社会科学版），2014（5）.

❻ 夏德峰. 我国社会转型期政治共识的凝聚路径及其有效构建［J］. 理论导刊，2014（10）.

❼ 吕元礼. 现代民主社会的政治共识［J］. 江苏社会科学，2005（3）.

❽ 张树平. 从知识结构建构政治共识［J］. 学习与探索，2012（9）.

5. 凝聚改革共识的研究

关于改革共识也有众多学者从不同视域开展了探索和研究，成果较为突出的学者有王树荫、林晓燕、秦龙等人，文献多集中于期刊和报纸。

第一，关于改革共识的含义和特点。林晓燕（2018）认为"改革共识是社会成员对改革所持有的相对一致的认识和态度，包括对改革价值、改革目标、改革内容、改革方式方法、改革成效等方面在思想观念上的一致性看法"。她还研究了改革共识的特点，指出改革共识具有时代性、相对性、层次性和过程性四个特点。❶雷勇、陈锦宣（2018）将改革共识做了广义和狭义的区分，广义的改革共识是"人民群众在改革实践基础上对改革的相关问题持有的相同认识"。而狭义的改革共识是"人民群众在改革实践基础上对改革的价值、目标、性质、原则、方法、路径等基础性问题持有的相同认识"❷。

第二，关于改革共识的内容、功能和要求。雷勇、陈锦宣（2018）认为改革共识的主要内容有改革的价值共识和改革的方法共识，只有这两个论题形成共识，才能推进改革有效运行。林晓燕（2018）指出改革共识具有导向功能、推动功能和协调功能。张冬利、李萍（2016）回顾了改革开放三十多年思想论争的历史沿革，并进一步提出"交锋中要坚定共同目标、坚持实事求是、勇于探索创新是达成凝聚改革共识的基本要求"❸。

第三，关于凝聚改革共识的困难。王文章（2017）在《凝聚改革共识难在何处》中提出"利益结构的分化造成人与人之间、地区与地区之间的利益诉求多元化，增加了凝聚改革共识的难度"❹。雷勇、陈锦宣（2018）提出当前凝聚改革共识面临的困难主要有三方面：人民对改革的需要与不平衡不充分的改革之间的矛盾、地区差距和阶层分化、社会思想的多元化。

---

❶ 林晓燕.论改革共识的功能与凝聚路径［J］.思想教育研究，2018（2）.

❷ 雷勇，陈锦宣.改革共识的逻辑分析与现实思考［J］.四川师范大学学报（社会科学版），2018（5）.

❸ 张冬利，李萍.当代中国改革思想论争的历史品格与基本共识［J］.理论月刊，2016（3）.

❹ 王文章.凝聚改革共识难在何处［J］.人民论坛，2017（17）.

第四，关于凝聚改革共识的基本路径。王树荫（2014）回顾了改革开放以来凝聚共识的历程和经验，指出解决当前的理论与实践难题需要全党、全社会形成共识，"凝聚共识必须解放思想，在解放思想的改革进程中达成共识"❶。陈慧平（2017）认为凝聚改革共识是当前需要深入研究的时代课题，指出要坚持实践导向。❷林晓燕（2018）强调要通过思想引领、利益满足、平台搭建、文化营造等路径来凝聚改革共识。宋周尧（2018）针对凝聚改革共识进行了历史唯物主义基础分析，认为历史唯物主义社会发展合力理论、社会发展主体理论、社会意识理论为凝聚共识提供了理论基础和方法指引。❸此外，秦龙、邓晶晶（2017）探讨了中国梦与改革共识的价值共向，指出中国梦与改革共识价值的共向性，决定了中国梦是实现改革共识的精神支撑。❹

6. 凝聚道德共识的研究

总体来看，凝聚道德共识的研究主要基于以下三个方面展开：道德共识的内涵与特征、道德分化与道德共识的困境、道德共识的重建和凝聚。

道德共识的内涵与特征。万俊人（2002）认为道德共识意指可普遍化、可"公度"的道德，是对某一具体范围内道德"公度"的共同性认可。❺高兆明（2001）提出所谓基准道德共识，表达的是公民对社会最基本的道德规范要求与道德品质的共同认同，是道德认同的另一种表述。❻刘飞（2018）指出"道德共识，是指不同主体在道德的认知上所达成的一致性认识和理解"❼。他还提出道德共识从特征来看，是普遍性与特殊性、绝对性与相对性、动态性与静态性的统一。

道德分化与道德共识的困境。贺来（2001）在《"道德共识"与现代社会的命运》一文中指出道德分化有一定积极作用，但也导致了诸多

---

❶ 王树荫. 全面深化改革进程中如何凝聚改革共识［J］. 马克思主义研究，2014（6）.

❷ 陈慧平. 为什么"改革共识撕裂论"站不住脚［J］. 人民论坛，2017（17）.

❸ 宋周尧. 凝聚改革共识的历史唯物主义基础分析［J］. 宁夏社会科学，2018（2）.

❹ 秦龙，邓晶晶. 论中国梦与改革共识的价值共向［J］. 广西社会科学，2017（3）.

❺ 万俊人. 现代性的伦理话语［M］. 哈尔滨：黑龙江人民出版社，2002：33.

❻ 高兆明. 制度公正论［M］. 上海：上海文艺出版社，2001：310.

❼ 刘飞. 道德共识及其边界［J］. 伦理学研究，2018（5）.

负面后果，使道德共识陷入空前的困境，主要表现在"道德的'领域分化'使得超越社会生活诸领域的普遍的'道德共识'变得极为困难，道德的'公私分化'和终极价值的'私人化'又使个体之间的道德共识成为难题"❶。

道德共识的重建和凝聚。贺来（2001）强调道德共识的重建要以辩证的方式处理好以下三种矛盾关系：其一，局部性与整体性、私人性与公共性的关系；其二，"一"与"多"、"相对"与"绝对"的矛盾关系；其三，现实性与理想性、经验性与先验性之间的矛盾关系。甘绍平（2002）在《道德共识的形成机制》中指出道德共识的形成要以伦理原则为哲学依据，立足具体的社会背景因素，以民主表决作为最后步骤。❷汪荣有、韩桥生（2012）提出"立足现实，应建设利益协调机制、核心价值引领机制和法律保障机制，促进社会道德共识的重构"❸。赵爱玲（2016）认为"在当前文化与价值观多元化社会条件下，建构中国特色社会主义伦理文化，本质上是一个可以跟凝聚与重建道德共识同建同构的过程"❹。

还有部分学者从不同群体和不同角度进行了探究，有的学者从道德教育的视角出发谋求道德共识，张铁勇（2003）提出以谋求道德行为准则的共识为核心的德育观，认为"共识性德育是通过平等对话形成道德行为准则共识的过程"❺。还有学者以社区和农民群体为具体着眼点，吴春梅、张士林（2003）关注转型期农民道德的分化、困境与共识。

（三）关于凝聚思想共识的研究

学界紧扣思想共识和凝聚思想共识进行研究的还很少，因而在理论成果和文献资料上略显单薄，通过对为数不多的理论资源进行整理，大致可将其归纳为以下四个方面的内容。

---

❶ 贺来."道德共识"与现代社会的命运 [J].哲学研究，2001（5）.

❷ 甘绍平.道德共识的形成机制 [J].哲学动态，2002（8）.

❸ 汪荣有，韩桥生.社会转型期道德共识构建问题探索 [J].理论导刊，2012（1）.

❹ 赵爱玲.凝聚与重建道德共识：中国特色社会主义伦理文化建设的一种思维路向 [J].学校党建与思想教育，2016（11）.

❺ 张铁勇.论以谋求共识为核心的德育理念 [J].道德与文明，2003（6）.

1. 凝聚思想共识的内涵及本质

付来林、俞晓敏（2007）认为"社会思想共识是在一定的历史条件下，人们统一了各种各样的认识和意见所形成的思想"。内容结构上应该包括和谐的价值取向、和谐的意识主流形态、和谐的思维方式。❶陈娜（2018）在《论思想共识凝聚的本质》一文中指出"思想共识凝聚是指在社会主导思想引领下，将社会成员多元多样、分歧分化的思想观念汇聚、凝练、整合为共同的、一致的思想认识的实践活动"。她进一步提出了思想共识凝聚的本质，强调这种差异性的共识本质上是"在多元社会意识中立主导、多样利益关系中谋共识、多变社会现象中定方向，最终凝聚起实现中华民族伟大复兴的最大合力"❷。

2. 凝聚思想共识的意蕴和价值

凝聚思想共识的意蕴和价值的探讨主要集中于《论思想共识凝聚及其时代价值》这篇论文，陈娜（2018）集中论述了思想共识凝聚的深刻意蕴和时代价值。首先，从缘起、条件、对象、指南、目标五个方面进行剖析，认为思想共识凝聚的缘起是社会成员思想多元多样、分歧分化；思想共识凝聚的条件是一定时空环境；思想共识凝聚的对象是全体社会成员；思想共识凝聚的指南是社会主导思想；思想共识凝聚的目标是达成共同认识。其次，阐释了思想共识凝聚的时代价值，主要有四点：一是思想共识凝聚是汇聚改革合力的重大问题；二是思想共识凝聚是巩固主流意识形态的紧迫问题；三是思想共识凝聚是加强思想领导的关键问题；四是思想共识凝聚是构建和谐社会的突出问题。❸

3. 凝聚思想共识的影响因素

刘艳芳（2007）分析了影响社会思想共识的三大因素：市场经济体制的不完善、改革过程中的政策选择偏向、转型期体制机制的缺失。❹

---

❶ 付来林，俞晓敏.论社会主义和谐社会的社会思想共识［J］.中共南昌市委党校学报，2007（4）.

❷ 陈娜.论思想共识凝聚的本质［J］.思想理论教育，2018（12）.

❸ 陈娜.论思想共识凝聚及其时代价值［J］.思想理论教育导刊，2019（1）.

❹ 刘艳芳.利益多元化社会的思想共识研究[J].中共郑州市委党校学报，2007（6）.

魏长领（2007）认为"社会公正是思想共识的价值基础"❶，社会不公正是阻碍凝聚思想共识的重要原因。寇东亮（2007）在《主流意识形态与社会思想共识的形成》中指出"主流意识形态是使社会思想共识得以形成的最重要的精神杠杆之一，它对整个社会思想发挥着强大的凝聚、整合和引领作用"❷。潘中伟（2007）探析了利益多元化时代社会转型和利益矛盾对凝聚思想共识的影响，并由此指出"社会转型期的中国需要思想共识"❸。

4. 凝聚思想共识的达成路径

凝聚思想共识的研究离不开对凝聚思想共识达成路径的探讨。2015年1月5日，全国宣传部长会议在京召开，刘云山出席会议并明确指出，做好宣传思想工作，最根本的是用中国特色社会主义凝聚思想共识。要持续深入地学习宣传贯彻习近平总书记系列重要讲话精神，在领会精神实质上下功夫，在入脑入心上下功夫，做到学而信、学而用、学而行。❹郭彦森（2007）在《建立有利于形成思想共识的合理利益关系》中从利益和思想的关系入手，认为在全社会范围形成广泛的思想共识，最重要的是要建立合理的利益关系。❺罗成翼（2008）提出"建立合理的利益关系和科学的利益协调机制是形成思想共识的主要路径"。展开来看主要包括四方面内容，分别是建立科学合理的利益协调机制、建立民意畅通的诉求表达机制、建立及时化解社会矛盾机制、建立权益保障机制。❻刘艳芳（2007）认为构建和凝聚思想共识必须坚持马克思主义指导思想的核心地位。付来林、俞晓敏（2007）指出为了最大限度地达成社会思想共识，要最大限度地发挥社会主义核心价值体系的引领作用，最大限度地运用

---

❶ 魏长领. 社会公正与思想共识［J］. 郑州大学学报（哲学社会科学版），2007（3）.

❷ 寇东亮. 主流意识形态与社会思想共识的形成［J］. 郑州大学学报（哲学社会科学版），2007（3）.

❸ 潘中伟. 思想共识与利益多元时代的社会团结［J］. 郑州大学学报（哲学社会科学版），2007（3）.

❹ 刘云山. 着眼提升国家文化软实力　主动精彩讲好中国故事［N］. 人民日报海外版，2015-01-06（001）.

❺ 郭彦森. 建立有利于形成思想共识的合理利益关系［J］. 郑州大学学报（哲学社会科学版），2007（3）.

❻ 罗成翼. 论利益关系与思想共识［J］. 湖南社会科学，2008（4）.

各种达成社会思想共识的整合方式，最大限度地体现求同存异、体谅包容的原则。

（四）关于思想政治教育凝聚功能的研究

目前，凝聚思想共识的研究成果还相对贫乏，聚焦机制进行研究的直接理论成果更是还未发现，但凝聚思想共识作为思想政治教育的重要任务，是思想政治教育理论和实践研究的重大课题，因此我们不能忽视思想政治教育理论研究中与凝聚思想共识相关的成果，要积极关注并合理借鉴其他内容的研究资源。其中，思想政治教育的凝聚功能研究为凝聚思想共识的现状及实现策略研究提供了重要的文献资料。

有的学者对思想政治教育凝聚功能进行了定义。孙龙国（2009）认为"在高校思想政治教育中，凝聚是指通过某种富有吸引力和黏合作用的思想、理论、信念、精神等，把从表面上看是分散的、孤立的、千差万别的个体，有意识地聚合到一起，以形成一股强大的、具有同一作用方向的合力，从而向着既定的目标运动的一种机制"❶。戚如强（2013）指出"凝聚功能是指通过思想政治教育，使群体成员之间相互作用、相互吸引，从而在认识上趋向一致，在情感上产生共鸣，形成内在的凝聚力的功能"❷。

有的学者从不同视角对思想政治教育凝聚功能展开研究。黄泽（2011）指出思想政治教育具有强大的凝聚功能，分析了思想政治教育凝聚功能的重要性并提出了相应的举措。❸代玉启、陈文旭（2009）认为思想政治教育具有"显著的政治优化功能、经济促进功能、文化整合功能和社会稳定功能"，对于凝聚思想共识和共同目标意义重大。❹韦吉锋、韦继光（2009）着眼和谐社会的视野，指出思想政治教育的凝聚功能是世界上最高级的特殊黏合剂，是为实现建设社会主义和谐社会的美好理想而团结人民努力奋

---

❶ 孙龙国.关于高校思想政治教育功能的若干思考［J］.河南社会科学，2009（3）.

❷ 戚如强.思想政治教育社会整合研究［D］.南京：南京师范大学，2013.

❸ 黄泽.思想政治教育凝聚功能的重要性及其举措［J］.广西教育学院学报，2011（2）.

❹ 代玉启，陈文旭.思想政治教育学科定位新探——社会、属性、功能三位一体定位分析［J］.思想政治教育研究，2009（3）.

斗的一种特殊机制。❶ 相关研究还有胡羲（2009）的硕士论文《思想政治教育激活思想功能研究》。此外，思想政治教育的凝聚功能还散见于一些著作中，如《思想政治教育社会治理功能研究》（陈燕，中央编译出版社2019年版）、《思想政治教育功能研究：基于突发自然灾害的视角》（曹勇，社会科学文献出版社2018年版），书中围绕思想政治教育功能展开论述，涉猎到了思想政治教育凝聚人心、凝聚思想的功能和作用。

二、国外研究现状

目前来看，西方国家虽然没有名为"思想政治教育"的课程和研究，但对于公民教育、道德教育、意识形态教育高度重视并且常抓不懈，其实质就是对公民进行思想政治教育，凝聚思想，建构共识，培养出符合统治阶级要求、维护该国利益的合格公民。通过收集和梳理，在国外研究中尚未发现与凝聚思想共识直接相关的研究成果，但这并不意味着国外学者没有关注思想共识，没有开展凝聚思想共识相关方面的研究，相反，西方社会早就开始了对共识问题的探寻。此外，在社会整合与社会治理等方面都体现出逐步探索并且愈加系统深入的研究进程，不仅产生了诸多知名的专家学者，还形成了一些具有影响力的理论著作，这些成果资源对本研究具有一定的借鉴意义。紧扣本书选题，以下从西方的共识理论研究、西方的社会整合理论、国外学者对中国的共识问题研究三个方面进行简要概括和论述。

（一）西方的共识理论研究

1. 共识的概念

格雷汉姆（Graham）指出共识是"社会目标、决策程序和具体政策三个基本维度上的'一致同意的状态'，而这种状态的强度和范围会随着时间而改变"❷。韦农·波格丹诺（Vernon Bogdanor）主编的《布莱

---

❶ 韦吉锋，韦继光.论和谐社会视野下思想政治教育的凝聚功能［J］.广西教育学院学报，2009（3）.

❷ GRAHAM J. G. Jr. Consensus［M］// SARTORI G. Social science concepts: A systematic analysis. Beverly Hills, Galif., London and New Delhi: Sage, 1984: 111.

克维尔政治制度百科全书》认为，共识是"在一定的时代生活在一定的地理环境中的个人所共享的一系列信念、价值观念和规范"❶。安德鲁·海伍德（Andrew Heywood）认为："共识是一项协定，但却是一项特殊的协定。首先，它指的是一项其条款能得到个人和组织广泛认可的广义的协定。其次，与那种内容精确具体的协定相对应，它指的是关于根本性或基础性原则的协定。换句话说，共识允许在侧重点和细节上存在不同意见。"❷

2. 社会契约与共识

社会契约论在西方政治思想史上占有重要的地位，影响深远，代表人物主要有霍布斯、洛克、卢梭。社会契约论的核心"社会契约"在一定程度上探讨的就是共识的问题，洛克坚持的是以上帝律令为基础的"同意"的共识，自然法就是理性，人人独立而平等，任何人不得侵害他人的生命、健康、自由或财产。❸卢梭则认为共识表现为以契约体现的全体人民的"公意"，"公意"是人们基于共同的利益而产生的共同意志。在社会契约论中，"契约被用来证明政治权威的合法性，或用来对政治权威施加限制。换言之，在这一理论中，政治义务被当作一个契约性的义务来分析"❹。有的学者承袭了这一思想成为现代契约论者，艾伯特·威尔（Albert Weale）就认为人们可以通过协商达成共识，形成某种契约，他认为某些共同体确实是在一些经验的社会契约基础之上进行管理的，在这些共同体中要调和"相互独立、冲突的利益以保证共同利益的实现"❺。

---

❶ 韦农·波格丹诺. 布莱克维尔政治制度百科全书［M］. 邓正来，等译. 北京：中国政法大学出版社，2011：143.

❷ 安德鲁·海伍德. 政治学核心概念［M］. 吴勇，译. 天津：天津人民出版社，2008：21.

❸ 洛克. 政府论［M］. 叶启芳，瞿菊农，译. 北京：商务印书馆，2008：4.

❹ 迈克尔·莱斯诺夫. 社会契约论［M］. 刘训练，等译. 南京：江苏人民出版社，2006：9.

❺ WEALE A. Democratic justice and the social contract: An overview［J］. Critical Review of International Social and Political Philosophy, 2016, 20（2）.

3. 社会冲突与共识

19 世纪西方社会围绕冲突和共识产生了争论，形成了冲突学派和共识学派。马克斯·韦伯强调社会分化与冲突，而托克维尔则假设社会中存在某种潜在的契约抑或信念，通过社会制度的运作而获得了平和与稳定。❶托克维尔还指出："只有当人们从同一个观点去考虑绝大多数问题时，只有他们对绝大多数问题具有同样看法时，只有同样的一些事件给他们留下同样印象和使他们产生同样思想时，社会才能存在。"❷

4. 民主制度与共识

伊斯顿、萨托利、阿尔蒙德、派伊、达尔、利普哈特等学者从民主与共识的关系入手对共识进行分析。美国学者乔万尼·萨托利将共识区分为三个层次：基本共识、程序共识和政策共识，他还指出，多元主义的共识适合并有利于良好的政体，政体层次的程序共识尤其是解决冲突的原则和规则的共识是民主的必要条件，这种共识是民主的起点和必要前提。❸阿尔蒙德认为，在民主政治系统中必须保持共识和分歧之间的平衡。❹派伊指出，现代社会的特质是多元主义，但多元主义要求一个最低的共识基础。"从特殊利益和一般利益之间的紧张斗争中，既会产生出民主政治的动态基础，也会产生出能把多样性和灵活性塑造成为一个现代政治体的统一和力量的基本共识。"❺20 世纪 80 年代后，利普哈特进一步提出了"共识民主"概念及其模式。

---

❶ 安东尼·奥罗姆.政治社会学导论［M］.4 版.张华青，何俊志，等译.上海：上海世纪出版集团，2006：68.

❷ 托克维尔.论美国的民主：上卷［M］.董果良，译.北京：商务印书馆，2004：435.

❸ 乔万尼·萨托利.民主新论［M］.冯克利，阎克文，译.上海：上海人民出版社，2009：106.

❹ 加布里埃尔·A.阿尔蒙德，西德尼·维巴.公民文化——五个国家的政治态度和民主制［M］.徐湘林，等译.北京：东方出版社，2008：437.

❺ 鲁恂·W.派伊.政治发展面面观［M］.任晓，王元，译.天津：天津人民出版社，2009：41.

5. 交往理性与共识

交往理性是德国学者尤尔根·哈贝马斯提出的概念。哈贝马斯认为交往理性来自社会实践，脱离不了现实生活，同时，他也认识到了当代多元社会的危机，因而开始思索"那些分化了的、自我多元化和解魅化的生活世界，在脱离了神灵权威、摆脱了威严建制的交往行动领域中异议风险同时不断增长的情况下，如何可能进行社会整合"❶。哈贝马斯的整体思想中交往理性是起点和基础，语言是交流、交往和社会化的媒介，交往理性是话语共识的基础，人们通过交往活动达成话语共识，从而促使人们在认识、价值、道德与法治上形成共识，在公共领域中形成程序性的规范。

6. "重叠共识"与共识

罗尔斯 1971 年出版的《正义论》集中探讨道德领域的问题，对共识问题的研究和论述主要体现在《政治自由主义》中，该书的核心观念是"重叠共识"，所谓的"重叠共识"是指"这种政治的正义观念是为各种理性的然而对立的宗教、哲学和道德学说所支持的，而这些学说自身都拥有众多的拥护者，并且世代相传，生生不息"❷。围绕"重叠共识"罗尔斯还论述了政治正义观念、"重叠共识"的内涵、"重叠共识"的达成等多方面的内容，他强调"社会的统一建立在对该政治观念的共识之基础上；而且只有在达成共识的各种学说得到政治上积极行动的社会公民的确认，而正义要求与公民的根本利益——他们的社会安排培育并鼓励他们追求这些根本利益——又没有太大冲突的时候，稳定才有可能"❸。罗尔斯"重叠共识"论的思想对于共识问题的研究具有一定的启示意义。

---

❶ 哈贝马斯. 在事实与规范之间——关于法律和民主法治国的商谈理论 [M]. 童世骏，译. 生活·读书·新知三联书店，2003：32.

❷ 约翰·罗尔斯. 作为公平的正义——正义新论 [M]. 姚大志，译. 上海：上海三联书店，2002：55.

❸ 约翰·罗尔斯. 政治自由主义 [M]. 万俊人，译. 南京：译林出版社，2000：141-142.

（二）西方的社会整合理论

西方的社会整合理论渗透着凝聚思想共识、维护社会稳定与秩序的意义，众多学者正是基于这样的认识开展了积极的研究，从文化、思想、道德、价值等不同角度进行了思考。法国的社会学家埃米尔·涂尔干关注社会团结和整合，最早明确系统地提出社会整合思想，在《社会分工论》中指出只有社会成员之间存在一定的向心力，整体的社会才能存在，社会组织的一个最根本的基础并不是经济学意义上的纯粹的效率原则，不是功利主义意义上的有用原则，而是能够将个体凝聚起来的黏合原则。对于社会团结，埃米尔·涂尔干将其进一步区分为"机械团结"与"有机团结"两种，"有机团结"即社会整合，是人们之间的协调一致和相互结合的关系，是为了实现整个社会层面的整合及凝聚。❶美国学者亨廷顿提出"文明冲突"的观点，强调"冲突的主要根源将是文化；各文明之间的分界线将成为未来的战线"，"文化共同体正在取代冷战阵营，文明间的断层线正在成为全球政治冲突的中心界线"。❷此外，罗尔斯的《正义论》从伦理学角度研究正义，认为正义是社会整合的前提条件。

（三）国外学者对中国的共识问题研究

1. 对我国形成共识的历史经验的研究

国外学者对我国共识的形成进行了研究，并且总结了形成共识的历史经验，概括来看主要观点有两种。其一，他们认为中国共产党领导人在共识问题上高度重视，始终坚持和强调在中国社会统一思想、凝聚共识。美国学者安德鲁·瓦尔德认为，当今中国共产党的领导人对国家政治发展方向的看法达成了共识，都认为必须加强马克思主义意识形态的建设，解决问题的关键就在于意识形态的改革和现代化。❸其二，中国领导人立足国

---

❶ 埃米尔·涂尔干.社会分工论［M］.渠东，译.北京：生活·读书·新知三联书店，2000：90-92.

❷ 塞缪尔·亨廷顿.文明的冲突与世界秩序的重建［M］.周琪，等译.北京：新华出版社，2010：105.

❸ 安德鲁·瓦尔德，张文成.失序的稳定：中国的政权为什么有力量［J］.国外理论动态，2010（6）.

情，实事求是，走适合本国的道路，稳步寻求和推进共识。俄罗斯学者米哈伊尔·季塔连科指出，中国领导人始终保持清醒的头脑，不同于"苏联的先政治自由化后经济改革的模式，选择了与之不同的改革顺序"，中国走上符合国情、顺应民意的发展道路，能够团结人民使整个社会逐渐实现"可控的转型"❶。

2. 对我国共识发生变化的研究

第一，关于我国共识是否发生变化。对这一问题很多学者意见不一，存在争论，有的学者认为我国正在发生广泛而深刻的变化，但在共识方面核心没有改变，蒂斯托夫、米哈伊尔·季塔连科等为代表的一些学者坚持共产主义仍然是中国共产党领导全国人民团结奋斗的目标。

第二，关于我国共识发生变化的原因。部分国外学者聚焦我国共识的变化，针对这些变化进行原因分析，形成了一些观点。首先，中国社会的快速转型，尤其是改革开放的迅猛推进是导致共识发生变化的根本原因。其次，市场化的推进引发了一系列社会问题，影响和改变了中国社会的共识。美国学者莫里斯·迈斯纳持这一观点。最后，西方社会思潮对中国的强烈冲击也是共识发生变化的重要原因。德国学者海克·霍尔比格认为西方社会思潮给中国社会意识带来了前所未有的多元化的趋势，它们即使不与中国的"主流意识形态"冲突，也与之竞争。❷

3. 对我国共识建设实践的研究

近年来随着国外学者关注中国、走进中国，对中国社会问题的思考也逐渐深入，对中国共识的建设和实践给出了自己的观点和想法。通过收集和梳理，整体上可以看到，部分学者认为中国重视理论思想的指导，通过不断推进理论创新来凝聚新的共识。还有的学者指出通过加强中国共产党的建设，增强执政力量，团结人民群众，只有这样才能巩固共识。彼得·拉特兰对中国和俄罗斯的发展模式进行了对比分析，比较了两国政治

❶ 托马斯·海贝勒. 关于中国模式若干问题的研究 [J]. 当代世界与社会主义，2005（5）.

❷ 海克·霍尔比格，吕增奎. 当代中国的意识形态重构：决定因素、进展和局限 [J]. 国外理论动态，2009（12）.

经济转型的初始条件、领导人的政策选择和面临的外部经济环境，指出了两国转型模式的异同之处，他还强调："在转型过程中，两国都没有完全采纳'华盛顿共识'的价值观和机制，但却以更强大、更稳定的国家形象出现。"❶ 此外，还有学者基于当代中国共识的建设和实践，创见性地提出了相关的模式和共识，如"中国模式"和"北京共识"。美国学者雷默对中国改革开放进行了较为系统的经验总结，提出了"北京共识"的概念，还进一步指明了"北京共识"的内涵和定理。❷

三、现有学术研究成果的总体评价

综上所述，国内外学界在凝聚思想共识的研究方面取得了一定的成果，并且呈现出愈加关注、深入推进的良好态势。学者们高度的理论自觉和问题意识值得学习，在思想共识问题上的理论观点和学术思考值得借鉴，同时，当前研究中存在的分歧和不足也应引起重视，加以分析。整体来看，有益的观点和成果为本书的研究提供了文献资料，薄弱的环节和问题则提供了进一步研究的空间。

（一）国内研究现状评析

国内学者关于凝聚思想共识的研究目前仍处于起步阶段，尚未形成系统、深入的研究成果，通过对现有的相关研究现状进行梳理和分析，可以发现以下四个需要深化研究的薄弱点。第一，开展凝聚思想共识研究的前提是概念的界定和内涵的明晰。目前，国内学者对思想共识和凝聚思想共识的概念缺乏科学规范的阐释，现有的研究成果中鲜有涉及，仅有个别学者进行了概念和内涵的论述，观点不够丰富，视角不够多元。第二，理论研究的学术论文较少，宣传报道的报纸文章较多。近两年凝聚思想共识的相关论文数量迅速增长，但多是报纸上刊发的文章，虽然也是有益的成果积累，一定程度上也反映了学界对该问题逐渐上升的关

---

❶ 彼得·拉特兰，王新颖.后社会主义国家与新的发展模式的变化：俄罗斯与中国的比较［J］.经济社会体制比较，2010（2）.

❷ 乔舒亚·库珀·雷默.不可思议的年代：面对新世界必须具备的关键概念［M］.何帆，译.长沙：湖南科学技术出版社，2010.

注度，但相对而言缺少理论创新，偏重进行宣传报道，围绕理论渊源、内涵特征、重要意义缺乏扎实的学理阐释，针对影响因素、运行机制、对策路径也缺乏相应的理论探讨，基础理论方面的研究亟待加强。第三，思想共识与其他共识未能真正廓清，在研究和论述中存在交叉和融合使用的情况。我国学者对凝聚共识从不同的角度进行了探讨和思考，研究成果涉及凝聚共识及社会共识、价值共识等方面，具体研读相关著作和文章可知，由于相互之间的关联性较强，在研究之中区分度不够，因此会出现思想共识与其他共识交叉重叠讨论的情况，对很多问题的论析缺少针对性。例如，一些学者在共识问题的困境挑战和有效达成的思考上较为一致，没有真正聚焦凝聚思想共识的现状及实现策略的特殊性。第四，凝聚思想共识的现有成果较为分散，系统性研究不足。目前，关于凝聚思想共识的探析多是从内涵、意蕴、影响因素等入手，不仅缺少从整体上把握凝聚思想共识的理论基础及策略研究，对凝聚思想共识的系统性构建也鲜有着墨。

（二）国外研究现状评析

国外学者对共识理论进行了多层次、多维度的研究，并且对中国的共识问题也予以关注和探讨，其中的一些成果和观点具有参考价值和借鉴意义，为我们开拓思路、深化研究提供了文献资料，但是我们对国外学者的理论和思想要保持正确的立场和清醒的头脑。首先，共识问题的研究与学者自身的阶级利益和政治态度有着极为紧密的联系，由此导致了他们对共识和思想共识的理解不同，观点迥异，这就要求我们对国外文献要科学地加以区分，在借鉴国外学者共识观点的过程中吸收其合理的思想精髓，为我所用，而不是盲目照搬。其次，国外学者对于我国共识问题的研究也不尽客观全面。由于社会制度、意识形态、文化传统等方面的差异，加之对我国当前的社会状况和思想情况了解不够，国外学者对我国共识问题的研究难免出现误解和误读，存在一定的片面性和表面性，部分学者甚至会带有主观情绪研究中国问题，歪曲和丑化中国，对此，我们要保持清醒的头脑，辩证地看待国外学者对我国共识问题的分析和论述。

第四节　研究思路与研究方法

一、研究思路

伴随着广泛而深刻的社会变革以及急剧的现代化转型，我国社会不断分化，利益问题凸显，思想文化呈现出多样多变的特点，给思想共识的凝聚带来了困难。凝聚思想共识既是一个理论问题，又是一个具有现实意义的实践问题。本书坚持以马克思主义的理论与方法为指导，紧紧围绕凝聚思想共识进行研究，分析凝聚思想共识的理论基础和现实境遇，进而探究凝聚思想共识的实现路径和实现保障，以期在当前的社会中化解思想困惑，缓解社会矛盾，凝聚最广泛的思想共识，形成最大的思想合力。

正文部分共分为六章。

第一章导论主要论述了本书的选题缘由、研究意义、国内外研究现状、研究思路与研究方法、研究的重难点及创新点。

第二章主要是凝聚思想共识的问题概述。从概念和内涵入手，对思想共识的概念进行解析，对凝聚思想共识的含义、本质及目标进行阐释，并且从纵向发展的角度探究凝聚思想共识问题的演进及经验，力争为接下来系统研究我国凝聚思想共识提供概念基础。

第三章重点探讨了我国凝聚思想共识的理论基础。通过系统梳理可见，马克思主义相关理论、马克思主义中国化的理论成果、中华传统文化关于凝聚思想共识的智慧、西方社会关于凝聚思想共识的观点，为我国凝聚思想共识的研究提供了重要的理论基础和理论依据。充分挖掘和系统阐释理论基础，从而为接下来进行现实境遇和实现策略的思考奠定理论框架。

第四章着重论述了当前我国凝聚思想共识的现实境遇。剖析当前凝聚思想共识面临的机遇与挑战，既要看到新时代的历史方位、党中央的坚强

领导、中国梦的愿景号召、多极化的发展趋势给凝聚思想共识带来的一些
正面影响，也要全面把握经济全球化、网络信息化及社会现代化带来的挑
战和冲击，还要从我国当前的实际出发，着重分析凝聚思想共识在社会领
域所体现出的问题，为研究我国凝聚思想共识的实现路径和实现保障奠定
现实基础。

第五章主要探讨了我国凝聚思想共识的实现路径。思想共识不会一成
不变，思想共识的凝聚也不会一劳永逸。要从社会变化和思想发展的客观
实际出发，在掌握凝聚思想共识的现实境遇的基础上，坚持凝聚思想共识
的思想导向、坚守凝聚思想共识的基本原则、创新凝聚思想共识的有效方
法、拓展凝聚思想共识的多维途径，巩固全党全国人民共同的思想基础，
形成广泛而强大的思想合力。

第六章着眼于我国凝聚思想共识的实现保障。从社会基础和保障条件
两个方面进行论述，我国在经济、政治、文化、生态等方面的实践构成了
凝聚思想共识的社会基础，制度保障、理念保障、利益保障、法治保障、
宣传保障和网络保障构成了凝聚思想共识的保障条件。

二、研究方法

（一）文献研究法

文献研究法是社会科学研究的基本方法之一，也是本选题进行研究的
主要方法。国内外学者围绕思想共识问题的理论观点和理论成果都是重要
的文献资料，需要认真收集和研读，从而为深入思考和开展研究奠定理论
基础。"在形式上，叙述方法必须与研究方法不同。研究必须充分地占有
材料，分析它的各种发展形式，探寻这些形式的内在联系。"❶ 通过对凝聚
思想共识相关文献的查阅和整理，认真归纳和分析已有相关文献的观点和
思想，才能掌握当前凝聚思想共识的研究概况和研究趋势；积极吸收和借
鉴前人的研究成果和研究方法，才能为凝聚思想共识实现策略的探寻进一
步开拓研究空间。

---

❶ 马克思恩格斯选集：第 2 卷 ［M］.北京：人民出版社，2012：93.

（二）系统研究法

系统研究法是本选题的重要研究方法。凝聚思想共识是一项思想引导和思想整合的复杂的实践活动，是在多样多变的思想观念中确立思想主导的动态过程，因此要采用系统研究的方法，对社会成员的思想问题进行整体研判，对整个社会的思想共识开展系统研究。同时，还要将凝聚思想共识放在意识形态系统和社会系统中去分析，科学把握凝聚思想共识与其他子系统和要素结构的相互关系，全面了解凝聚思想共识的现实境遇和整体情况，真正推动研究的全面性和深入性。

（三）逻辑与历史相统一的方法

思想共识的凝聚是一个历史的过程，要坚持逻辑与历史相统一的方法展开研究，既要回顾凝聚思想共识问题的演进发展，又要立足国情，对思想共识的凝聚进行现实的分析，既要梳理古今中外所积累下来的理论基础，又要在动态的社会历史发展中，思考当前凝聚思想共识的实现路径、实现基础和保障条件。逻辑与历史相统一的方法要求我们必须深入历史，又要关注当前，了解我国社会实践的发展状况，准确掌握人们的思想动态，开展好凝聚思想共识的研究，作出合乎历史和逻辑的阐释，解决好人们的思想困惑，凝聚好人们的思想合力。

（四）理论与实践相结合的方法

实践是理论问题的来源，理论又不断指导着实践，当前思想多样多变的实践境遇呼唤凝聚思想共识的理论研究，而凝聚思想共识也是为了汇聚发展合力，推动社会实践和现实生活的发展。凝聚思想共识既是一个理论问题，也是一个实践问题，坚持理论与实践相结合的研究方法，才能促进理论层面研究的开展和实践层面思想共识的达成。在研究中，不仅要探讨凝聚思想共识的内涵、本质及目标等理论问题，梳理凝聚思想共识的理论基础，同时，对我国凝聚思想共识的把握不能离开对现实境遇的审视，对实现策略的思考更要从实际出发，提出符合实践要求、可操作性强的原则和路径。

第五节　研究重点、难点与创新点

一、研究重点

第一，凝聚思想共识理论基础的分析。凝聚思想共识不仅是个理论问题，也是时代发展提出的现实问题，因此，对凝聚思想共识理论基础的理解不能仅仅研究马克思主义理论和马克思主义中国化的理论成果，还要继承中华优秀传统文化中的积极思想，合理借鉴当前西方社会关于凝聚共识的观点，只有这样，才能挖掘和把握我国凝聚思想共识的思想根源，充分汲取历史经验和教训。全面掌握理论基础是进一步开展探索的前提，为凝聚思想共识的现状分析和策略思考奠定了基石。

第二，关于凝聚思想共识实现策略的探讨。凝聚思想共识的实现是本书的核心内容，也是研究的重点和落脚点，通过梳理凝聚思想共识的基本理论问题，对当前凝聚思想共识的机遇、挑战及现状进行剖析，旨在了解凝聚思想共识所面对的现实境遇，进而探索凝聚思想共识的实现策略。由于实现策略的内容较为庞大，因此将其分为实现路径和实现保障两个部分进行探讨，其中，实现路径涵盖了凝聚思想共识的思想导向、基本原则、有效方法和多维途径，实现保障则阐明了凝聚思想共识需要的社会基础以及在制度、理念、利益、法治、宣传、网络六个方面的保障条件。

二、研究难点

本书的研究难点主要集中于两个方面。其一，面对当前多样多变的思想观念和凝聚思想共识的挑战，从凝聚思想共识的视角开展研究既需要扎实的理论知识，也需要极强的现实关怀，既要明晰凝聚思想共识的基本理论问题，也要在理论与现实的互动关系中掌握人们的思想动态，阐释凝聚思想共识的理论基础，提出凝聚思想共识的实现路径、实现基础及保障，提升凝聚思想共识研究的整体性和实效性。其二，凝聚思想共识直接相关的研究成果相对较少，学界围绕思想共识和凝聚思想共识进行的探讨还不够深入，研究还不够系统，加上自身能力有限，给本书的研究增加了一定的难度，对于问题的思考和分析尚不够透彻，在研究深度和广度上有待进一步完善。

三、创新点

其一，在研究视角上，本研究以当前我国多样多变的思想现实为研究切入点，以凝聚思想共识为研究主题，以凝聚思想共识的理论基础与实现策略为落脚点，以此回应时代发展提出的新问题，进一步筑牢思想精神之魂，汇聚强大发展合力，促进社会和谐统一。从凝聚思想共识的视角开展研究是推进共识理论创新的内在要求，研究视角较新，在一定程度上有助于拓展共识问题及思想共识问题的研究视野，丰富并推动我国凝聚思想共识的理论研究和实践发展。

其二，在研究观点上，本研究吸收借鉴了国内外学者关于凝聚思想共识的相关研究成果，立足新的历史方位和时代背景，概括了凝聚思想共识的理论基础，剖析了凝聚思想共识的现实境遇，论证了凝聚思想共识的思想导向、基本原则、有效方法和多维途径，提出了凝聚思想共识的实现基础及保障条件，具体从凝聚思想共识的现实基础和保障条件两个方面进行了较为全面的论述，试图提升观点的创新性和研究的系统性，以期在理论层面推动凝聚思想共识的理论研究，在实践层面促进思想认识的统一，推动思想共识最大程度地凝聚。

第二章　凝聚思想共识相关概念的内涵阐释

思想是行动的先导，是人们认识世界和改造世界至关重要的能动因素。小到思想的交流、人际关系的沟通，大到政权的建立和巩固、利益的分配和协调都需要做好人的思想工作，而人类社会的发展、人类文明的进步更离不开思想共识的凝聚。唯物史观认为："人们的观念、观点和概念，一句话，人们的意识，随着人们的生活条件、人们的社会关系、人们的社会存在的改变而改变。"❶凝聚思想共识是一个重大的理论问题，更是一项重要的实践活动，在不同的历史阶段、不同的时代会产生与之相应的内容及表现形式，也会随着社会存在的变化和时代背景的变迁而不断变化。黑格尔曾说："真正的思想和科学的洞见，只有通过概念所作的劳动才能获得。只有概念才能产生知识的普遍性。"❷对凝聚思想共识的研究必须从基本问题入手，从概念和内涵入手。本章便是围绕凝聚思想共识是什么这一基本问题，对思想共识的概念进行解析，对凝聚思想共识的内涵进行梳理，并且从纵向发展的角度阐释凝聚思想共识问题的提出与演进状况，力争为接下来系统研究我国凝聚思想共识提供概念基础。

第一节　思想共识的概念解析

一、共识与思想共识

对思想共识进行概念解析，首先要聚焦和剖析"共识"一词，准确把

---

❶ 马克思恩格斯选集：第 1 卷［M］.北京：人民出版社，2012：419–420.

❷ 黑格尔 . 精神现象学：上卷［M］. 贺麟，王玖兴，译 . 北京：商务印书馆，1979：48.

握共识的概念才能为思想共识概念的理解打下基础。当前，"共识"已经较为广泛地应用于学术研究、工作报告、日常生活中，从"华盛顿共识"到"北京共识"体现了发展中国家也可以通过艰苦努力、大胆创新，走出适合自己的发展道路，而"重叠共识""改革共识""政治共识""道德共识""协商共识"成为人们较为熟悉的词汇，也反映了共识的内容不断丰富，分类多种多样，表征着共识研究愈加深入，向分领域拓展的趋势和走向。共识在使用层面上逐渐成为常识性概念，但理论层面上关于共识的内涵还需要进一步探索，科学界定和分析共识的概念有助于人们正确理解共识，推动共识理论与实践的发展。

共识（consensus），即共同的认识。从国内来看，在我国古汉语中并没有"共识"一词，关于"共"倒是有诸多用法，大体都是共同合作之意。在《现代汉语词典》中，共识被解释为共同的认识。[1] 这个定义看似简单，实则是对于共识普遍意义上的理解，不仅将共识与异识相区别，也内含了共识的主体一定是两人及两人以上，单独个体的认识不能称为共识，多人之间共同的认识和意志才是群体的合意，才能称为共识。近年来随着共识问题关注度的上升，对于共识的定义也有了进一步的认识。我国有学者认为："所谓共识，也就是社会不同成员基于社会发展的现实需要，通过理性的互动、价值的沟通在观念层面所达到的某种一致。"[2] 还有学者提出共识是不同利益和价值观念之间围绕特定的议题，通过互相沟通、调整或妥协所达成的一种合意状态。[3] 从国外看，西方社会对共识概念也进行了长期的思索，韦农·波格丹诺主编的《布莱克维尔政治制度百科全书》认为，共识是"在一定的时代生活在一定的地理环境中的个人所共享的一系列信念、价值观念和规范"[4]。这个定义强调了时空对于共识的特殊意义，一定的时代背景和地理环境是共识形成的基本条件，而在这个范围内生活的人们及由此形成的共同体则是共识的主体，彼此共享和遵守的价值观念和行

---

❶ 现代汉语词典［M］. 2002 年增补本. 北京：商务印书馆，2002：441.

❷ 杨国荣. 论伦理共识［J］. 探索与争鸣，2019（2）.

❸ 颜学勇，周美多. 基于共识的治理：后现代情境下政策共识的可能性及其限度［J］. 电子科技大学学报（社科版），2011，13（4）.

❹ 韦农·波格丹诺. 布莱克维尔政治制度百科全书［M］. 邓正来，等译. 北京：中国政法大学出版社，2011：143.

为规范则是共识的核心内容。

此外，通过梳理国内外不同学者对于共识的定义，可以发现还有从政治学、社会学、心理学、解释学等学科角度对共识进行的阐释，尽管侧重点不同，但总体来看，都突出强调了特定时期的人们对某项或多项事情所形成的较为一致的看法，究其核心就是一致性认识。综上，本书认为共识是指在一定的时代和社会中的人们在长期实践生活中所寻求和形成的共同认识、价值、理想及准则。

思想共识，顾名思义，是思想方面的共同认识。国内外关于思想共识的研究很少，明确对其概念进行定义的更是十分少见。在我国，与思想共识直接相关的研究成果也较为缺乏，学术专著和论文数量明显不足，与此相关的思考和讨论或呈现于有关共识的专著中，或散见于论文和报刊文章中。付来林、俞晓敏认为思想共识是"在一定的历史条件下，人们统一了各种各样的认识和意见所形成的思想，在形式上表现为共同的价值取向、道德品质、社会心理和思维方式"[1]。魏长领认为"思想共识归根结底就是对共同利益关系的反映"，"思想共识不再是对某一利益主体及其利益的共识，也不是对只维护某一利益主体利益的社会关系、社会制度、行为规范的共识，它在本质上是人们对他们认为合理的利益关系、利益结构、利益分配的认同，是对人们的基本权利和基本义务公正分配及其相关制度安排的认同，进一步说，是对社会公正的认同"[2]。党的十八大以来，以"思想共识"及"凝聚思想共识"为主题的文章呈现出逐渐增多的趋势，近两年的数量增长尤为突出，但多是从汇聚发展合力、同心共筑中国梦或者具体工作的角度出发，对于思想共识概念的界定和追问还寥寥无几。总体来看，这些为数不多的观点和成果对于理解思想共识具有重要的启发意义，加之关于共识的定义和研究，都为思想共识概念的理解提供了一定的理论基础。

本书认为思想共识是人们在长期实践生活中对社会诸多现象和问题所形成的在思想方面的共同认识，或者是对众多思想困惑和冲突进行协调而

---

[1] 付来林，俞晓敏.论社会主义和谐社会的社会思想共识［J］.中共南昌市委党校学报，2007（4）.

[2] 魏长领.社会公正与思想共识［J］.郑州大学学报（哲学社会科学版），2007（3）.

实现统一性的认识，达到一种相对平衡稳定的状态，其内在实质是对共同利益的关切和反映，体现为共同的思想认识和价值取向，外在则表现为共同的实践行为，因此，是人们思想认识、情感态度和意识信念的统一。准确把握思想共识的含义，应该重点从以下两个方面入手。

第一，思想共识的特殊性。

思想共识是共识的一种，同价值共识和道德共识等一起构成共识的重要内容，之所以在多种共识中特别强调思想共识，是因为思想共识具有更加特殊的意义和作用。思想是行动的先导，行为是思想的外现，思想意识是对物质的反映并且对物质具有能动的反作用。詹姆士·艾伦认为，"行为和思想的关系，就如同水果和果树、流水和喷泉的关系一样，它不会无缘无故地突然就展现出来，这是一个长期的无声的成长结果，是一个长期积聚力量的隐藏过程的最终结局，'隐藏的事情必将显露出来'，依靠这个世界内在的强大力量，隐藏在心中的每一种思想最终必定融入友善的行为或者有害的行为之中，这取决于思想的本质"❶。

从个体来看，思想意识是指导人的行动，连接人的意识和实践的重要中介。"最蹩脚的建筑师从一开始就比最灵巧的蜜蜂高明的地方，是他在用蜂蜡建筑蜂房以前，已经在自己的头脑中把它建成了。"❷与其他生物相比，人类有思想意识，并且有目的性和计划性，因此，会对实践活动产生一定的作用。根据思想意识是否客观反映现实并促进实践发展，可以将其分为正确的思想意识和错误的思想意识。正确的思想意识能促进人的成长成才；而错误的思想意识则会歪曲事物的本来面目，误导人的判断，阻碍人的发展。从社会来看，社会由个体组成，个体的思想意识构成社会群体的合意。社会之所以能作为一个整体存在，离不开社会成员在诸多问题上达成较为一致的看法和追求，整个社会的发展需要绝大多数成员在思想意识方面形成一定程度的合意，也就是需要思想共识。只有当个体的思想意识趋向一致性，形成稳定的思想共识，或者说个体的思想意识符合社会发展的要求、与社会主流思想保持一致时，个体的行动才能成为助推社会进步的重要实践，思想共识才能被转化为整个社会的思想合力，促进个人

❶ 詹姆士·艾伦. 艾伦三书［M］. 李汉昭，译. 哈尔滨：哈尔滨出版社，2005：94.
❷ 马克思恩格斯选集：第2卷［M］. 北京：人民出版社，2012：170.

和社会的双向互动、同向同行。值得注意的是，科学的思想共识才能促进社会的良性发展，非理性的思想共识容易把整个社会引至错误的道路，甚至有可能酿成无法挽回的历史悲剧，历史上不乏整个国家和社会因集体思想狂热而陷入侵略状态，给本国和世界人民造成难以估量的沉痛创伤的事例。

第二，思想共识的要素。

思想共识的主体。思想共识是一个包括多要素在内的系统，思想共识的主体是指具有一定的认识能力，并在一定的社会中从事思想共识实践活动的人。这里的人作为思想认识和实践的主体，不仅以个体面貌出现，也会以群体的面貌出现，以社会成员整体的形式参与思想共识的活动。思想共识主体是最主要的因素，因为思想共识是主体之间进行的活动，对思想目标的制定和调整、对思想矛盾的妥协和沟通、对思想动力的协调和整合都是主体与主体的互动，是一方与另外一方在思想和观念上的统一。思想共识的主体是社会性主体，社会性是人的根本属性，思想共识不是个人的思想活动，脱离社会生活的人不能成为思想共识的主体；同时，思想共识也不是一方主体单方面的行为，在社会生活中离开任何一方，思想共识都难以达成。此外，思想共识的主体具有历史性特征，在不同的社会和时代，主体的范围和作用不断发生变化。在交通不便、信息闭塞的传统社会，无论是在等级森严的封建集权制国家还是人们相对公平参与社会事务的城邦，主体都限制在一定范围，奴隶及妇女等群体被排除在外。随着交通条件的便利和沟通方式的改进，人与人之间交往的密切催生了思想之间的碰撞、认同，国与国之间交流的加深也推动了全球一体化进程，思想共识主体的范围得到了极大的延展，主体的能力得到了极大的提高，环境保护、贫困治理等全球问题及宏大的人类命运共同体让越来越多的人和国家成为思想共识的主体，共同参与到人类生存和全球发展的行动中，致力于追求互利共赢的世界情怀，创造人类社会更加美好的未来。近年来，我国提出构建的网络空间、核安全、海洋等命运共同体倡议得到各国积极响应，人与自然生命共同体、地球生命共同体等一系列重大主张获得广泛支持，越来越多的国家和地区加入构建人类命运共同体的大合唱中。

思想共识的客体是思想认识和实践活动所指向的对象，是在一定社会中生活的人们对于达成什么样的思想共识以及如何凝聚起思想共识的理解和追求。思想共识涉及人们社会生活的各个方面，其客体和指向的对象也涵盖了对他人、自然、社会、国家，以及在思想领域的其他诸多问题。从人们对一部外国电影的观后评价到对其背后隐藏的西方价值观的剖析和警惕，从日常生活的衣食住行等私人事务到政府制定的相关社会治理政策，从多样化的文化交流和思想碰撞到主流价值观的认同及意识形态领域的斗争，这些都是思想共识所涉的范围，都有可能成为一定时期的思想共识的客体。当然，思想共识的客体虽然范围广泛，但并不是包罗万象，也不要求所有主体对所有问题都要形成统一的看法，而是对其中一些方面或某些问题的共同感受和较为一致的意见。思想共识的客体不因主体的主观意志而转移，但只有出现在主体的认知和实践范围，才能成为思想活动所指向的对象，成为与主体紧密相关的客观存在。因此，由于主体的社会性和历史性，客体也会随之呈现出一定的动态性，对于现实社会究竟要达成什么样的共识，以及能否凝聚人们的思想共识，一定程度上取决于主体的认知能力和实践经验。

　　思想共识的介体是人们进行思想认识和思想活动的中介系统，"是认识主体和认识客体作为认识结构中的两极而相互连结、相互作用的中间通道、联系媒介和转换机制。"❶没有中介的桥梁作用，主体和客体就难以发生相互作用。思想共识的中介不仅包括主体认识客体所需要的媒介和工具，也包括进行认识和实践活动所要使用的方法和机制。从古至今，人类文明的发展和繁衍实际上就是人们利用中介进行信息生产、交换、传播的过程，其中，语言系统起到了至关重要的作用。一方面，通过语言和符号人们才能彼此交流和沟通，对于客观世界的认识理解及主观世界的思想活动都要靠语言来进行信息的传递、感情的共鸣，由此形成对于某些问题的共同关注和广泛认同。另一方面，语言的形成及使用，本身就是人们在长期的社会生活中形成的一种普遍的共识。在一定的地理范围共同生活的群体，大家彼此都认可某种语言，运用这种语言进行沟通，并且努力通过该语言实现对一些问题的协商，正是在不断交流和达成共识的过程中人类社

---

❶ 欧阳康.社会认识论导论［M］.北京：中国社会科学出版社，2010：246.

会才能实现文明的传承。此外，还有非语言符号系统，如听觉、视觉、动作等都会在思想认识和实践活动中传递出人的情绪感受、影响人的思想状况，这会在某一具体问题上让人们由于感受不一致而产生不同的思想认识和价值判断。科学运用这些中介促进主体之间更好地交流，推动思想认识和社会交往的进一步发展，有助于思想共识的形成。

二、思想共识的形成

思想共识的形成是一个复杂的过程，从思想意识的产生到共识意愿的萌发，从思想矛盾的调节到思想资源的整合，都带有强烈的社会性和实践性，这不是单纯在人的头脑中就可以完成的思辨过程，是随着社会发展和社会变革而随之调整和变化的实践过程。思想共识一旦形成，又会具有相对的稳定性和持久性，指引着社会成员的思想和行为，对个人及社会产生深远的影响。

思想共识属于思想意识范畴，而思想意识由社会存在决定，是对社会存在的反映。马克思指出："人的本质不是单个人所固有的抽象物，在其现实性上，它是一切社会关系的总和。"[1]人是现实的存在，离不开社会生活和社会关系，人的思想意识也是对现有的社会存在和社会关系的综合映射，不同的人和不同的群体由于面临不同的社会现状和社会关系，参与不同的社会交往和社会实践，从而形成了众多的思想认识、道德品质、利益需要、价值判断，整个社会也呈现出多样化的思想风貌和思维方式。思想共识作为人们在思想方面的共同认识，其形成需要社会存在提供基础条件，如经济基础、政治基础、文化基础及思想基础等，只有在这些共同的基础上，社会成员才能在共同的社会生活中针对公共的问题进行沟通和协商，逐渐形成对某一问题或某些方面共同的认识，开展有利于集体或社会共同体长久发展的实践，协调个体利益和整体利益的相互关系，最终在纷繁复杂的社会生活和思想活动中建构起整个社会成员共同的思想意识。但这些只是前提条件，有了这些基础，思想共识也并不能自发地形成，还需要经历激发——整合——形成的一系列过程，从而将一个社会群体中不同个体的思想意识融合在一起，最终形成能够反映社会成员共同需要、代表

---

[1] 马克思恩格斯选集：第 1 卷 [M]．北京：人民出版社，2012：139.

社会整体利益的思想共识。

激发主要是刺激人们萌发思想共识的意识，促使人们产生思想共识的意愿，这是形成思想共识的前提。由于个体的物质活动和交往实践的差异，人们的思想意识自然也带有一定的独特性和差异性，整个社会呈现为丰富多样的思想观念。正如马克思所言："思想、观念、意识的生产最初是直接与人们的物质活动，与人们的物质交往，与现实生活的语言交织在一起的。人们的想象、思维、精神交往在这里还是人们物质行动的直接产物。表现在某一民族的政治、法律、道德、宗教、形而上学等的语言中的精神生产也是这样。"❶思想意识的生产作为一种精神生产，是长期以来人们进行物质活动的产物，而思想共识是人们对社会诸多现象和问题所形成的在思想方面的共同认识，不仅伴随着人们的成长和社会的发展逐渐形成，并且会根据时代的变化和实践的深入而发生改变。思想共识需要在思想意识的基础上，基于共同的目标，采取一定的措施，从而引导人们的思想意识和价值观念，激发人们的情感认同和思想认同。从一个人出生并产生思想意识开始，对父母和家长便随之产生了依赖和互动，通过参与家庭活动，熟悉交往规则，逐渐对家庭、集体和社会有了认识，在家长潜移默化的影响和教育中激发了一定的家国观念、家庭观念及道德观念等。由于活动范围的局限，在孩童时期多是基于家庭生活和家庭关系产生的对于家长权威的认可，但这是激发思想共识的重要起点，为日后融入更广泛的社会生活、形成思想共识奠定了基础。步入学校和社会之后，书本知识的学习、文化涵养的增加、交往实践的扩大都会进一步提升人们思想认识的深度和广度，锻炼人们的团结意识和责任意识，树立正确的世界观、人生观和价值观，激发人们对于社会制度、意识形态和主流价值观的认同，熔铸人们在个人层面和社会层面的共识性认识。

思想共识的激发不仅在人的成长阶段有所不同，更重要的应该体现在对社会不同群体的激发和引导。当代的中国社会包括了众多群体和社会团体，有共产党员和党外人士，知识分子和民营企业家，宗教人士和非信教群众等，如何激发起我国最广大人民群众的思想共识才是当前最重要的任务。不同的群体扮演着不同的社会角色，有着不同的思想认识，

---

❶ 马克思恩格斯选集：第1卷［M］.北京：人民出版社，2012：151-152.

因此要采取不同的激发措施，促进我国政党关系、干群关系、民族关系、宗教关系的稳定和谐，最大范围地将我国各族人民、港澳同胞、台湾同胞等全中国人民紧密团结起来，充分发挥各个群体的智慧和能力，激发社会整体的思想活力和创造合力。例如，对于中共党员，必须加强理想信念教育，认真学习马克思主义科学理论，学习贯彻习近平新时代中国特色社会主义思想，深刻领悟"两个确立"的决定性意义，增强"四个意识"、坚定"四个自信"、做到"两个维护"，坚定广大党员对于马克思主义的信仰，坚守共产党人的政治灵魂和精神家园；对于人民群众，要开展中国特色社会主义共同理想教育，尤其要大力加强爱国主义教育，持续培育和弘扬社会主义核心价值观，引导人们坚定对中国特色社会主义制度的信心，激发人们汇聚起同心共筑中国梦的精神力量，向着强国建设、民族复兴的宏伟目标昂扬奋进。

整合是将不同的思想意识和不同群体的思想认识进行协调和融合的过程，是在激发的基础上对所有思想资源进行加工组合，是形成思想共识的重要环节。对思想意识的整合不仅为了思想上的统一，其目的在于较好地化解分歧、凝聚合力，有效地指导实践。在社会生活中，面对多种多样的思想观念，如果不进行科学合理的辨析和整合，就难以在多样的观念中确立起主导思想，社会整体思想共识的形成也无从谈起。人不仅是生物性的存在，更是社会性的存在，"人们自觉地或不自觉地，归根到底总是从他们阶级地位所依据的实际关系中——从他们进行生产和交换的经济关系中，获得自己的伦理观念"❶。伦理观念如此，价值观念和其他的思想观念也是如此，都是在经济关系和利益关系中得以产生和变化。思想共识作为社会成员共同思想意识的凝结，涵盖了伦理观念、价值观念等思想观念，体现了大家在社会生活中共同的认知、需求、判断、理解和希望，其背后映射的正是社会关系。正是看到了复杂的社会关系所导致的多样的思想观念，我们才要对不同社会阶层、不同社会群体的思想意识进行整合，推动思想共识的形成。

首先，要对不同社会阶层的思想意识进行整合。随着社会的发展，尤其在改革开放之后，社会结构发生了巨大的变化，不仅出现了一些新的社

---

❶ 马克思恩格斯选集：第 3 卷［M］.北京：人民出版社，2012：470.

会阶层，社会关系也较以往更加丰富和多样，这既能为思想共识的整合奠定良好的基础，也会在一定程度上影响思想共识的整合力。我们要重视对不同社会阶层思想意识的整合，党和政府要加强对社会全部群体的全面领导，尤其是对新兴阶层的政治领导、思想领导和组织领导，通过宣传增强他们对于社会主流意识形态的认同，通过管理规范他们的思想和行为，不断扭转不同群体在重要问题上的思想对立，化解他们在思想认识上的分歧。其次，对不同的思想文化进行整合。当前，我国思想文化的整合不仅要弘扬和传承中华优秀传统文化，充分挖掘中华民族特有的价值观念和精神追求，更要加强对西方文化的鉴别、分析和转化，坚决抵制不良的西方社会思潮的侵袭。在我国社会主义文化的基础上，兼容并包，合理吸纳，科学地将传统文化和西方文化结合起来，互补融合，在不同思想文化的相互交流和相互碰撞中，充分吸收符合我国社会主义文化建设的思想元素，不断汲取有利于凝聚人民思想共识的文化养分，促使不同的思想文化共同为提高我国人民的思想水平服务。

形成是在激发和整合的基础上，进一步把共同性的思想认识进行提炼，将核心的思想精髓和思想要义凝结为社会成员共同认可和遵守的思想指南。"共识不是直接裸露的、某种现成的存在，它是需要人们去积极澄清或追求而'形成''达致'的结果。"❶思想共识的形成具有时代特点，从古代社会到现代社会，从革命年代到当前的社会主义新时代，历史的车轮滚滚向前，人们追求的脚步从未停止。只有一代代人在社会实践的基础上不断进行思考和求索，多措并举地激发和整合全体社会成员的思想意识，反映社会成员共同需要、代表社会整体利益的思想共识才能得以最终形成。"从哲学价值论上说，共识的形成以共同利益为基础。没有一定的共同利益很难形成共识，而有了一定的共同利益，原来没有共识的也会逐步形成共识。"❷毋庸置疑，现实社会中生活的每一个人都以基本利益为取向，其思想和行为总在无形中受到利益的驱使，不同群体也正是由于利益出发点和利益目标的不一致而产生了不同的思想认识。从激发、整合到形成思想共识的过程其实是对不同利益关系进行调整的过程，正确认识个体利益

---

❶ 沈湘平.价值共识是否及如何可能［J］.哲学研究，2007（2）.

❷ 葛洪泽.论共识［J］.现代哲学，2000（2）.

与群体利益、不同群体之间的利益以及群体利益与社会整体利益，处理好这些利益的相互关系，才能将不同社会成员的思想观念聚合为统一性的思想认识，实现多种利益关系和思想认识的有效融合。

思想共识是多元社会的诉求，思想的多样使思想共识成为必要，而思想的多样进一步凸显了思想共识尤为重要。思想共识不是用一元思想统一全体社会成员，不是要消灭丰富多样的思想意识，而是要在多元多样的思想中确立主导思想，实现一元与多元之间的融合。"思想共识不是对思想多元多样、分歧分化的简单否定或替代，而是以一种开放的心态实现'一元主导'与'多元并存'之间的有机整合，在整合的基础上'达成普遍有效的伦理准则'，推动社会主体认识、实践的创新发展。"❶思想共识的形成没有完结时，只要人类社会还存在并且发展，只要人的思想还在活跃和思考，思想认识和思想实践就会持续进行。"社会意识不是静止的金字塔，更像是高度不断增加的螺旋体。在这种螺旋式的循环中，永不停顿的思想追逐促使社会意识不断地向前。"❷思想意识的快速发展和社会意识的向前推进，会促使思想共识进一步调整，将符合人们共同利益的思想观念合理保留，将不符合时代需要、违背人民根本利益的思想意识坚决剔除，及时充实和更新思想共识的内容，以此满足社会发展的需要，为国家的稳定团结、为民族的永续发展提供强大的精神动力。因此，思想共识在一定程度上呈现出激发、整合、形成的循环往复的过程，每一个周期都是在原有思想共识的基础上进行的运动，是循环和超越的统一，不断助推认识活动和实践活动的深化，确保整个社会系统的运转始终处于和谐有序的状态。

三、思想共识的特征

思想共识具有社会性。社会意识是社会存在的反映，"不是意识决定生活，而是生活决定意识"❸。思想共识作为观念意识，本质上属于认识范畴，是个体和群体在一定的社会环境中对社会实践的反映。思想共识的内容不是凭空产生的，也不是人们头脑中的简单臆想，而是在现实社会中面

---

❶ 陈娜.论思想共识凝聚的本质［J］.思想理论教育，2018（12）.

❷ 姜玲玲.社会意识的自组织过程［J］.学术界，2010（8）.

❸ 马克思恩格斯选集：第1卷［M］.北京：人民出版社，2012：152.

对一系列问题所形成的共同认识和看法。不仅产生的出发点具有社会性，其变化和完善也具有社会性，因为社会的发展随之带来思想的变化，思想共识面临的难题和困境只有立足现实社会才能找到根源，从而得到较好的解决。此外，思想共识的检验和目的也具有社会性的特征，思想共识是否科学合理，是否能够凝聚最大范围的思想合力需要在社会实践中检验，而思想共识的最终目的是在全社会达到凝心聚力的效果，将理想的力量转化为理想的行动，指导社会实践，推动社会发展。列宁说："生活、实践的观点，应该是认识论的首要的和基本的观点。"❶离开了社会实践，就不会有思想意识的发展和思想共识的形成。

思想共识具有意识形态性。马克思曾深刻指出："统治阶级的思想在每一时代都是占统治地位的思想。"无论在哪个时代和哪个社会，统治阶级在取得统治地位后，他们的利益诉求和思想观念都会随之上升为在社会中占统治地位的思想，出于巩固阶级统治、维护社会稳定的目的，他们会竭力将代表着统治阶级利益的思想宣称为全社会的普遍思想，并对全体成员进行思想统治从而形成思想共识。资本主义国家和社会主义国家在意识形态上的对立性必然导致思想文化及思想共识的区别性，前者追求西式的自由民主，想要达成的是维护资本主义制度的思想共识；后者则是追求人的自由全面发展，培养的是资本主义的掘墓人，最高的奋斗目标是实现共产主义。不可否认，统治阶级面向全体社会成员进行思想的引导和意识形态的灌输，在提升思想水平、拓展思想境界等方面具有一般性的作用和功能，但根本上来看，始终是为了利用思想共识教化民众，确保在思想文化上的长久统治权。因此，思想共识在具有社会性的同时，还具有意识形态性的特征。尤其在社会利益分化严重、思想纷繁复杂的情况下，统治阶级就更需要统一社会成员思想、凝聚整个社会的思想意志，确保整个国家意识形态的安全，为政权的稳定发展奠定牢固的思想基础和发展合力。

思想共识具有历史性。思想共识体现了人们思想意识的集合，因此必然会受到客观现实和历史条件的制约，体现出鲜明的历史性。不同的时代和不同的历史背景会造就不同的社会状况，呈现出不同的社会风貌和思想特点，如封建专制社会与社会主义社会的思想共识及其成员的思想状况截

---

❶ 列宁选集：第 2 卷［M］.北京：人民出版社，2012：103.

然不同。思想共识因特定历史时期的社会需要而产生，是为了解决当时社会存在的各种思想困惑和难题，也只有通过生活在那个历史阶段的社会成员共同努力才能完成。某种程度上，思想共识要解决的正是历史任务。在人类发展的历史长河中，不存在彻底超脱于历史时空的思想共识，也不会存在哪一种思想共识可以适用于任何历史发展阶段的国家和社会。同一个思想问题在不同的历史阶段会有不同的评价和解决办法，而同一种思想观念，在某个历史阶段会成为思想共识，但换个历史时期则有可能成为违背社会主流的错误思想。

思想共识具有动态性。唯物史观认为："人们的观念、观点和概念，一句话，人们的意识，随着人们的生活条件、人们的社会关系、人们的社会存在的改变而改变。"❶ 可见，人们的思想状况和社会的思想共识也会体现出动态变化的特征。因为只有在现实生产交往实践中，人们才能形成思想共识，也才有形成思想共识的必要和可能。伴随着社会的发展，社会成员的整体思想水平会有所提升，但思想共识会不断面临新情况和新问题，其内涵不会一成不变，要求更会在原来的水准上逐渐提高。即使在同一个时代，同一个地理环境，同一个社会背景，人们对于思想共识的理解也并非能够稳定持久，利益格局的改变、政策的调整、评价标准的变化，甚至特殊事件的出现，都可能引发思想共识的转变和动摇。

第二节　凝聚思想共识的含义、本质及目标

一、凝聚思想共识的含义

理解凝聚思想共识的含义，既要对其进行要素分析，又要从整体上进行综合把握。"思维既把相互联系的要素联合为一个统一体，同样也把意识的对象分解为它们的要素。没有分析就没有综合。"❷ "凝聚"一词，词典上的解释是"聚集、积聚"，社会学上解释为"某一社会共同体内各成

---

❶ 马克思恩格斯选集：第 1 卷［M］. 北京：人民出版社，2012：419–420.
❷ 马克思恩格斯选集：第 3 卷［M］. 北京：人民出版社，2012：417.

员因共同利益和价值目标结合为一个有机整体"。本书认为思想共识是人们在长期实践生活中对社会诸多现象和问题所形成的在思想方面的共同认识，凝聚思想共识是统一思想认识、形成思想合力的实践活动，是在社会主导思想的引领下，将全体社会成员多样的思想意识和多样的思想观念进行调适、整合和凝练，从而实现社会整体共同性的思想认识，达到一种相对稳定聚合的思想状态。其中，社会整体共同性的思想认识主要包括对于国体政体、社会制度、意识形态、民族关系、社会结构、利益分配等重大问题上较为一致的看法和认识，而稳定聚合的思想状态主要是社会成员在主流意识形态和主导社会思想的引导下形成思想认同，呈现出爱党爱国、奉献社会、努力工作、拼搏进取、积极向上的精神状态。

首先，凝聚思想共识的主导者是统治阶级。凝聚思想共识要凝聚的是在一定的社会中占主导地位的思想，而社会主导的思想究其实质就是统治阶级的思想。"统治阶级的思想在每一时代都是占统治地位的思想。这就是说，一个阶级是社会上占统治地位的物质力量，同时也是社会上占统治地位的精神力量。"❶可见，统治阶级不仅在政治和经济领域拥有统治权，同时他们也是思想文化领域的领导者。统治阶级为了巩固本阶级的统治，维护本阶级的利益，不仅大力筑牢政治上层建筑，同时还加紧构建观念上层建筑，不仅要通过政府、军队、监狱、党派等进行国家统治和社会治理，同时还会通过加强哲学、宗教和文化等观念体系的建设将本阶级的思想确立为社会主导思想，并且不断引导和整合社会其他成员的思想意识，使统治阶级的思想被更广大的群众所接受和认可，在全社会凝聚起拥护统治阶级的更广泛的思想共识。我国是人民民主专政的社会主义国家，人民是国家的主人，社会主义意识形态是占主导地位的社会思想，当前，凝聚思想共识最重要的就是要坚持马克思主义指导地位，增强社会主义意识形态的引领力，用习近平新时代中国特色社会主义思想武装全党、教育人民，为早日实现中华民族伟大复兴凝心聚力。

其次，凝聚思想共识的对象是全体社会成员。单个人产生的思想意识不能形成思想共识，思想共识是在一定时代和一定范围的社会公共体所形成的共同认识，这涉及个体与个体、个体与群体、群体与整体之间的关

❶ 马克思恩格斯选集：第1卷［M］.北京：人民出版社，2012：178.

系，更关乎整个社会系统的运转和协调，因此，凝聚思想共识所要面对的是全体社会成员。思想共识的凝聚是在人们实践交往的基础上，从社会不同层面的思想意识入手，整合多样的思想观念，减少思想分歧，聚集思想合力的实践活动，科学认识这项实践活动的对象才能有效开展在理想信念、价值理念、道德观念上的宣传教育，真正做到在复杂多变的社会主体中凝聚起价值合力和精神动力。一方面，凝聚思想共识的对象具有普遍性。交往实践中有个人和群体等不同形式的主体，这些主体既是从事物质实践活动的主体，也是进行思想活动的主体，凝聚思想共识的实践活动就应该包括这众多的实践主体，而不是仅仅着眼社会中的某一群体。我们要凝聚的思想共识也不是某些个人和群体之间的共识与协议，而是要实现社会广大成员在重大问题上的较为一致性的思想认识，因此，任何阶层、职业、民族的个人和群体都是凝聚思想共识不可忽略的对象。另一方面，凝聚思想共识的对象具有特殊性。之所以说凝聚思想共识的对象具有特殊性，是因为社会主体在认知程度上存在层次性的差异，不同的社会成员由于客观条件和主观能力的区别会形成不同的思想认识，即使面对同一个社会热点问题，由于身处不同的立场，或采取不同的分析方法，也可能会得出截然相反的结论。因此，凝聚思想共识要根据不同层次社会成员的认知程度和思想状况选择相应的方式、方法，调动全体社会成员共同为筑牢全社会的思想之基和精神之魂而努力。

最后，凝聚思想共识的核心内容是社会主导思想。在一定的社会范围内，假使社会成员的思想意识全部高度一致，那么思想意识就等同于思想共识，缺失了丰富的思想认识、多样的价值观念及充满对立分歧的观点，凝聚思想共识便无从谈起，这项实践活动便失去了意义。正是在现实生活中存在复杂多样的思想意识，并且存在不断分化的现象和趋势，我们才有了减少思想分歧、追求思想共识的诉求。在纷繁复杂的思想意识中凝聚共识先要明确凝聚什么样的思想共识，其凝聚的内容并非全部思想意识，而是社会主导思想。也就是说，凝聚思想共识既不是要发现和形成某种唯一真理，也并非要求人们实现思想上的绝对同一，而是要在多元中立主导，其指涉对象主要聚焦国家政权、大政方针、人民利益及意识形态等关涉国家社会主导性、公共性的重大问题。

无论在何种社会性质的国家，统治阶级和执政党都是用本阶级的思想意志去统一社会成员的思想认识，将代表本阶级利益的思想上升为在全社会占统治地位的思想，进而合法化为民族和国家的精神文化，进一步为维护政治秩序、推动社会发展积聚精神力量。从时空维度看，受历史条件和生产方式的影响、限制，不同时代的社会实践及社会主导思想不尽相同，凝聚思想共识的核心内容在一定的时空条件下产生，也会随着时空条件的改变而有所改变。尽管思想共识一旦形成会具有一定程度的稳定性，但随着时代发展，人们的思想水平和认识程度有可能随之提高，也可能出现倒退，使得原有的社会主导思想就可能失去了凝聚力。例如，我国封建社会时期有些伦理思想在当时曾统治人们的思想，如维护封建统治起到了一定的积极作用，但随着时代的发展，却退化为奴化和毒害百姓的思想工具，无法适应社会发展，无法凝聚民众的共识，最终只能被更加先进的思想所取代而逐渐消失在历史长河中。

二、凝聚思想共识的本质

第一，在多变的思想意识中确立主导。

随着社会的不断发展和现代化转型的推进，丰富多样的社会生活造就了复杂多变的思想意识，"就个人活动和社会结构而言，现代化社会是高度分化和高度专门化的"❶。这种分化和专门化体现在了学习、工作和社会生活的方方面面，总体来看，知识和技能的专业化，职业和阶层的分化，必然引起思想意识和社会意识的多变性和动态性。这些多样的思想意识涉及的领域众多，形式复杂，在多变的思想意识中确立主导、凝聚共识也成为难度极大的挑战。

在多样多变的思想意识中确立主导要把握好一和多的关系，并非求多求全，也并非追求极致的一元，而是用社会主导思想去统一社会成员的思想认识，用主流价值观去引领全社会的价值追求，在社会和国家层面建设具有强大凝聚力的社会主义意识形态，形成维护社会稳定团结和国家长治久安的精神力量。此外，还要把握好同和异的关系，社会主导思想是凝聚

---

❶ S. N. 艾森斯塔德 . 现代化：抗拒与变迁 [M] . 张旅平，等译 . 北京：中国人民大学出版社，1988：2.

思想共识的核心内容，是我们追求的最大公约数和思想共同点，但我们必须正视在多元社会中多样思想的合理性，并非其他不同的思想认识都要消灭、差异的思想分歧都是冲突。通过主导思想的确立逐渐将其变为社会成员的思想共识，进而成为整个国家和社会的思想体系和精神指南。尽管在对具体事物的认识、具体事情的处理上人们可能会有不同的表现，甚至在宗教信仰、价值观念上有巨大的不同，但最核心的思想理念及共同的思想基础是相对一致的，合乎凝聚思想共识的本质内容和要求。

第二，在复杂的利益关系中谋求共识。

人们奋斗所争取的一切，都与自身的利益有关，对利益的不懈追求是推动生产发展和社会进步的强大动力，也是导致社会成员的思想意识复杂多变、产生分歧的根源。法国学者爱尔维修曾说："如果说自然界是服从运动的规律的，那么精神界就是不折不扣地服从利益的规律的。"❶思想离不开利益，思想构成的精神界服从利益的规律，复杂的利益关系及由此产生的多种思想意识是思想共识形成的起点，在利益关系中谋求共识则是凝聚思想共识的本质。因此，如何协调好错综复杂的利益关系，构建起较为合理稳定的利益格局不仅事关每个社会成员的利益分配，也是凝聚思想共识的关键问题。马克思也十分强调思想和利益的关系问题，民族的团结必须有共同的利益。而在复杂的利益关系中谋求共识，使全体社会成员真正凝聚起思想共识，他们也必须有共同的利益。

社会生活中，不同的社会关系，尤其是不同的经济关系会导致不同层面的利益关系，有群体利益和民族利益等，而共同利益就是在一定的社会范围里，在不同个体和不同层面的利益关系中所能提取出来的相同的部分，是全体社会成员共同追求的根本利益。列宁曾深刻指出，我们既要"'注意到'群众情绪的转变，又'注意到'比情绪及其转变更重要得多、深刻得多的东西，即群众的基本利益"❷。因此，凝聚思想共识要以长远的共同利益为出发点，以广大人民群众的基本利益为落脚点，在复杂的利益关系中调整好个体利益和公共利益的平衡点，在整个社会的不同群体的利益需求中寻求利益的共识点，使不同的社会主体都能实现自身的利益，在

---

❶ 十八世纪法国哲学［M］.北京：商务印书馆，1963：460.
❷ 列宁全集：第32卷［M］.北京：人民出版社，2017：100.

实现共同利益中凝聚思想共识。

第三，在激烈的思想交锋中举旗定向。

凝聚思想共识不仅面临错综复杂的利益关系，也面临着思想文化领域的激烈斗争。思想文化的交流和交锋，一方面，可以丰富人们的思想，开拓人们的思维，各种差异性的思想并非全部是对抗和冲突，在一定程度上它们也蕴含了思想张力，在交流和竞争中互相融合，推动思想文化的繁荣发展；另一方面，我们也必须看到，思想文化的交锋不仅仅是现代文明与传统文化、科学思想与愚昧无知的思想观念的交锋，更是不同群体和不同阶层在价值观念和思维方式等方面的思想交锋，不仅仅是在本国和本民族内部发生的思想争论，更跨越了国界，成为在全球化背景下国内外敌对势力抢夺思想舆论阵地的角斗场。可见，思想交锋不是单纯停留在思想层面的交流和对话，其背后隐藏着特定群体的政治主张和利益诉求，甚至是关于道路、理论、制度和文化等意识形态方面的较量和斗争。

面对思想的激烈交锋和意识形态的斗争，举什么旗、走什么路就尤为重要，关系到凝聚思想共识的核心内容，更关乎民族的前进方向和国家的长治久安。恩格斯曾指出意识形态"是一面公开树立起来的旗帜，而外界就根据它来判断这个党"❶。每个国家和社会都会在长期的发展过程中选择相应的社会制度、指导思想，形成独具特色的发展理念和思想文化，确立符合本国国情的主流意识形态。可见，意识形态是党和国家的思想旗帜，是社会稳定团结的"水泥"，对统一思想认识、确保思想正确起到了方向性的引领作用，是凝聚思想共识根本性的问题。只有在激烈的思想交锋中高举旗帜不放松，在复杂的意识形态斗争中坚定方向不动摇，才能定心聚力，凝心铸魂。

三、凝聚思想共识的目标

第一，筑牢思想精神之魂。

凝聚思想共识的首要目标就是统一思想认识，筑牢思想精神之魂。有了思想精神之魂，国家才有希望，民族才有未来，社会才有向心力。思想共识是在一定的社会中生活的人们在思想方面的共同认识，将其凝聚起来

---

❶ 马克思恩格斯选集：第 3 卷［M］. 北京：人民出版社，2012：350.

就是为了实现社会广大成员在思想认识、理想信念、价值观念上的统一，以社会主导思想整合丰富多样的思想意识，以社会主义核心价值观构筑深厚的思想基础。现实社会中，共同体多以国家和民族的形式存在，一个国家的精神风貌正是在长期不断的思想传承创新的过程中得以沉淀，一个民族的精神命脉也是在世世代代的思想交流融合的过程中得以涵养。因此，弘扬和筑牢以国家精神和民族精神为标志的思想根基，既是凝聚思想共识的重点内容，也是凝聚思想共识的核心使命。

我国自古以来就是统一的多民族国家，国家统一和民族融合的过程，也是思想交融和凝聚共识的过程。民族之间的密切交往，血统之间的不断结合，文化思想的频繁交流，逐渐形成了共同的心理特征和思想观念，为思想共识的凝聚和中华民族的繁荣昌盛提供了坚实的基础。毛泽东曾深刻指出："国家的统一，人民的团结，国内各民族的团结，这是我们的事业必定要胜利的基本保证。"❶无论是在国家顺利发展的兴旺时期，还是在民族生死存亡的危难关头，中华民族和中华文化总能连绵不绝而不倒，其中的重要原因就是我们有着统一的国家、团结的人民，我们有着无比坚定的理想信念、有着强有力的精神命脉的支撑。当前，中国特色社会主义进入了新时代，中华民族迎来了从站起来、富起来到强起来的伟大飞跃，站在实现"两个一百年"奋斗目标的历史交汇点上，实现中华民族伟大复兴的中国梦需要继续凝聚思想共识来巩固马克思主义在意识形态领域的指导地位，增强对多样化思想意识的统领能力和整合能力，在全社会画出最大的思想同心圆，筑牢全党全国人民团结奋斗的精神之魂，聚合中华民族更加强劲的精神力量。

第二，汇聚强大发展合力。

心往一处想，劲儿才往一处使，如果思想缺少凝聚力，发展就会缺少推动力。凝聚思想共识才能汇聚强大发展合力，这是凝聚思想共识的重要目标，也是推进改革开放、推动社会进步的根本要求。执政党和政府如果不能把广大民众的思想统一起来，就容易造成思想混乱、信念动摇，最终难以汇聚人民磅礴之力，难以确保国家和民族的发展保持蓬勃向上的良好态势。

❶ 毛泽东文集：第 7 卷［M］.北京：人民出版社，1999：204.

凝心才能聚力，凝聚思想共识就是要实现改革力量的聚合。四十多年的改革开放极大解放和发展了生产力，释放和激发了人民思想活力，促进我国社会实现了快速的进步。改革开放的伟大实践为凝聚思想共识提供了现实基础；反过来，思想共识尤其是改革共识的凝聚也为改革开放积聚了动力。当前，我国改革进入攻坚期和深水区，"社会结构深刻变动，利益格局深刻调整，思想观念深刻变化，凝聚改革共识难度加大，统筹兼顾各方面利益任务艰巨"❶。我们必须迎难而上，持之以恒地凝聚思想共识，使人们正确认识改革开放和全面深化改革的重要意义，将广大民众的思想统一到对国家重大战略布局的支持和认可上来，强化对改革发展的信心，增强在改革发展进程中的参与感和积极性，以凝聚改革发展的最大合力。此外，凝聚思想共识是实现发展的基本前提，发展难关的攻克和发展成绩的取得都离不开发展合力的聚合，离不开思想共识的凝聚。思想共识一旦凝聚，不仅在全面深化改革和全面建成小康社会等方面发挥着重要的促进作用，还将为实现中华民族伟大复兴提供无穷的发展力量。

第三，维护社会和谐统一。

追求和谐是人类的永恒理想，古往今来，构建和谐统一的社会一直是各个时代和各个国家的奋斗目标，也是凝聚思想共识的主要任务。在现实意义上，一个社会是否能够和谐稳定，取决于社会主导思想满足这个国家人民需要的程度，取决于凝聚思想共识的实现程度。在此，"共识至少拥有三个维度：达成一致的个体数量，其信仰的强度或深度，以及表面行为与其信仰一致的程度"❷。可见，只有在个体数量、信仰强度和行为力度三方面共同努力，才能增强思想共识的凝聚度，促进社会成员之间形成和谐融洽的良好关系，维护整个社会的和谐统一。

没有思想共识的社会是混乱的，无法凝聚思想共识的国家也是缺乏和谐氛围的。凝聚思想共识，达成最大范围的共同认识才是实现社会和谐稳

❶ 中共中央文献研究室.习近平关于全面深化改革论述摘编［M］.北京：中央文献出版社，2014：45.

❷ R. A. 达尔.民主理论的前言［M］.顾昕，朱丹，译.北京：生活·读书·新知三联书店，1999：103.

定、国家统一的重要前提。随着我国社会主义现代化进程的推进，社会结构的转型和社会阶层的分化，不少民众产生了思想困惑，也引发了很多社会矛盾，影响了社会和谐，给社会稳定带来了一定的挑战。利益支配着人的思想和行为，正如马克思所说："'思想'一旦离开'利益'，就一定会使自己出丑。"❶究其根源，这主要是利益问题导致的思想分歧，逐渐演化成为威胁社会和谐统一的风险因素。因此，一方面，通过凝聚思想共识，让人们在生产和分配、冲突与和谐等问题上形成较为一致性的思想认识，增强社会成员的集体责任感和获得感，减少心理失衡；另一方面，通过凝聚思想共识，以长远的共同利益为出发点，协调个体利益和公共利益的关系，营造平等和谐的社会氛围，缓和尖锐的社会矛盾，维持良好的社会秩序。"利益关系得到协调，思想情绪得以理顺，社会发展中的不稳定因素就能得到及时化解，各种矛盾冲突就能得到有效疏导，社会和谐也就有了牢固的基础。"❷

第四，巩固主流意识形态。

主流意识形态是"一定历史条件下占统治地位的阶级或集团为维护和发展一定秩序而由国家构建，并由国家公共权力推行的价值观念体系和行为规范体系，它是在社会精神领域占主导或统治地位的，是诸多其他社会意识形态的主流与核心"❸。主流意识形态关系到一个民族的凝聚力和战斗力，更关系到一个国家的长治久安。主流意识形态是国家和政党的思想旗帜，凝聚思想共识就是为了巩固主流意识形态，巩固整个社会意识形态的主流与核心。马克思曾指出："如果从观念上来考察，那么一定的意识形态的解体足以使整个时代覆灭。"❹政权的颠覆和国家的瓦解往往是从思想领域出现问题，尤其是意识形态阵地的失守，我们必须高度重视，提高警惕，维护国家意识形态安全。

从国内看，丰富多样的社会意识并存，其中既有符合我国意识形态的思

---

❶ 马克思恩格斯文集：第 1 卷［M］.北京：人民出版社，2009：286.

❷ 习近平.加强基层基础工作　夯实社会和谐之基［J］.求是，2006（21）.

❸ 陈秉公.论国家意识形态"高势位"建设的规律性——30 年国家意识形态建设成功经验的理论解读［J］.马克思主义研究，2009（11）.

❹ 马克思恩格斯文集：第 8 卷［M］.北京：人民出版社，2009：170.

想意识，也有各行其道和冲突对立的思想意识。这些思想意识为了扩大影响力，不断争夺话语权，撕裂和分化思想共识，在一定程度上对马克思主义主流意识形态产生了消极影响。从国际看，长期以来，西方国家"西化"和分化我国之心不死，随着全球化的迅速推进和网络媒体的迅猛发展，西方社会思潮大肆侵袭，以新自由主义和历史虚无主义为代表的不良思潮，以及拜金主义、享乐主义等错误观点不断毒害我国民众。面对风云变幻的国际形势和深化改革的国内现状，面对传统文化和现代文化、社会主义思想文化与西方资本主义思想文化的交锋，只有坚定马克思主义指导思想，坚持习近平新时代中国特色社会主义思想，将马克思主义及其中国化的理论成果、将我国的意识形态思想转化为社会成员广泛认同的思想共识，才能巩固主流意识形态，提升主流意识形态话语权和引领力，切实维护国家意识形态安全和文化安全。

第三节　凝聚思想共识的演进及经验

凝聚思想共识不仅是重要的理论问题，更是需要重视的实践难题，它萌发于人类社会和思想意识的产生，服务于人的发展和社会发展的需要，演进于社会存在和社会意识的变化。"历史终是客观事实，历史没有不对的，不对的是在我们不注重历史，不把历史作参考。"❶ 我们要从纵向发展的角度梳理人类社会凝聚思想共识的发展演变，科学看待凝聚思想共识问题，系统总结凝聚思想共识的经验，唯有如此，才能更为完整地了解和把握凝聚思想共识问题的全貌。

一、凝聚思想共识的演进

"没有每个人的意志与活动，就没有整个社会的意志与活动，就不可能产生精神合力，也不可能产生任何社会合力，历史也就不可能有任何发展。"❷ 社会的发展历程无不充满了人的思想意志的力量，形成思想共识，凝聚精神合力，推动社会发展一直是人类社会孜孜不倦的追求。因此，对

---

❶ 钱穆．中国文化史导论 ［M］．北京：商务印书馆，1994：178.

❷ 骆郁廷．精神动力论 ［M］．武汉：武汉大学出版社，2003：114.

凝聚思想共识的研究，我们有必要从历史的角度进行纵向梳理和考察，总体掌握思想共识的历史形态，熟悉凝聚思想共识的演进过程。

从人类社会产生开始，就存在着一定的共识。"社会越是原始，构成它的个体之间就越具有相似性。"❶ 在原始社会，尽管人类存在认知上的对立和思想上的困惑，但具有相似性的个体之间较为容易形成共同认识。摩尔根在对氏族社会研究中就指出，美洲人的氏族因为共同的目的相结合，并且有一致的方言。但是在生产力发展水平的制约下，人们的思维和思想还处于萌芽状态，他们对外部世界的理解还非常有限，在认识世界、改造世界的过程中形成了一定的族群意识，产生了神话、图腾等凝结了认知、态度和情感的思想。神话是人类早期的宇宙观和集体观，体现了原始人类对世界起源的思索，他们幻想出的超现实的人物和事物正是对当时生存环境的疑问、期待，帮助人们克服了对未知的恐惧。同时，神话作为某一群体的人们对现实世界的共同的思想认识，在当时承载和蕴含了原始人类的规则规范思想，通过神话规约着人们的言行，保持着安定的社会秩序。因此，"对神话的当事人（原始民族）来说，神话不是隐喻，而是约定俗成了的集体进行文化共识的标帜，是语义明确的解释体系"❷。神话一旦形成，又会以世代传承的方式给后人的思想打下深刻的烙印，如我国古代的女娲补天、盘古开天地等神话故事流传至今，对于当前人们进行民族精神的学习、思想共识的凝聚具有积极的作用。

在古希腊，共同的善成为最高追求。在《克力同篇》中，柏拉图讲述了苏格拉底在被判处死刑之后依然遵守雅典法律，没有逃走。这种在思想上的交流和认可，其实就是思想共识的早期阶段。之后，经过柏拉图和亚里士多德，逐渐在共识问题上形成了自然主义的思想。亚里士多德认为城邦是一种共同体，是在家庭的基础上形成的整体性存在，其最高价值是追求共同的善，正是在追求善的过程中使城邦成为一个有机的整体。他认为个人无法离开城邦，因而城邦高于个人，在城邦的共同体里，"一种政体如果要达到长治久安的目的，必须使全邦各部分（各阶级）的人们都能参

---

❶ 埃米尔·涂尔干.社会分工论［M］.渠东，译.北京：生活·读书·新知三联书店，2000：93.

❷ 邓启耀.中国神话的思维结构论［M］.重庆：重庆出版社，2004：122.

加而且怀抱着让它存在和延续的意愿"❶。可见，要有让人们支持的政体，才能将人们团聚在一起，形成公共生活，人们才能成为城邦的拥护者，参与城邦政治，维护城邦稳定。人们还进行善的讨论和思想的交流，形成了公共领域，"只有当公共领域出现时，城邦才能存在。这里的公共领域是两个意义上的，它们既相异又相关：一是指涉及公共利益的、与私人事务相对的部门，二是指在公众面前进行的、与密教仪式相对的公开活动"❷。可见，城邦共同体建立在善的信念的基础上，追求共同的善是城邦最高的追求，也是当时最大的思想共识。

进入农业社会之后，氏族和城邦消亡，国家出现，君主的思想成为整个国家的思想意志，也是全体国民的行为准则。君主的产生不仅体现了政治的发展，也是人们尊敬权威、渴望庇护的思想共识的反映。农业社会的生产力虽然得到了一定的发展，但整体水平还较为落后，生产资料缺乏，生活条件低下，人们的思想水平依旧受限，希望上天能赐予他们一个能力非凡的代表，带领人们过上安居乐业的生活。正是基于这样的共识，统治权力和地位，以及全国的财产、物品都归属于君主，管辖范围内的人都是臣民，听命于君主的指挥。而君主作为统治阶级的代表，要进一步在全国确立君主地位，通过教化和惩罚等手段，将自己的统治思想转变为普遍的思想共识，以确保政权的合法性，维护自身的统治。这在特定的时期起到了统一思想认识，促进社会稳定的作用。但从长远来看，迷信权威的思想共识具有很大的风险。国家的主导思想依赖君主一个人的思想观念，国家的决策部署取决于君主一个人的决定，"掌握全国最高政治权力的君主'临机一动'，就可能化作全社会、全民族的统一行动"❸。如果君主的思想能顺应时代的要求，整个国家就能得到快速的发展；反之，则有可能会使国家陷入无尽的贫穷和动乱。长远来看，君主专制思想使个体的思想受到了禁锢，最终导致社会的变革和进步都非常缓慢。

❶ 亚里士多德.政治学［M］.吴寿彭，译.北京：商务印书馆，1996：188.

❷ 让－皮埃尔·韦尔南.希腊思想的起源［M］.秦海鹰，译.北京：生活·读书·新知三联书店，1996：38.

❸ 刘泽华，汪茂和，王兰仲.专制权力与中国社会［M］.长春：吉林文史出版社，1988：18.

随着工业社会的到来，社会生产的发展和科学技术的进步，极大改变了人们的生产方式和生活方式，思想认识水平得到了提高，但社会结构的复杂和思想观念的多样也使得思想共识的凝聚越来越困难。思想的理性得到了回归，不仅对传统社会的神话共识、关于善的共识、封建专制思想等进行了批判，还将过去凝聚思想共识的制度、规范全都抛弃，高高举起了自由和理性的大旗，并以此作为核心思想，呼唤人们思想独立。在批判发展的过程中还进一步将枪口对准了资本主义制度固有的弊端。资本主义社会生产社会化与私有制之间的矛盾，导致周期性经济危机频发，严重影响社会运转，加之资产阶级对工人阶级的压榨和剥削，导致贫富差距拉大，社会矛盾尖锐，整个社会的思想在一定程度上也划分为资产阶级的思想和工人阶级的思想，两个对立的阶级在很多问题上都难以形成思想共识。随着马克思主义思想的出现，以及社会主义国家的建立，各种不同的思想观念、意识形态更是呈现出了巨大的、根本性的差异，尽管相互对立，却要在交流交锋中寻找可能的共识点，共同为人类社会的进步和人类思想的发展开辟出一条各美其美、美美与共的光明道路。

二、凝聚思想共识的性质

第一，凝聚思想共识是一个发展性问题。

无论是传统社会，还是现代社会，凝聚思想共识问题都是思想发展和社会发展中固有的问题，难以避免，只能正视。马克思曾指出："人的思维是否具有客观的真理性，这并不是一个理论的问题，而是一个实践的问题。人应该在实践中证明自己思维的真理性，即自己思维的现实性和力量，亦即自己思维的此岸性。"❶人类在漫长的发展过程中不断思考，追求真理，在思想方面形成了诸多具有一致性的共同认识，也在长期的实践过程中通过证明思想的真理性，通过整合及凝聚思想共识来实现思想的力量，为实践发展和社会进步提供源源不断的合力。

在社会发展的过程中，凝聚思想共识的主导者、对象及核心内容都会随着社会存在的变化而发生变化，导致凝聚思想共识在不同的发展阶段出现不同的问题。尽管每个人从出生开始就处于一定的社会关系之中，归属

---

❶ 马克思恩格斯选集：第 1 卷［M］.北京：人民出版社，2012：134.

于特定的群体、民族或国家等共同体，但是对于共同体的认识及主导思想的认同并非生来就有，也并非一朝一夕就能完成。从客观方面来看，生产力发展水平、国家制度、社会环境会影响人们的认知和思想，因此，社会的变革、社会结构的调整、环境的改变都可能改变人们对共同体、对主导思想的认同。从主观方面来看，个体的知识水平、思想能力、情感态度、成长经历等，也对凝聚思想共识产生重要的影响。人类社会从部族群体发展到现代国家，个人和社会都得到了发展，社会结构的变化推动了人类生存方式的改变，活动范围的扩大也促进了人们思维的扩展，在不断变化和发展中，如果国家和社会不能满足人们的需要，主导者不能有效凝聚起社会成员的思想共识，就会出现思想多样、共识撕裂等问题。此外，在一个社会形态中会存在多种思想意识，但彼此之间的地位和作用是不同的，可能会随着社会发展出现此消彼长、取而代之的情况，也有些思想一开始得不到普遍认可，但最后成为社会主导思想，逐步成长为与社会发展同步并被广大成员拥护的思想共识。

第二，凝聚思想共识是一个时代性问题。

人类的实践活动推进到哪里，人的思想就会延伸到哪里，同时，思想又是行动的先导，思想意识对物质具有能动的反作用。思想观念的丰富和思想分歧的加剧，思想共识的凝聚和思想共识的消解不断在时代变迁中交织变化。凝聚思想共识的需求普遍存在，凝聚思想共识的活动也是自古有之，但在不同的时代会呈现不同的特点，是一个由来已久又具有时代性的问题。

首先，不同的时代催生不同的思想观念。古今中外，众多国家和社会的思想文化发展史已经证明，在社会结构急剧变革的时代，思想意识较为活跃，思想文化较为繁荣，如西方的文艺复兴时期、我国的百家争鸣时期，都催生了诸多具有启示意义的思想，有些思想在当时的年代成为社会中占主导地位的思想，为凝聚人们的思想共识，推动思想解放和社会进步发挥了重要作用。此外，在后工业化时代，通信技术的广泛应用和网络媒体的迅猛发展，深刻改变了人们的生活方式和思维方式，产生了数据思维和互联网思维，呈现出思想碎片化和交往虚拟化的显著特点，挑战了传统的思想观念，也激发了更为新潮的思想观点，这是时代的产物，也是可能改变时代的产物。

其次，不同的时代需要不同的思想共识。思想共识不是抽象的概念，凝聚思想共识也不是静止的过程，持续性和动态性是其常态化的特征。显而易见，封建专制社会和社会主义社会在统治阶级、社会制度、社会主导思想等方面截然不同，需要的思想共识也不同。其实，无论哪个时代，要避免发生思想动荡、共识颠覆的情况，统治阶级都需要不断加强对成员的思想意识统治，让广大民众对统治阶级的思想认同并践行，更重要的是统治阶级要与时俱进，加强自身建设，顺应时代潮流，不断发展社会经济，改善人民生活，唯有如此，才能真正实现思想共识的凝聚，维护统治地位的稳定和社会的长治久安。

第三，凝聚思想共识是一个全球性问题。

首先，凝聚思想共识问题在全球各个国家普遍存在。随着生产力的发展，"人们的世界历史性的而不是地域性的存在同时已经是经验的存在了"❶。在全球化时代，人们的思想共识问题也成为全球性问题，不仅是发展中国家普遍存在的问题，也是发达国家要面临的问题，只是由于每个国家的发展现状和问题紧迫性的不同，因此在具体的内容、采取的方式、凝聚的程度上呈现出了不同的样态。总体来看，经济较为落后、社会不稳定的国家需要凝聚起大力发展经济、促进社会进步的思想共识，而有民族分裂主义和宗教极端主义存在的国家则要促使人们形成对国家的认同，集中凝聚拥护国家统一和民族团结的思想共识。美国作为发达国家也难以避免思想文化方面产生的危机，面对移民文化与传统文化等多元思想的冲突，以及种族、宗教等共识上的挑战，部分美国人产生了"我们是谁"的困惑，布热津斯基更是直言"美国的社会面临解体的危险"。

其次，凝聚思想共识问题具有一定的全球共性。随着全球化的推进，世界逐渐成为一个相互联系、交往密切的"地球村"，各个国家之间的交流越来越便捷，在政治、经济、文化等方面相互渗透，在国际贸易、生态建设、国际安全等方面彼此依赖，加之不同的文化思想相互碰撞，价值观、意识形态的对立冲突，由此也导致了全球性的问题不断增加，人口问题、资源问题、恐怖主义问题是全球面临的巨大挑战。此外，思想领域也逐渐成为看不见硝烟的战场，意识形态斗争和较量愈加激烈。每个国家都

---

❶ 马克思恩格斯选集：第 1 卷［M］.北京：人民出版社，2012：166.

既要对内抓好思想建设，筑牢整个社会的思想根基，对外还要严防敌对势力的思想渗透，守好思想文化阵地。长期以来，西方国家采取不同的方式抢占思想舆论阵地，对我国及其他国家进行价值观侵袭和意识形态攻击，妄图迷惑人们的思想认识和判断，动摇人们对主导思想的信念，进而影响和颠覆一个国家的思想共识。面对全球不稳定性因素增多，人类社会向何处去的时代之问，习近平总书记高瞻远瞩，提出了构建人类命运共同体思想，为全球实现共同发展绘制了蓝图，这是以应对人类共同挑战为目的的全球价值观，符合世界各国人民的共同利益，凝聚了国际社会的广泛共识。

三、凝聚思想共识的经验

第一，处理好"同"和"异"的关系。

历史是教科书，是人们汲取力量、获取经验的源泉。从古至今，人类社会的进步总是伴随着思想的发展，在思想统一和思想对抗的过程中促进了共识的凝聚，但也可能会出现共识撕裂的情况。"没有社会共识，品性千姿、情趣各异的社会成员将会因各自特殊需求而偏执各端，社会运动将因为凝聚力的丧失而仅存发散性的无序变化，社会发展则无从谈起。"❶ 无论在什么历史时期，都要高度重视思想共识的凝聚，处理好"同"和"异"的关系，保持好思想领域的动态平衡，促进不同的思想实现整合和融合，促使社会意识发挥积极的作用，有力推动社会存在的发展。

一方面，要正确理解"同"和"异"。对思想共识的凝聚不是只要"同"，不要"异"，其目的也不是实现绝对的思想同化，消灭一切与之相异的思想。思想意识的发展离不开思想交流和碰撞，有些思想观念虽然与主流思想不同，不符合思想共识的要求，但并不是敌对的关系，也有些思想可以成为主流思想的补充，共同为实现凝心聚力作出积极的贡献。另一方面，要求同存异，扩大共识。在保证主流思想占主导地位、意识形态安全的情况下，要允许这些思想观点的存在，给这些与主导思想相异，但并非对抗关系的思想留有一定的空间。通过营造一个求同存异、和谐包容的社会环境，促进思想认识能力的提升，不能禁锢人们的思想，将思想意

---

❶ 刘少杰 . 发展的社会意识前提——社会共识初探［J］. 天津社会科学，1991（6）.

识的发展通道完全封闭，但也不能对有消极作用的社会思想放任不管。原始社会人们的思想虽然简单，却也并非能够实现人人思想都同一的情况，况且在人类发展的过程中，在某个时期被统治阶级判定为"异端"的思想，有可能是符合现实要求和时代要求的思想，最终成为先进阶级的思想武器，在实现社会变革的同时成为新的社会的主导思想，不断凝聚人们的思想共识。

第二，处理好"点"和"面"的关系。

人类社会早期就有共识产生，但是思想共识从来不能自发地形成，神话、宗教、君主制等都是人们在认识自然、认识社会的实践过程中逐渐形成的时代产物。神话对思想的规约，君主对思想的统治，不是针对某一个问题或某一领域的思想，而是从当时的认知、礼仪、规范等一个个"点"入手，在事实上驾驭和构建了整个社会的思想、信念、行为。时至今日，人类的认识能力和实践能力都得到了极大的提升，思想和凝聚思想共识的问题也愈加突出，需要在整体上抓好凝聚思想共识的同时，继续坚持在重点问题和重点环节上的集中解决。

首先，从顶层整体推进，系统整合。"一切规模较大的直接社会劳动或共同劳动，都或多或少地需要指挥，以协调个人的活动，并执行生产总体的运动——不同于这一总体的独立器官的运动——所产生的各种一般职能。"❶可见，凝聚思想共识作为一项复杂的实践活动，要将全体社会成员多样的思想意识和多样的思想观念进行调适、整合和凝练，也需要指挥，需要统一协调人们的思想。统治阶级就发挥着领导指挥的作用，他们将确立好的社会主导思想，通过一系列政策、战略、措施等进行宣传引导，从而将一个社会群体中不同个体的思想意识融合在一起。其次，从实际问题出发，抓住重点。由于每个时期和每个阶段的思想状况和思想难题都不同，只有抓住最根本、最影响思想共识的问题集中解决，把握好节奏和力度，才能打通人们的思想经脉，消除人们的思想分歧，整合人们的思想意识。最后，要扩大思想上的共识点。在人们的思想认识和情感态度上，相互重叠的部分越大，共同的内容越多，思想共识就越容易形成和凝聚。因此，要以点带面，通过不断增强人们在观念、信念、情感等方面的共同认

---

❶ 马克思恩格斯选集：第2卷［M］.北京：人民出版社，2012：208.

识，强化人们对国家和民族的共同记忆，扩大共识点和共识面，从而让思想共识的种子生根，不断推动凝聚思想共识进入新阶段。

第三，处理好"常"和"长"的关系。

思想的发展以实践的发展为基础，思想共识的凝聚也随着社会存在的变化而不断演进，无论社会实践推进到哪个阶段，凝聚思想共识都是当时社会的一项重要的活动，统治阶级要通过统一思想认识，维护统治秩序，形成发展合力。因此，通过了解人类社会凝聚思想共识问题的发展演变，还可以得出一条经验，那就是凝聚思想共识必须经常抓，才能见长效。

社会存在的丰富多样，社会意识的多样多变，共同构成了人们赖以生存的社会生活，凝聚思想共识要从人们的日常生活入手，对人们的思想进行经常性的引导，不仅要通过教育提升认识主体的思想水平，还要对他们进行思想共识意愿的培养，让社会的指导思想和价值观念成为社会全体成员共同的精神底色。在多元的社会，寻求思想的最大公约数，并对广大成员进行思想认识、理想信念、价值观念上的统一，需要持久而艰辛地探索和实践，在这个过程中，也许诸多努力在当时不会立竿见影，但只有长期坚持下去，久久为功，才可能看到凝心聚力的成效。同时，对思想共识的凝聚一定要持之以恒，不能松懈，这也是为了确保意识形态的安全和社会的稳定。历史上不乏反面的证明，一旦放松了在思想文化上的防线，削弱了在意识形态上的信仰，不仅会造成思想混乱、秩序失衡，甚至有可能酿成惨痛悲剧。因此，必须把凝聚思想共识、维护意识形态安全作为经常性和常态化的工作，避免在意识形态的重要问题上出现思想分歧，最大程度汇聚全国全社会的力量。

此外，思想共识从时间上可分为短期共识和长期共识。短期共识往往是在较短的时期或突发事件的影响下形成的思想共识，为了实现短期的利益或短期的目标，具有较大的可变性和不确定性。而长期共识在共同性的认识中发挥着根本性的作用，是思想共识中更为核心、更为基础的思想意识和价值观念，决定着思想共识的内容、目标和作用，具有较强的稳定性。因而，要从长远考虑，寻求长期利益，通过探索和构建长效的凝聚思想共识的机制，以长远的共同利益为出发点形成并巩固长期共识，在广泛凝聚思想共识上不断强化实效性和长久性。

第三章 我国凝聚思想共识的理论基础

思想共识的形成是一个长期的过程，凝聚思想共识是贯穿整个人类社会的重要活动，是各个国家都非常重视的理论问题和实践问题。从古至今，人类社会的进步都以凝聚共识为前提，很多思想家和理论家从不同的时期和不同的角度出发，对思想意识、社会意识、凝聚共识等进行了探寻，产生了诸多有益的理论成果。通过系统梳理可见，马克思主义相关理论、马克思主义中国化的理论成果、中华传统文化关于凝聚思想共识的智慧、西方社会关于凝聚思想共识的观点，为我国凝聚思想共识的研究提供了重要的理论基础和理论依据。

本章便是在掌握凝聚思想共识基本问题的基础上，从理论维度展开考察，围绕凝聚思想共识的理论资源这一问题进行分析，深入研究马克思主义理论和马克思主义中国化的理论成果，批判地继承中华传统文化中的积极思想，合理借鉴西方社会的共识观点，只有这样，才能挖掘和把握当前我国凝聚思想共识的思想根源，充分汲取历史经验和教训；同时，为接下来的剖析现状、思索对策进一步拓宽研究思路，奠定研究基础，这将对于我们完善和推动新时代凝聚思想共识的理论研究，促进新时代凝聚思想共识的实践进步具有重要的意义。

第一节 理论根基：马克思主义相关理论

马克思主义产生于 19 世纪 40 年代，当时的西欧乃至整个世界在社会现状和未来发展等方面都处于缺乏共识的状态，马克思和恩格斯以事实为根据，以人类解放为目标，正确揭示了自然、社会和思维的发展规律，科学回答了人类向何处去的重大问题，指引着全世界无产者联合起来，为实现人的全面而自由发展、为实现共产主义而奋斗。马克思主义在实践中不断发展，同时，在理论发展中不断指导实践，"马克思主义始终是我们党和国家的指导思想，是我们认识世界、把握规律、追求真理、改造世界的强大思想武器"❶。因此，我们需要深入挖掘马克思主义关于凝聚思想共识的理论，这不仅是学习马克思主义理论的重要内容，也是研究我国凝聚思想共识的理论根基。

一、社会存在与社会意识的辩证关系理论

马克思主义客观揭示了社会存在与社会意识的辩证关系，认为社会存在决定社会意识，社会意识是社会存在的反映，并对社会存在具有能动的反作用。社会存在是社会生活的物质方面，主要包括物质资料的生产方式。社会意识是社会生活的精神方面，主要包括政治法律思想、道德、宗教、哲学、心理等。社会存在与社会意识是辩证统一的关系，我们可以从以下两方面进行理解。

一方面，社会存在决定社会意识，社会意识是社会存在的反映。"物质生活的生产方式制约着整个社会生活、政治生活和精神生活的过程。不是人们的意识决定人们的存在，相反，是人们的社会存在决定人们的意识。"❷社会存在具有客观现实性，不以人的意志为转移，而社会意识依赖于社会存在，是人们在头脑中形成的对社会生活、社会关系的认识，因而，有什么样的社会存在就会有什么样的社会意识，社会存在的性质决定社会意识的性质。此外，社会存在的变化决定社会意识的变化。任何事物都是在变化和发展的，社会存在也不例外，无论是社会生产力还是生产关系，生活方式还是交往方式，都在人们的实践推动中不断发生着改变，与此相应，社会意识也会随之发生一定的变化。这种变化可能与社会存在的变化步调一致，也可能出现快慢不一、程度不一的情况，但总体来看都是社会意识跟随着社会存在的变化而变化。

---

❶ 习近平.在纪念马克思诞辰 200 周年大会上的讲话［N］.人民日报，2018-05-05（001）.

❷ 马克思恩格斯选集：第 2 卷［M］.北京：人民出版社，2012：2-3.

另一方面，社会意识对社会存在具有能动的反作用。"不言而喻，人们的观念和思想是关于自己和关于人们的各种关系的观念和思想，是人们关于自身的意识，关于一般人们的意识（因为这不是仅仅单个人的意识，而是同整个社会联系着的单个人的意识），关于人们生活于其中的整个社会的意识。"❶作为社会存在的反映，人的思想及社会意识并不是绝对消极、被动地反映社会存在，而是具有相对的独立性，并且发挥着重要的作用。先进、科学的社会意识能够推动社会存在的发展，而落后、错误的社会意识则会阻碍社会发展，对社会存在的进步起到消极的作用。

社会存在与社会意识的辩证关系对凝聚思想共识的研究具有重要的指导意义。

其一，社会存在决定社会意识揭示了物质对意识的决定作用，为我们研究社会现实对人的思想、对思想共识的影响提供了理论基础。在现实的社会生活中，小到每一个个体的思想和价值观，大到整个社会的主流思想和意识形态，都会受到社会存在的客观制约。随着社会物质条件的变化、社会革命的爆发、社会结构的调整等，必然会引发人们思想观念和心理状态的改变，整个社会的思想共识也会受到不同程度的影响。具体到我们国家而言，当前，我国社会存在的多样性导致了社会意识的复杂性，凝聚社会成员的思想共识面临的挑战增多、难度加大，我们必须从实际出发，立足世情、国情和党情，紧密结合人们的实际生活和实际需求，将凝聚思想共识问题放进客观的现实中进行思考，才能做到不脱离实际去空谈问题，真正从社会存在方面去探寻凝聚思想共识的现实根源和具体对策。

其二，社会意识具有能动的反作用体现了思想和精神的力量，揭示了意识的社会作用，为我们研究凝聚思想共识的现实意义提供了理论指导。思想共识是人们在思想方面形成的共同认识，通常表现为共同的理想信念、价值观念、道德品质及心理特征等，归属于社会意识的范围。思想共识的凝聚对社会存在能起到凝心聚力的强大作用，将精神的力量变为物质的力量，推动社会的发展进步，维护国家的安定团结。我国是社会主义国家，经过长期努力，中国特色社会主义进入了新时代，这是我国发展新的历史方位，而能否站在新的历史起点形成广泛的思想共识，能否以社会

---

❶ 马克思恩格斯全集：第3卷［M］.北京：人民出版社，1960：199.

主流意识形态凝聚广大群众的思想共识，不仅是思想文化领域和意识形态领域的问题，更会关系到我们国家的经济发展、政治建设、生态文明等重要实践能否顺利推进，关系到全面深化改革、全面建设社会主义现代化国家、全面推进中华民族伟大复兴能否顺利实现。由此可见，凝聚思想共识必须按照社会存在与社会意识的关系原理为指导，既要肯定社会存在对思想共识的决定作用，同时，也不能忽视凝聚思想共识的重要作用，在社会实践中全面把握并提升凝聚思想共识的能力，为国家长治久安、繁荣昌盛提供坚强保障，为党和国家事业注入源源不断的动力。

二、思想和利益的关系理论

马克思主义深刻分析并揭示了思想和利益的关系，认为利益是思想产生的逻辑起点，人的思想离不开物质利益。马克思指出："'思想'一旦离开'利益'，就一定会使自己出丑。"❶物质利益决定人的思想，思想是对物质利益的反映，它不是超脱于现实利益的抽象概念，也不能超出特定的历史范围。人的思想一旦形成，也会产生一定的作用。总体来看，能够代表广大人民利益、符合社会发展要求的思想，可以变成推动社会进步的巨大力量，促使个人利益和社会利益的实现。对于思想和利益的辩证关系，我们要注意从以下两方面进行理解。

第一，思想由利益决定。马克思和恩格斯指出："人们奋斗所争取的一切，都同他们的利益有关。"人类从诞生以来就在为了满足生存和发展的利益而奋斗，人类历史的发展史也是一部物质生产和物质利益不断增加的历史。利益是思想的基础，实现自身的利益需求是主体进行认识活动和实践活动的根本动因，人们的思想和行动背后都蕴含着错综复杂的物质利益，都能从利益方面找到缘由。不仅思想的产生会受到利益的决定性影响，利益还决定了思想的变化和发展，利益的多元化往往会造就思想的多样化，利益的实现程度也制约着人们思想的广度和深度。通过观察现实的社会情况可以发现，利益结构较为单一的社会，思想也较为统一，一旦在利益方面出现了重大的矛盾，思想也会出现分歧和分化。例如，在阶级社会，统治阶级和被统治阶级是对立的阶级，代表的阶级利益不同，寻求的利益

---

❶ 马克思恩格斯文集：第1卷［M］.北京：人民出版社，2009：286.

目标也不同，因而在思想上也会呈现出截然相反的倾向。可见，整个思想形成的过程和结果，归根结底受到物质利益的决定。

第二，思想具有能动作用。思想由利益决定，思想意识反映着利益关系，同时，思想也具有能动作用，不能忽视思想对人的行为、对社会发展的重要意义。不同的利益主体具有不同的思想，只有利益主体代表广大社会成员的利益，代表整个社会的共同利益，只有主体的思想符合社会的发展要求，顺应历史的发展趋势，这些思想才能够产生积极的促进作用；反之，违背群众利益和愿望、违反社会发展需求的思想，则会产生消极的作用，制约群众共同利益的实现，阻碍社会的发展和进步。此外，思想能动作用的发挥不仅体现在科学的思想能正确指导人的行为，促进社会的发展，也体现在人可以通过思想进行思考、反思、总结，推动科学理论和思想的形成，并以理论和文化的方式长久地发挥重要的作用。理论知识和发展经验不会从天而降，而是人类社会世世代代在实践过程中的思想总结，这些科学的理论、优秀的文化和宝贵的智慧作为思想精华，极大地增强了人们的思想文化水平，指引了人们的认识活动和实践活动，推动了物质生产的发展，满足人们不断增长的物质需求。

马克思主义对利益和思想的关系进行了阐明，并且指出了思想的能动作用。这一原理为研究我国凝聚思想共识提供了重要的理论依据，我们既要正确认识和处理利益问题，以人民的利益为中心，用共同的利益凝聚共同的思想认识，同时，还要重视思想的作用，提升人们的思想认识水平。

其一，正确认识和处理利益问题，在复杂的利益关系中凝聚广泛的思想共识。利益是人们的认识活动和实践活动的最终指向，其多维性和善变性，决定了人们思想认识的复杂性和多变性，也决定了凝聚思想共识所能达到的程度和实效。和谐的利益关系、有序的利益格局是凝聚思想共识的基本条件，思想共识的形成和凝聚也是为了实现社会发展，满足人们更多的利益需求。对利益关系和利益问题的认识要从我国的实际出发，进行具体的分析。当前，从我国的利益格局来看，利益主体不断分化，利益需求逐渐增多，加之利益分配方式多样，导致社会成员之间的利益差距不断加大，利益矛盾愈加凸显，这是无法回避的社会现实，由此带来了思想的多样多变，凝聚思想共识的难度加大。面对纷争频繁的利益问题，如何进行利益关系的协调、保证公平的利益分配，成为值得人们认真思索的问题，也是凝聚思想共识的重要环节。因此，我们要加强经济建设，全面深化改革，大力发展社会经济，不断改善人们的生活水平，满足人们的物质需求，还要以健全的法律体系来规范利益关系，构建合理的利益保障机制，通过整合人们的利益来统一人们的思想，凝聚广泛的思想共识。

其二，以人民的利益为中心，用共同的利益凝聚共同的思想认识。利益是决定人们思想认识的根源，对思想认识与思想共识的研究需要分析思想背后的物质利益动因，只有坚持以人民为中心的发展思想，坚持物质利益共同性的原则，才能在寻求利益共同点的过程中找到思想认识的共识点。在社会生活中，利益无处不在，从性质上看，有正当合理的利益和错误不当的利益之分；从主体上看，利益可以分为个体利益、群体利益、国家利益等；此外，还有长远利益与当前利益等区分。我们必须在多样的利益中找准共同的利益，对我们国家来说，人民是国家的主人，因此，人民的利益就是共同的利益，满足人民的利益是我们一切工作的出发点和落脚点，也是凝聚思想共识的重要前提和最终目的。一方面，我国各族人民的利益是一致的，以人民的利益为中心，以维护好最广大人民的根本利益为原则，以实现全体人民共同富裕为目标，才能解决好人民群众最关心、最直接的现实问题，最大限度满足人民群众的物质需求和思想需求，谋求和凝聚共同利益基础上的思想共识。另一方面，我国凝聚思想共识的最终目的是推动人民利益的实现和社会整体的发展。人民利益的长久实现和共同利益的长远发展，离不开思想共识的凝聚，强烈的家国情怀、正确的价值观念、坚定的理想信念能够促使人们凝心聚力、齐心协力，共同为维护人民利益和国家利益而努力奋斗。

其三，提升人们的思想认识水平，促进思想共识的达成和凝聚。利益决定着思想，人们由于不同的利益需求形成了不同的利益关系，也由此形成不同的思想。但是，人们的思想认识水平存在着差异性，同样的利益关系未必能形成一致的思想，同样的利益问题也会产生不同的理解和认识。凝聚思想共识的对象是全体社会成员，只有把握思想发展的规律，加强思想文化建设，提升思想认识水平，才能减少人们认识上的差异，扩大思想的共识，引导人们更好地理解和坚持马克思主义指导思想，自觉学习和践行社会主义核心价值观，始终牢记中华民族伟大复兴的历史使命。此外，提升人们的思想水平，才能增强辨别是非的能力，确保在多样复杂的社会思想中始终保持冷静的思想定力。在我国的思想领域中同时存在很多思想意识，有科学的理论和优秀的传统文化，有集体主义精神和爱国主义思想，但也充斥着宗教极端思想、封建愚昧观点等。随着互联网的普及和网络信息化的迅猛推进，西方社会思潮也借此加紧了对我国思想领域的侵袭，历史虚无主义、新自由主义等错误思潮通过各种形式毒害广大人民的思想，妄图削弱整个国家的思想共识，挑战我国的意识形态安全。只有我们的人民提高防范意识，增强辨别能力，才能准确分辨错误的思想、不实的观点，抵制国内外各种腐朽思想、有害思想的侵蚀，凝聚我们整个社会的思想共识，提升马克思主义的引领力和向心力。

三、人的本质理论

人的本质理论是马克思主义的重要理论。马克思在《关于费尔巴哈的提纲》中明确指出："人的本质不是单个人所固有的抽象物，在其现实性上，它是一切社会关系的总和。"❶同时，马克思和恩格斯还认为"每个人的自由发展是一切人的自由发展的条件"❷。马克思主义不仅看到了人的自然性，更看到了人的社会性，社会性是人的本质属性。人是社会的产物，任何人都与社会有一定的关系，都是在现实的社会中生存和发展，因而世界上不存在抽象的人，不存在绝对脱离社会的人。对于人的本质理论，我们可以从以下三方面进行理解。

首先，人的本质是社会关系的总和。人从出生开始便具有了自然属性，但社会属性并非天生就有，需要在后天的社会生活中逐渐养成，这决定了人是自然属性和社会属性的统一。在这两个属性中，社会属性是人的根本属性，是人区别于动物的根本标志。因此，对于人的理解我们必须把人放进社会关系之中。社会关系是一个综合性的概念，不仅包括人与自然的关系，还包括人与人的关系，以及经济关系、政治关系等多方面的关系，正是在这样复杂的社会关系中，人得以获得多方面的社会性，从自然人成长

---

❶ 马克思恩格斯选集：第 1 卷［M］．北京：人民出版社，2012：139．

❷ 马克思恩格斯选集：第 1 卷［M］．北京：人民出版社，2012：422．

为社会人。"人们自觉地或不自觉地,归根到底总是从他们阶级地位所依据的实际关系中——从他们进行生产和交换的经济关系中,获得自己的伦理观念。"❶ 在多种社会关系中,生产关系是起决定因素的关系,这是人们在社会生产中形成的经济关系,是与人们现实利益联系最密切的关系,但政治关系和思想关系也是影响人的社会性的重要因素,同样不能忽略。对人的理解,只有放到复杂的社会关系中综合考虑才能全面把握。

其次,从现实性上理解人的本质。马克思主义认为:"意识在任何时候都只能是被意识到了的存在,而人们的存在就是他们的现实生活过程。"❷ 人的意识是对现实生活的反映,与人们的生活条件、社会关系密切相关。人是现实社会中的人,社会是由现实的人组成的社会,人和人的思想会随着社会关系和社会存在的改变而改变。纵观人类社会的演进和现实生活的进步不难发现,万事万物都处于发展变化之中,历史的车轮总是在不断地前进,物质生产和生活水平也在不断地提高,因而,社会关系不会一成不变。社会存在的发展、交往实践的扩展都会对社会关系产生影响,人的本质自然也会受到影响,不会凝固不变,而是在现实的社会中呈现出具体的、历史的特点。

最后,要看到人的实践性和能动性。人的社会性不仅体现为现实性,还体现为实践性和能动性。在实践活动中人通过改造自然,也改造了自己,创造了丰富的社会生活,也创造了多样的社会关系。正是通过实践,人类才得以生存和发展,因此,马克思主义认为实践是人所特有的生存方式。人类通过实践活动使头脑和意识也得到了开发,人的思想随着实践的推进得到了不断的发展,同时,人又是具有创造性的,思想的进步反过来也推动了实践的深化,促使人的能动性得到了极大的发挥。无论身处哪个历史时期,人类总是在思考和实践中争取生存、发展的空间,将实践性和能动性充分体现在了寻求人和社会共同进步的实践征程中。我们必须看到人的主体性,必须从实践性和能动性的方面理解人的本质。

人的本质理论是我们全面认识人、理解思想共识的重要理论,对于凝聚思想共识的研究主要有三点启示。

---

❶ 马克思恩格斯选集:第3卷 [M].北京:人民出版社,2012:470.

❷ 马克思恩格斯选集:第1卷 [M].北京:人民出版社,2012:152.

其一，从全面的社会关系中分析人，分析人的思想。社会关系是人们在共同的社会生活中相互结成的关系，既包括个人与个人的关系，也包括个人与社会、个人与国家的关系。个人和群体都处在一定的社会关系之中，人的思想意识是特定的社会关系的产物，总会在社会关系的影响下留下不可磨灭的烙印。思想共识作为人们在思想上共同性的认识，其实是对社会中的现象、问题及关系的认识，如果人们在经济发展问题上无法形成一致意见，对于经济关系的理解产生了思想上的重大分歧，那么思想共识便无从谈起。我们对于人的思想和思想共识的分析，应该放在全面复杂的社会关系之中，立足于具体的社会环境和社会现实进行考察。尤其是对于凝聚思想共识的影响因素和实现路径的思考，更要从经济关系、政治关系及利益关系等整体性的视角出发，在对复杂的社会关系进行探究和调整的过程中，促进思想共识的凝聚。

其二，从现实性出发分析人们的思想共识。社会关系是客观现实的，人的本质就存在于客观的、变化的社会关系之中，受制于特定的历史条件和社会实践的制约。人头脑中产生的思想意识及人们形成的思想共识，是在社会实践的过程中对社会现实的反映，是基于现实性的基础上所进行的思想活动。因此，人的思想意识和广泛的思想共识反映的是特定的社会现实、社会关系。例如，在资本主义社会和社会主义社会，由于社会制度、基本矛盾、生产方式、发展目标等方面存在根本性的差异，社会主流思想和人们的思想共识会有本质的区别。对我国来说，凝聚思想共识要准确把握和展现出现实性，要一切从实际出发，客观分析我国凝聚思想共识的现状，尤其是仍然存在的问题，唯有如此，才能提出有针对性的对策和措施，确保人们能够形成共同认识，消除思想认识上的分歧，继续增强我国社会主义意识形态的凝聚力和引领力。

其三，从能动性出发把握我国凝聚思想共识问题。人是社会实践的主体，在实践活动中通过发挥人的主观能动性达到认识世界、改造世界的目的。从人的本质来看，人就是具有实践性和能动性的主体，科学的思想、积极的态度、不懈的信念能够促进人的发展和完善，促进实践活动的进步。从全社会来看，社会由不同的人组成，科学的思想越多、积极的态度越普遍，整个社会的思想共识越凝聚，对于社会的推动作用就越大。我国凝聚思想共识问题，说到底是人们思想意识问题，因此，党和政府要坚持以人民为中心的发展思想，推动经济快速发展和政治民主建设，完善利益表达和分配机制，满足人民群众的物质需求，充分调动人的能动性。同时，要尊重人的主体性，提升人的思想认识水平，增强对多样思想观念的分析力、思考力，尤其是对西方错误思潮和价值观的辨别力、抵制力。只有思想上明晰了，行动上才能有力，广大人民群众的能动性、创造性才能汇聚成强大的精神力量，为早日实现中华民族伟大复兴奠定坚实的基础。

四、历史合力理论

历史合力论是唯物史观的重要组成部分，在马克思主义的发展史中扮演着重要的历史角色。马克思和恩格斯在早期著作中就有相关理论的阐述，在《共产党宣言》和《德意志意识形态》等著作中就论述了历史发展的动力，认为历史运动以经济运动为基础，强调了经济因素和经济力量对历史进步的最终决定力量。恩格斯晚年在致布洛赫的信中较为明确和完整地提出了历史合力的理论，恩格斯指出，"历史是这样创造的：最终的结果总是从许多单个的意志的相互冲突中产生出来的，而其中每一个意志，又是由于许多特殊的生活条件，才成为它所成为的那样。这样就有无数互相交错的力量，有无数个力的平行四边形，由此就产生出一个合力，即历史结果，而这个结果又可以看作一个作为整体的、不自觉地和不自主地起着作用的力量的产物。因为任何一个人的愿望都会受到任何另一个人的妨碍，而最后出现的结果就是谁都没有希望过的事物。所以到目前为止的历史总是像一种自然过程一样地进行，而且实质上也是服从于同一运动规律的。但是，各个人的意志——其中的每一个都希望得到他的体质和外部的、归根到底是经济的情况（或是他个人的，或是一般社会性的）使他向往的东西——虽然都达不到自己的愿望，而是融合为一个总的平均数，一个总的合力，然而从这一事实中决不应作出结论说，这些意志等于零。相反地，每个意志都对合力有所贡献，因而是包括在这个合力里面的"❶。在这里，"合力"是社会历史发展的客观规律性和社会历史主体选择性形成的合力，是经济

---

❶ 马克思恩格斯选集：第 4 卷［M］．北京：人民出版社，2012：605-606.

的决定性和人的能动性的合力。

我们要正确理解历史合力论，既要看到经济因素的决定作用，又要看到历史不是独角戏，而是多种因素合力的结果。

首先，马克思主义认为生产力决定生产关系，经济基础决定上层建筑，经济是推动历史发展的决定因素。历史合力论承认经济因素的决定作用，现实生活中，实践的推动要依靠物质技术的进步，社会的发展要依靠经济实力的增强。但对历史进程产生影响并在多方面起着影响作用的因素还有上层建筑、阶级斗争，还有人的参与，因此，经济因素不是唯一的因素，建立在经济基础之上的政治上层建筑和观念上层建筑，也都在以自己的形式发挥着不同的作用，影响着人们的生产和生活，影响着历史的发展，但归根结底这些是对经济关系的反映，是经济利益的表现形式。每个历史事件都是在多种因素的交互作用中发生，每个历史阶段都是在各种意志和力量的碰撞融合中前进，分析人类社会的发展就是要透过多种因素、在多种力量中找到根本的动力，也就是要挖掘经济根源。

其次，历史合力论强调历史的发展是合力的结果。恩格斯将无数互相交错的力量比喻成力的平行四边形，描述了历史结果的形成不是各种力量的简单相加，而是不同的思想意志互相影响、不同的力量互相制约的综合作用的产物。历史合力论的核心思想就是历史发展始终是按照平行四边形合力的方向运行的。在这个过程中，每种力量和意志都对结果产生了影响，人作为力量和意志的主体更是发挥着重要的作用。历史是人创造的历史，人是创造历史的人。在历史发展的每一个阶段，人并非消极被动地等待历史的安排，而是不断发挥着能动性和创造性，个体的能力大小和思想动向也在一定程度上影响着合力的形成和走向。合力汇聚了不同个体的力量，是众多个体形成的整体力量，不以某个英雄人物的意志为转移，也不以某一个体的主观思想而改变。马克思主义历史合力论指出历史不过是人们追求目的的活动而已，强调人的因素在历史发展中的主体性意义，有力回击了将唯物史观歪曲为"技术经济史观"的错误观点。

深入理解历史合力论有利于完整把握马克思主义，有利于促进社会合力的形成，为凝聚思想共识的研究提供了重要的理论依据。

其一，树立整体观念，重视合力研究。历史合力论认为历史发展是多方因素合力的结果，既看到了经济的决定性作用，又看到了不同意志力量的相互作用，强调的是用整体性观念考察历史进程，这对我国凝聚思想共识问题的研究具有重要的现实意义。凝聚思想共识也要树立整体观念，因为历史的发展和思想的发展都是作为主体力量的人进行认识活动和实践活动的结果。在活动中，不同的思想和不同利益会有较量、碰撞和摩擦，也会有协调和融合，只有从整体的角度出发，找到人们思想和利益的交汇点，找到人们意志力量的激发点，才能最大程度凝聚思想共识，促进整体合力的实现。我国思想共识的整体性体现为一种团结性，这种团结性是中国力量的象征。在主体方面，凝聚思想共识要面向全体社会成员，团结全国广大人民群众。人民群众是历史的主体，是凝聚思想共识的根本对象，其涵盖范围不只是社会某一阶级、阶层、行业、地域人员的共识，而是致力于发展中国特色社会主义事业的全体劳动者和创造者。在内容方面，凝聚思想共识要整合社会成员在主导思想、价值观念、行为规范等方面的认识，少了任何方面的共同性的认识，思想共识都是不完整的。如果一个社会的成员在道德、信念、理想等方面具有一致性的认识，但是在民族关系、宗教关系上有着巨大的分歧，那么这个社会的团结性也会受到极大考验，整体性的思想合力难以实现。

其二，尊重历史发展的规律，尊重历史合力的选择。历史合力论指出历史是多方因素的合力，最终结果正是多种力量相互作用的呈现。历史也有其自身的运动规律，在总体的相互作用中表现出一定的规律性，规律形成后又会继续指导着主体的思想和行动，实现社会形态的更替和社会的变革发展。历史合力是客观规律和主体选择的统一，社会形态的更替是合目的性与合规律性的统一。只有符合历史发展的规律，人们的主体选择才能既满足自身利益的需求，又能顺应发展潮流，助推社会变革，找到合适的社会发展道路。历史规律不以人的意志为转移，从人类社会的发展史来看，从原始社会到社会主义社会是社会发展的必然趋势。我国从封建社会进入社会主义社会，符合历史发展规律，是历史因素和现实因素，以及外部因素共同作用的结果。对我国凝聚思想共识的研究必须尊重历史发展的规律，让人们清楚社会主义道路选择背后的历史合力，人们才能更好地理解中国特色社会主义道路的正确性，深刻认识中国特色社会主义理论体系的科学

性，自觉坚定对社会主义的信念，提升对主流意识形态的认同。中国特色社会主义道路的开辟是在客观规律指导下中国人民所做的选择，社会主义制度的建立也是近代中国在历史合力下的选择。从革命之路到建设之路，再到复兴之路，这是社会主义实践的进步，实现中华民族伟大复兴体现了中国人民的整体利益，凝结了数代中华儿女的夙愿，顺应了广大人民的殷切期待，必将有力地凝聚起人们的思想共识，汇聚起强大的精神能量！

第二节　理论指导：马克思主义中国化的理论成果

马克思主义是我们党和国家的指导思想，是认识世界和改造世界的强大思想武器，指引着我们走上了中国特色社会主义的康庄大道，并且在坚持和发展的统一中，在与我国具体实际相结合的过程中，创造了马克思主义在中国的理论形态，实现了马克思主义的中国化。探寻真理，是中国共产党人一脉相承的理论基因；理论创新，是中国特色社会主义事业蓬勃发展的不竭动力。习近平总书记指出："中国共产党为什么能，中国特色社会主义为什么好，归根到底是马克思主义行，是中国化时代化的马克思主义行。"一百多年来，我们党坚持把马克思主义基本原理同中国具体实际相结合、同中华优秀传统文化相结合，坚持运用辩证唯物主义和历史唯物主义，不断推进马克思主义中国化时代化，取得了毛泽东思想、邓小平理论、"三个代表"重要思想、科学发展观、习近平新时代中国特色社会主义思想等重大理论成果，使马克思主义在中国焕发出强大生命力，让我们党拥有了认识世界、改造世界的强大思想武器。这些理论成果是中国共产党团结带领全国各族人民努力奋斗的思想动力，是推动党和国家各项事业不断发展的行动指南，对分析和研究我国凝聚思想共识具有重要的指导意义。

一、第一次飞跃的成果：毛泽东思想

时代是思想之母，围绕时代展开思想对话，是理论得以产生和发展的前提。毛泽东思想是面对近代中国社会的历史和发展状况，将马克思主义

与中国革命具体实践相结合的产物。毛泽东是毛泽东思想的主要创立者，是马克思主义中国化的开拓者。在半殖民地半封建的中国，以毛泽东为代表的中国共产党人带领中国人民经过艰苦卓绝的斗争，找到了新民主主义的道路，建立了人民当家作主的新中国，进行了一系列社会主义的探索和建设，为党和国家的发展、人民生活的进步奠定了坚实的理论和实践基础。在马克思主义的指导下，在我国革命和建设的实践过程中，毛泽东充分运用马克思主义基本原理，准确把握我国革命特点和规律，创造性地提出和总结了统一战线、军队建设、思想政治工作等一系列理论、战略。这是被实践证明了的关于我国革命的理论思想和经验总结，也是早期中国共产党领导人集体智慧的结晶，周恩来、朱德、刘少奇、陈云等都对毛泽东思想的形成和发展作出了贡献，我们必须毫不动摇地坚持和学习毛泽东思想，团结和凝聚全国人民继续进行具有新的历史特点的伟大斗争，夺取中国特色社会主义事业的新胜利。

第一，重视理论武装，为凝聚思想共识奠定理论基础。中国共产党一成立便高举马克思主义伟大旗帜。毛泽东是中国共产党的创始人之一，是坚定的马克思主义者，认准马克思主义之后便毫不动摇，毕生坚持和捍卫马克思主义，不断坚定理想信念，并在全党强调理论学习和理论武装的重要性。1945 年党的七大的报告中指出，"我们的党从它一开始，就是一个以马克思列宁主义的理论为基础的党，这是因为这个主义是全世界无产阶级的最正确最革命的科学思想的结晶。马克思列宁主义的普遍真理一经和中国革命的具体实践相结合，就使中国革命的面目为之一新"❶。新中国成立以后，毛泽东多次强调并要求全党学习马克思主义，弄通马克思主义，掌握辩证法，让马克思主义成为广大干部和人民的理论武装，由此也为社会主义建设初期凝聚思想共识、汇聚奋斗力量奠定了理论基础。毛泽东思想是马克思主义中国化的理论成果，是我们必须长期坚持的指导思想，新的历史条件下，继续学习和拓展毛泽东思想的科学内涵，挖掘其理论价值和现实意义，才能为新时代社会主义建设提供理论指导，促进不同的社会成员统一认识，凝聚人们对马克思主义、马克思主义中国化理论成果的认同和共识。

---

❶ 毛泽东选集：第 3 卷［M］．北京：人民出版社，1991：1093.

第二，重视实事求是，为凝聚思想共识奠定实践基础。实事求是就是一切从实际出发，以客观的社会实践为基础。毛泽东非常重视实事求是，理论联系实际，坚持用马克思主义基本原理指导中国革命，将马克思主义理论同中国实际相结合，反对离开具体的社会状况和革命实际去运用马克思主义。1930 年他明确提出反对本本主义，强调没有调查就没有发言权。1937 年毛泽东发表了《实践论》，有力批判了当时党内存在的教条主义和经验主义，毛泽东说："理论的基础是实践，又转过来为实践服务。判定认识或理论之是否真理，不是依主观上觉得如何而定，而是依客观上社会实践的结果如何而定。真理的标准只能是社会的实践。"❶正是基于实事求是，将马克思主义基本原理同中国革命具体实践相结合，才开创了农村包围城市、武装夺取政权的革命道路，赢得了革命战争的最终胜利。这些在实事求是基础上取得的实践进步为凝聚思想共识奠定了实践基础，激励人民继续坚持实事求是，与时俱进，统一思想，不懈奋斗。

第三，重视党的建设，为凝聚思想共识打牢组织基础。无论是革命年代还是建设年代，领导全国人民凝聚思想共识、推进各项事业的发展，都需要有一个坚强有力的领导核心。在革命战争年代，各种思想和主义纷纷涌现，争论不休，关于马克思主义的理解、关于社会道路的选择、关于革命方式等，由于阶级利益及主观思想的不同，容易产生矛盾和冲突。因此，要不断加强党的建设，不断提升党的创造力、凝聚力、战斗力，从而在思想上厘清错误观点，在实践中争取广大民众的支持。早在 1939 年 10 月，毛泽东在《〈共产党人〉发刊词》一文中提出，中国共产党应该建设为"全国范围的、广大群众性的、思想上政治上组织上完全巩固的"❷。新中国成立前夕，在党的七届二中全会上还提出了"两个务必"的要求。这些建党的原则和方针使我们党成为先进的政党，成为我国革命和建设的领导核心，通过不断加强自身建设，增强领导能力，提升组织水平，始终做到引领民众坚定理想跟党走，团结和凝聚人民群众在社会主义道路上劈波斩浪，勇往直前。

第四，重视思想教育，为凝聚思想共识提供思想基础。毛泽东关于思

---

❶ 毛泽东选集：第 1 卷［M］.北京：人民出版社，1991：284.

❷ 毛泽东选集：第 2 卷［M］.北京：人民出版社，1991：603.

想政治和思想文化工作有很多重要著作，如《在延安文艺座谈会上的讲话》《为人民服务》等，还提出过许多具有长远意义的观点，如政治工作是红军的生命线、思想政治工作是经济工作和其他一切工作的生命线等。1945年，在《论联合政府》的报告中，毛泽东强调："掌握思想教育，是团结全党进行伟大政治斗争的中心环节。如果这个任务不解决，党的一切政治任务是不能完成的。"❶ 可见，引导人们在思想上达成最大程度的统一，才能正确看待问题，理解方针政策，促进社会整体的团结和谐。重视思想教育和思想政治工作是我们党的优良传统，我们必须一如既往地坚持下去，根据时代环境的改变和思想意识的变化，加强和改进思想政治工作，确保并增强社会主义意识形态的凝聚力和引领力。

第五，重视人民群众，为凝聚思想共识夯实群众基础。马克思主义认为人民群众是历史的创造者，在长期的革命斗争过程中，毛泽东将该原理运用和贯穿在党的领导工作的方方面面，形成了党的群众路线，为我国革命和建设打下了牢固的群众基础。一方面，坚持一切为了群众，一切依靠群众。毛泽东强调人民群众的力量是无穷的，"真正的铜墙铁壁是什么？是群众，是千百万真心实意地拥护革命的群众"❷。只要信任人民，依靠人民，任何困难都能克服，任何敌人都能打败。另一方面，坚持从群众中来，到群众中去，政策和方针只有在群众的实践生活中广泛施行，才能真正看到效果，得到检验。他说："党和群众的关系的问题，应当是：凡属人民群众的正确的意见，党必须依据情况，领导群众，加以实现；而对于人民群众中发生的不正确的意见，则必须教育群众，加以改正。"❸ 这给我们当前开展群众工作，凝聚思想共识提供了重要启示，真心贴近群众，密切联系群众，才能争取更多群众的支持，为社会主义事业继续前进聚人心、增共识。

二、第二次飞跃的成果：中国特色社会主义理论体系

理论的生命力在于不断创新，在于解决实际问题。在长期的社会主义

---

❶ 毛泽东选集：第 3 卷［M］．北京：人民出版社，1991：1094.

❷ 毛泽东选集：第 1 卷［M］．北京：人民出版社，1991：139.

❸ 毛泽东选集：第 4 卷［M］．北京：人民出版社，1991：1310.

建设过程中，中国共产党人带领全国人民逐步探索我们到底要形成什么样的思想共识，如何在不同的社会群体和不同的社会情况中始终凝聚共识，如何团结更多的人民群众朝着共同的目标迈进，这些问题极大考验着中国共产党的执政能力。而问题的解答则要聆听时代的声音，立足社会现实，把握历史脉络，不断形成回应时代呼唤、把握现实难题、满足人民需求的理论成果。改革开放以来，几代中国共产党人接续回答"什么是社会主义、怎样建设社会主义""建设一个什么样的党、怎样建设党""实现什么样的发展、怎样发展"等一系列时代课题，形成了中国特色社会主义理论体系。这是对马克思主义理论和毛泽东思想的继承和发展，其形成过程本身就是不断凝聚人们思想共识、指导社会主义建设的实践过程，对研究我国凝聚思想共识的问题具有重要的指导意义。

第一，准确把握社会发展的阶段性特征，在改革开放中寻求最大共识。明确社会发展的阶段特征和历史任务是进行理论创新、制定方针政策的前提。以邓小平为核心的中央领导集体，继承和发扬了马列主义和毛泽东思想，以敏锐的政治眼光，以实事求是的原则，科学地判断我国社会所处的历史阶段，纠正了"两个凡是"的片面路线，把党和国家发展重心转移到经济建设上来，决定实行改革开放的伟大决策。党的十三大报告提出了社会主义初级阶段的基本路线，作出了我国处于社会主义初级阶段的科学判断，这是运用马克思主义分析我国具体实际的重要成果，是在总结实践发展经验基础上的理论概括，奠定了中国特色社会主义的重要基础。

此外，在推进改革开放的过程中，部分群体由于自身利益受影响而抵制改革，还有人担忧改革开放的风险性，面对人们对待改革的不同意见，以及思想认识上的疑惑，邓小平指出"实践是检验真理的唯一标准，实践是检验路线、方针、政策是否正确的唯一标准"❶。一方面，以经济建设中心，大力发展生产力，坚定不移推进改革开放，提升人民生活水平，促使我国综合实力和社会凝聚力的增强，为社会主义各项事业的发展及社会思想共识的凝聚奠定经济基础。他指出："不改革开放，不发展经济，不改

---

❶ 邓小平文选：第 3 卷［M］.北京：人民出版社，1993：28.

善人民生活，只能是死路一条。"❶另一方面，邓小平同志始终坚持全面、深入总结历史经验教训，实事求是地评价了毛泽东和毛泽东思想的历史地位，完成了思想上的拨乱反正，统一了全党的思想，带领大家团结一致向前看。他还站在维护人民根本利益的政治高度，通过对新中国成立以来执政经验、建设经验进行正反两方面的总结，科学揭示了社会主义的本质，强调了发展是硬道理以及改革开放是强国之路的思想，创立了邓小平理论，尽力排除各种错误思想对社会主义和改革开放事业的干扰，把全国人民的思想和行动统一到了推动改革开放的伟大实践中，把对社会主义的认识和实践提升到了一个新的水平。

第二，始终做到"三个代表"，以党的建设增强党对思想共识的引领力。面向 21 世纪的中国，举什么样的旗帜，坚持什么样的思想，凝聚什么样的共识是事关党和国家向何处去的重大问题。党的十四届四中全会和党的十五大，以江泽民同志为主要代表的中国共产党人，高举邓小平理论伟大旗帜，把中国特色社会主义成功推向了 21 世纪。面对党的建设新的伟大工程，总结党成立以来特别是党的十三届四中全会以来的宝贵经验，集中全党智慧，形成了"三个代表"重要思想。2001 年江泽民在庆祝中国共产党成立八十周年大会上发表讲话，系统阐述了"三个代表"重要思想，强调我们党要始终代表中国先进生产力的发展要求，代表中国先进文化的前进方向，代表中国最广大人民的根本利益。这是加强和改进党的建设的思想指南，是我们党的立党之本、执政之基、力量之源，是中国特色社会主义理论的新发展。

我们要坚持和贯彻"三个代表"重要思想，继续推进党的建设，就要牢牢把握立党为公、执政为民的本质，以最广大人民的根本利益为根本出发点和落脚点。正如江泽民所说，"我们党要始终代表中国最广大人民的根本利益，就是党的理论、路线、纲领、方针、政策和各项工作，必须坚持把人民的根本利益作为出发点和归宿，充分发挥人民群众的积极性主动性创造性，在社会不断发展进步的基础上，使人民群众不断获得切实的经济、政治、文化利益"❷。只有始终坚持人民的立场，捍卫人民的根本利益，

---

❶ 邓小平文选：第 3 卷［M］.北京：人民出版社，1993：370.

❷ 江泽民.在庆祝建党八十周年大会上的讲话［N］.人民日报，2001-07-02（001）.

才能永葆党的先进性和纯洁性，切实增强党的领导能力和执政水平，有力促进国家和社会的全面进步，为最大限度地凝聚发展共识提供源源不断的人民力量。

第三，坚持以人为本的科学发展观，构建为广大人民谋幸福的和谐社会。党的十六大以来，面对严峻多变的国内外形势，以及艰巨复杂的任务和挑战，如何更好地发展的问题摆在了党和国家的面前。党中央从科学发展的思路上深刻认识和回答了新形势下实现什么样的发展、怎样发展等重大问题，紧紧依靠人民，坚持以人为本，促进了我国经济社会的又好又快发展。2003 年 10 月，党的十六届三中全会明确提出要"坚持以人为本，树立全面、协调、可持续的发展观"。2007 年 10 月，党的十七大对科学发展观进行了系统概括，"科学发展观，第一要义是发展，核心是以人为本，基本要求是全面协调可持续，根本方法是统筹兼顾"。报告还明确指出："全心全意为人民服务是党的根本宗旨，党的一切奋斗和工作都是为了造福人民。"❶ 可见，我们党始终把人民的根本利益作为一切工作的出发点和落脚点，始终坚持群众路线。

为了解决我国改革开放和现代化建设出现的新情况新问题，缓解经济社会发展中的突出矛盾，满足人民群众多方面的需求，满足全国各族人民的共同愿望，胡锦涛同志还对构建和谐社会提出了许多重要论述和理论观点。他强调："我们所要建设的社会主义和谐社会，是民主法治、公平正义、诚信友爱、充满活力、安定有序、人与自然和谐相处的社会，是在中国共产党领导下、在中国特色社会主义事业中、在全国人民根本利益一致基础上全体人民共同建设、共同享有的和谐社会，是为中国最广大人民谋幸福的和谐社会。"❷ 构建和谐社会是促进我国经济社会发展的重大战略举措，科学发展是核心要义，党的领导是根本保证，为中国最广大人民谋幸福是最终目的。

科学发展观是同马克思列宁主义、毛泽东思想、邓小平理论和"三个代表"重要思想既一脉相承又与时俱进的科学理论，是我们党对执政规律

---

❶ 中共中央文献研究室.十七大以来重要文献选编：上册［M］.北京：中央文献出版社，2009：12.

❷ 胡锦涛.论构建社会主义和谐社会［M］.北京：中央文献出版社，2013：94.

和发展规律的又一次深化，为开创中国特色社会主义事业新局面提供强大的思想文化保证。社会和谐是中国特色社会主义的本质属性，只有实现科学发展，才能解决发展不平衡问题，切实促进社会的全面协调发展，维护社会的公平、正义与和谐。只有努力提高贯彻落实科学发展观的能力，才能带领全国各族人民团结奋斗、锐意进取，聚精会神搞建设，一心一意谋发展。

三、新时代的理论成果：习近平新时代中国特色社会主义思想

一切伟大的实践，都需要思想的引领。世界正在经历百年未有之大变局，国内正处于近代以来最好的发展时期，在改革开放以来我国发展取得巨大成就的基础上，面对当前广泛深刻的社会变革，中国特色社会主义实践的新境界需要新思想的指导。党的十八大以来，以习近平同志为核心的党中央带领全党全国各族人民团结奋斗，迈上全面建设社会主义现代化国家新征程。在习近平新时代中国特色社会主义思想指引下，我国采取了一系列战略性举措、进行了一系列变革性实践、实现了一系列突破性进展、取得了一系列标志性成果，为实现中华民族伟大复兴提供了更为完善的制度保证、更为坚实的物质基础、更为主动的精神力量，彰显了中国特色社会主义制度的优越性。习近平新时代中国特色社会主义思想是马克思主义中国化的最新成果，是中国特色社会主义理论体系的重要组成部分，是当前凝聚全党全国人民思想共识，汇聚整个社会发展合力的重要理论指导，我们必须认真学习和深刻领会。

第一，深化发展认识，推进理论创新，为凝聚思想共识提供科学的思想指引。科学的理论才能武装头脑，指导实践。"中国共产党之所以能够历经艰难困苦而不断发展壮大，很重要的一个原因就是我们党始终重视思想建党、理论强党，使全党始终保持统一的思想、坚定的意志、协调的行动、强大的战斗力。"[1]习近平新时代中国特色社会主义思想是在新时代的历史方位下形成的，既坚持了马克思主义基本原理，又对重大时代课题作

---

[1] 习近平.在纪念马克思诞辰200周年大会上的讲话［N］.人民日报，2018-05-05（001）.

出了全新的理论回答，正是在理论与实践的结合中回答了"新时代坚持和
发展什么样的中国特色社会主义、怎样坚持和发展中国特色社会主义""建
设什么样的社会主义现代化强国、怎样建设社会主义现代化强国""建设
什么样的长期执政的马克思主义政党、怎样建设长期执政的马克思主义政
党"等重大时代课题，为丰富发展马克思主义作出了原创性贡献，构建了
21 世纪马克思主义的最新理论形态。梦想照亮征程，思想指引航向，只
有不断深化认识，推进理论创新，实现指导思想的与时俱进，才能始终统
一思想，形成共识，凝聚力量。习近平新时代中国特色社会主义思想展现
了马克思主义更强大的真理力量，赋予了马克思主义理论新的活力和生命
力，为新时代凝聚思想共识提供了新的指导思想，为取得新时代社会主义
伟大胜利提供了思想指引。

　　第二，回答时代之问，引领时代前进，凝聚起实现民族复兴的强大精
神力量。党的十八大以来，面对世情、国情、党情的深刻变化，以习近平
同志为核心的党中央，以全新的视野深化对共产党执政规律、社会主义建
设规律、人类社会发展规律的认识，进一步系统回答了什么是中国特色社
会主义、怎样建设中国特色社会主义的问题，以奋发有为的精神把新时代
中国特色社会主义推向前进。进入新的历史阶段，中华民族迎来了从站起
来、富起来到强起来的伟大飞跃，国家迎来了全面建设社会主义现代化国
家的新征程，同时也面临着新的困难和挑战，习近平总书记指出"现在，
社会结构深刻变动，利益格局深刻调整，思想观念深刻变化，凝聚改革共
识难度加大，统筹兼顾各方面利益任务艰巨。这就更需要我们下功夫去凝
聚共识"❶。习近平新时代中国特色社会主义思想是新时代思想的精华，既
回答了时代的课题，回应了时代的挑战，更引领了时代的前进，是中华儿
女为实现中华民族伟大复兴而努力奋斗的强大思想支撑，是实现国家富
强、民族振兴和人民幸福的精神力量源泉。我们要以习近平新时代中国特
色社会主义思想为指导，引导广大领导干部和人民群众自觉在思想上政治
上行动上同党中央保持高度一致，解决时代难题，凝聚广泛共识，推动社
会进步。

---

　　❶ 中共中央文献研究室 . 习近平关于全面深化改革论述摘编［M］. 北京：中央文献
出版社，2014：45.

第三，推动新时代党和国家事业的发展，巩固全党全国人民共同的思想基础。习近平新时代中国特色社会主义思想是当代中国马克思主义、21世纪马克思主义，是中华文化和中国精神的时代精华，根植于我国社会主义的新的伟大实践，是理论与实践的统一，在指导实践的过程中显示出了深厚的力量，不断推动新时代党和国家事业的发展。党的十八大以来，以习近平同志为核心的党中央，牢牢把握新时代新征程党的中心任务，统筹推进"五位一体"总体布局、协调推进"四个全面"战略布局，奋力谱写全面建设社会主义现代化国家崭新篇章。我们能深刻地感受到在以习近平同志为核心的党中央的坚强领导下，我们攻克了许多长期没有解决的难题，办成了许多事关长远的大事要事，党和国家事业取得历史性成就、发生历史性变革，生态文明建设成效卓著，脱贫攻坚精准发力，全面深化改革取得重大突破，社会主要矛盾发生了转化，人类命运共同体得到国际认可，我们在经济发展、人民生活等方面取得了全方位的进步，在生态文明、党的建设等方面取得了巨大的成就，国家的综合实力显著增强，国际影响力实现前所未有的提升。如今，又踏上了实现第二个百年奋斗目标新的赶考之路，我们要继续聚焦实现中华民族伟大复兴的中国梦，激励十四亿多中华儿女向着实现中华民族伟大复兴的中国梦奋勇前进。党的二十大擘画了以中国式现代化全面推进中华民族伟大复兴的宏伟蓝图，明确了全面建成社会主义现代化强国"两步走"的战略安排，把基本实现社会主义现代化的目标提前了15年，顺应了广大人民群众对美好生活的向往，成为海内外中华儿女的最大公约数和最大共识，巩固了全党全国人民共同的思想基础，必将激励全党全国各族人民在科学的理论指引下，在中国梦美好愿景的感召下，踔厉奋发，凝心聚力，为实现第二个百年奋斗目标而团结奋斗。

第四，凝聚共识，汇聚力量，为全面建设社会主义现代化国家提供思想支持和力量支撑。习近平总书记在多个场合提到并论述凝聚共识的问题，强调了凝聚共识的重要性和必要性，分析了凝聚共识的难度和挑战，为我国凝聚思想共识，调动一切积极因素形成社会合力提供了重要遵循。习近平总书记于2013年在党的十八届三中全会第二次全体会议上发表重要讲话，指出"凝聚共识很重要，没有广泛共识，改革就难以顺利推进，也难以取得全面成功"❶。关于如何实现共识，习近平总书记还提出，"对认识还不够深入、但又必须推进的改革，要大胆探索、试点先行。有些改革涉及深层次制度因素和复杂利益关系，一时难以在面上推开，要发挥改革试点的侦察兵和先遣队作用，找出规律，凝聚共识，为全面推开积累经验、创造条件"❷。这个思想是深刻的，启示我们要不断加深认识，同时要探求规律。思想共识不仅对统一思想认识、维护社会秩序具有重要作用，凝聚思想共识还是凝心聚力的过程，能够形成改革合力、汇聚发展力量，对新时代党和国家事业发展、对推进中华民族伟大复兴历史进程具有重要的意义。

第三节　理论继承：中华传统文化
关于凝聚思想共识的智慧

　　古代的中国社会十分重视政治统治和思想教化，为了统一思想认识，维护社会秩序，不同时代的思想家进行了思考和探索，提出了很多富有见解的观点和主张。凝聚思想共识是中华儿女世世代代的重要实践，中华民族历经五千年风雨沧桑而屹立不倒，灿烂的中华文明源远流长而从未有过中断，并且在今天散发出了愈加蓬勃向上的光彩，其中的一条重要原因便是我们始终紧紧凝聚着全体中华儿女的精神命脉和思想共识，中国各族人民始终凝聚在一起，同心同德，同向同行。中华传统文化积淀了丰富的凝聚思想共识的智慧，在不断进行凝聚思想共识的理论探索和实践创新的过程中，在古代人民凝心聚力、团结奋进的过程中推动了中华民族的发展，为当前凝聚思想共识问题的研究提供了重要的理论资源。

---

　　❶ 中共中央文献研究室 . 习近平关于全面深化改革论述摘编［M］.北京：中央文献出版社，2014：45.

　　❷ 中共中央文献研究室 . 习近平关于全面深化改革论述摘编［M］.北京：中央文献出版社，2014：50.

一、和而不同的思想

和而不同是我国传统文化的核心理念和重要内容，包含着丰富的哲学思想。"和"与"同"这两个字早在甲骨文时期就已出现，看似相近，实则不同。"和"是指不同的事物实现和谐、和睦，而"同"是指相同、相等的事物，可见，"同"代表了绝对的一致性，排除了差异性。周朝初年，史伯就提出了"和实生物"的命题。春秋末年，孔子继承了这一思想，进而提出了"和而不同"的思想，主张不同的事物和不同的思想可以在一定的基础和范围内互相包容，和谐共存。和而不同不仅是伦理思想，也是处事原则，在生活中还是判断人的标准，"和而不同"是君子，"同而不和"是小人。所谓"和而不同"，是指在承认事物的差异、差别的前提下，能够以互相包容、互相理解的态度对待彼此，最终达成和谐相处的统一认识，实现共生共长的平衡状态。"同而不和"则刚好相反，由于拒绝差异，排斥差别，坚持此观点的人不懂包容，面对和自己相同的人、相同的观点会简单盲从，面对不同的意见往往独断专行、刚愎自用。

中国传统文化追求"和"，认为"和"是万物生存繁衍的基础，是最理想的状态。同时，承认万物之间存在差别，正是因为有不同，才能在同中见异、异中求同，从而在差异中形成较为平衡的、稳定的秩序，也就是"和"。冯友兰先生对"和而不同"有过系统总结，他指出"在中国古典哲学中，'和'与'同'不一样，'同'不能容'异'；'和'不但能容'异'，而且必须有'异'，才能称其为'和'"❶，既明确道出了"和"与"同"的区别，又指明了"和"与"异"的辩证统一关系，有"异"才有"和"，"和"是在对立中的统一，"异"是在统一中的对立。"和而不同"实质就是要在差异的基础上实现统一，而不是不含差异的绝对统一。

"和而不同"思想是差异性和统一性、多样性和整体性的集中体现，是古代思想家的重要思想贡献，为我们正确理解思想共识问题提供了重要的思想指南。

其一，思想差异是思想共识的前提，思想意识的差异性和统一性同时

---

❶ 冯友兰.中国现代哲学史［M］.广州：广东人民出版社，1999：253.

存在。思想差异与思想共识两者相互对立，也相互促进，正是因为有差异性，才要追求统一性，正是因为多样多变的社会思想，才可以有形成思想共识的机会。思想共识是在差异性的思想中寻找思想的统一性，通过在两者之间找到合适的平衡点，从而达到的一种相对稳定的状态。世界上不存在完全相同的思想，也不存在完全相异的思想，过于强调思想的差异性会导致不稳定，而过于强调思想的统一性又会导致极端化。如果差异消失，分歧不再，思想共识也就失去了前提和意义，凝聚思想共识的活动也就不复存在。我们在凝聚思想共识的过程中，并非追求极致的一元思想，不是消灭一切的不同观点，而是用社会主导思想去统一社会成员的思想认识，是要在多样的思想意识中确立主导，凝聚广大社会成员的思想合力。

其二，"和而不同"思想理念的广泛运用和创新发展，为我国和世界的未来发展指明了方向。"和而不同"主张尊重差异，求同存异，这不仅是我国传统文化的智慧，更随着历史的发展不断绽放出思想光芒，彰显了思想价值和时代价值。我们国家在处理政党关系、民族关系、外交关系，以及祖国统一问题上都运用了"和而不同"思想理念，在差异中寻找统一，在不同中寻找共识，我国民族区域自治制度、"和平共处"五项原则、"一国两制"的成功实践都展示了中国共产党和中国人民的宽广胸怀，取得了瞩目的成绩和成就。从世界范围来看，无论在东方还是西方，共同发展、共同繁荣越来越成为世界人民的共同期待，霸权与强权都不得人心，歧视与偏见无法实现共赢，只有更加平等、更加开放的国际政治经济秩序和国际关系才能促进世界的和平稳定。党的十八大以来，习近平总书记提出了构建人类命运共同体的倡议，主张不同制度和不同文明的国家之间也可以求同存异，包容互惠，得到了国际社会和世界人民的广泛认可。人类命运共同体是我国传统文化"和而不同"思想的创新性发展，是立足于解决全球问题、造福人类共同利益而贡献的"中国方案"，超越了种族和意识形态等界限，代表了各国人民的共同理想，为人类社会发展指明了方向，必将凝聚中国人民和世界人民的思想共识，推动世界向着更加光明的未来前进！

二、家国同构的思想

"家国同构"是我国古代社会的重要特征，是传统文化的基本底色，体现了中国人深层的心理结构。"家国同构"是指家庭、家族与国家在组织结构上的共同性,这是在封建社会特定历史条件下的产物。在古代社会,生产力水平较为低下,小农经济在社会经济中占主导地位,家庭关系十分紧密,家族制度和血亲关系构成了错综复杂的社会结构,并逐渐扩大至整个国家的秩序,使家庭和国家成为紧密相连的政治结构。西周时期开始以礼仪宗法制度确立了家长制的权威,一方面引导人们形成家国观念,增强人们的归属感和联结性;另一方面通过教化的方式使人们认同和遵从宗法制度,服从家长制的管理模式。

儒学也提倡"家国同构","古之欲明明德于天下者,先治其国;欲治其国者,先齐其家;欲齐其家者,先修其身"。这就是儒学对于家国观念的深刻理解。两千多年前孔子就提出了君臣、父子的伦理观念,孟子曾曰:"天下之本在国,国之本在家,家之本在身。"《墨子·兼爱》指出,"视人之国若视其国,视人之家若视其家,视人之身若视其身"。董仲舒在此基础上进一步提出"三纲五常",为封建专制统治和等级秩序辩护。"三纲五常"成为古代宗法社会的伦理道德和统治思想,约束了人们的思想,规约了人们的行为,使人们在家庭和家族中服从家长,在国家中服从君王,家庭和家族中家长的权威和君主制的权威在古代社会合二为一,从而维护了封建统治者的权威,保证了封建社会的统治秩序。

随着时代的发展,宗法制和家长制已经被取代,封建专制制度已经终结,但是很多观念在人们的思想中仍然有一定的留存,并未完全消亡。我们要取其精华,为我所用,吸收有益的思想观点,树立正确的家国观念,坚持爱家与爱国的一体性,同时,坚持国家利益至上,树立维护国家利益的意识,为凝聚思想共识提供思想支撑。

首先,树立正确的家国观念,坚持爱家与爱国的一体性。我国古代社会主张"家国同构",重视家庭的重要性,将家庭的伦理结构与国家的政治结构统一起来,通过确立家长的权威来加强和巩固统治者的权威。家庭是社会的细胞,国是家的延伸,国家秩序其实是家庭秩序的扩展,因此要加强家庭建设,发挥好家庭的作用。一方面,家庭是人成长的港湾,是情感的归宿,是接受教育的第一所学校,家庭关系和谐、家庭教育到位,才能培养人们的家庭责任感,引导人们树立正确的家国观念,把对家庭的情感和对国家的认同有机结合起来，形成家庭和睦、国家安定的良好局面，促进家庭和国家之间形成良性互动。另一方面，"家国同构"是一种治理模式，治家是治国的起点，家庭有序运转国家才能稳步发展，家庭治理对国家治理的重要性不言而喻。齐家是治国和平天下的基础，治国和平天下是齐家的目的，我们不能满足于家庭秩序的稳定，不能止步于家庭关系的和谐，而是要树立家国情怀，实现"家国同构"，将目标和志向提升至推动国家治理、造福众多家庭的高度，坚持爱家与爱国的一体性。

其次，坚持国家利益至上，树立维护国家利益的意识。在我国古代社会，"家国同构"思想坚持家庭、家族与国家在组织结构上具有共同性，认为国家的统治要先从构建家庭秩序入手。家庭和国家两者密不可分，家庭是国家的重要组成单位，家庭稳定国家才安定；反过来，国家安全才能保证家庭有序，由此，家庭利益和国家利益具有了高度的一致性。但"家国同构"的出发点和最终目的都是维护统治者的权威，维持稳定的统治秩序，实现国家整体的利益。国由家组成，但国家不等于家庭，国家不是每个家庭简单的组合，国家利益也不是家庭利益和个人利益相加的全部总和。通常情况下，国家与家庭、个人的利益是一致的，但也有可能出现矛盾，产生利益的冲突和对立。利益一致时，人们能实现个人利益、家庭利益和国家利益的统一，但面对利益不一致的情况，人们应该坚持国家利益至上，关键时刻要能做到舍生取义、精忠报国，始终将国家利益放在最重要的位置，将维护国家安全、促进国家发展视为最重要的责任，这是中华民族的优良传统，是中华民族生生不息的重要动力。凝聚思想共识就是要引导人们厚植家国情怀，立志报国奋斗，坚持国家利益至上，为了中华民族伟大复兴，为了国家的整体利益而团结一心，不懈努力。

三、以民为本的思想

以民为本的思想是我国传统文化的精华。早在《尚书·五子之歌》中，就曾记载"民惟邦本，本固邦宁"，意思是人民才是国家的根基，根基牢固了，国家才能安宁稳定。春秋战国时期孔子、孟子等人都提出过以民为本的思想，有过一系列相关论述，认为民众最重要，赢得民心才能赢得天下，因而主张施行仁政，爱民利民。孔子重视民众的意愿，力主德政，他认为"为政以德，譬如北辰，居其所而众星共之"。孟子曾提出"民为贵，社稷次之，君为轻"，将民众摆在第一位，而君主在最后，体现了民贵君轻的民本思想。西汉思想家贾谊在儒家民本思想的基础上，进一步完善了民本思想，阐述了民众决定君王政权的兴衰成败。"王者以民人为天，而民人以食为天"就是对这一思想的集中体现。

以民为本的思想是以仁理政的精髓，总结起来主要包括两个方面的内容。一是亲民敬民，尊重民众，认识到民心的重要性，强调民众的伟大力量。孟子指出，"桀纣之失天下也，失其民也；失其民者，失其心也"。唐太宗认为民众如水，统治者如船，"水能载舟，亦能覆舟"。二是爱民惠民，关心民众的疾苦，重视民众的利益。孔子主张"节用而爱人，使民以时"。孟子强调"易其田畴，薄其税敛，民可使富也"，认为治理好百姓的田地，减轻百姓的徭役和赋税，就能够使老百姓富足起来。《礼记·大学》中记载"百乘之家，不畜聚敛之臣，与其有聚敛之臣，宁有盗臣"，意为拥有百辆兵车的诸侯之家，不应该去收养搜刮民财的家臣。总体而言，古代以民为本的思想反对统治阶级横征暴敛，主张减轻百姓负担，许多思想主张以及在其影响下施行的政策，在古代社会发挥了一定的积极作用，促进了我国封建社会的发展，强调了施行仁政的必要性，在封建社会中给统治者施加了一定的约束，让百姓在一定程度上得以安居乐业。但是从根本性上来看，以民为本的思想终究是为维护封建统治服务的，具有阶级性和历史局限性。

以民为本的思想彰显了以人为本的价值关怀，已经化为文化血脉中的重要基因而世代流传，对后世产生了深远的影响，在今天仍然具有重要的意义。

其一，以民为本的思想启示我们要尊重人民的主体地位，切实保障人民当家作主。古代社会的民本思想强调了民众的重要地位，指出要尊重民众，体恤民众，但并没有赋予民众政治权利和政治保障，因此，民众无法真正当家作主，也无法充分发挥自身的能动性，而是作为臣民受制于君主的统治。如何实现人民当家作主，这是古代社会留给我们的思考，也是我们现在需要认真研究和践行的问题。我国是社会主义国家，人民是国家的主人，我们既承认人民的主体地位，一切权力属于人民，还不断加强制度建设，完善民主形式，健全法律制度，充分保障人民当家作主，真正做到广大人民可以通过各种形式行使自己的权力，管理国家和社会事务。人民广泛参与，社会才能凝聚，中国才有力量。只有动员千千万万的人民以国家主人翁的地位和责任感积极投身国家建设，才能为推动新时代社会主义事业的蓬勃发展凝聚共识、汇聚力量。

其二，以民为本的思想启示我们要不断改善民生，增进人民福祉，满足人民日益增长的美好生活需要。民心是最大的政治，得民心者得天下，这是从古至今颠扑不破的真理。我国古代社会提出了"民惟邦本"，以及"天下之务莫大于恤民""凡治国之道，必先富民"等观点。可见，体恤人民，为民谋利是国家治理和国家强大的基础，民富才能国强。新中国成立以来，为了改善广大人民的生活，满足人民群众的物质需求，我们进行了社会主义革命、建设和改革，不断发展社会经济，提高人民生活水平，使整个社会面貌焕然一新。人民是国家繁荣昌盛的最大支撑，紧密联系群众，永葆血肉联系，才能始终得到人民群众源源不断的力量支持。当前，我们国家正处于从富起来到强起来的时代，更有信心也更有能力进一步改善民生，为民服务，维护人民群众的根本利益。应当继续秉持一切为了人民、一切依靠人民的立场，通过全面深化改革、精准扶贫等，进一步为人民谋幸福，促进共同富裕，增进人民福祉，如此才能赢得民心民意，调动人们的积极性和主动性，有力地凝聚起全国各族人民团结奋斗的热情，推动中华民族伟大复兴早日实现。

第四节　理论借鉴：西方社会关于凝聚思想共识的主要观点

西方社会虽然并未直接提出名为"思想共识"和"凝聚思想共识"的问题，但长期以来十分重视思想疏导、凝聚共识。列宁曾说过，"所有一切压迫阶级，为了维持自己的统治，都需要两种社会职能：一种是刽子手的职能，另一种是牧师的职能"❶。西方国家认识到想要维护资产阶级的统

---

❶ S. N. 艾森斯塔德. 现代化：抗拒与变迁 [M]. 张旅平，等译. 北京：中国人民大学出版社，1988：2.

治秩序，确保整个社会的稳定统一，仅靠"刽子手"般强硬的手段进行统治和管理是不够的，还要像"牧师"一样做好人们的思想工作，疏通人们的思想，让人们服从统治阶级的意志，化解社会矛盾，促进共识的形成，因此，西方社会早就开始了对共识问题的探寻。

凝聚思想共识是贯穿古代和现代、国内和国外、理论与现实的问题，对凝聚思想共识的研究必须具有国际的视野、开放的思维，不能忽视西方社会有价值的思想理论，要取长补短，为我所用。尽管西方社会与我们国家在凝聚思想共识的性质和目的等方面有着本质区别，但我们可以立足我国实际，批判地借鉴西方社会思想中合理的成分，进而推进我国凝聚思想共识的理论和实践发展。

一、社会契约论

契约是普遍存在的社会现象，社会契约论在西方政治思想史上占有重要的地位，影响深远，代表人物主要有霍布斯、洛克、卢梭。社会契约论是调节人们行为的理论，其核心"社会契约"在一定程度上探讨的就是共识的问题，洛克坚持的是以上帝律令为基础的"同意"的共识，自然法就是理性，人人独立而平等，任何人不得侵害他人的生命、健康、自由或财产。[1] 卢梭则认为共识表现为以契约体现的全体人民的"公意"，"公意"是人们基于共同的利益而产生的共同意志。在社会契约论中，"契约被用来证明政治权威的合法性，或用来对政治权威施加限制。换言之，在这一理论中，政治义务被当作一个契约性的义务来分析"[2]。

卢梭是社会契约论的集大成者，是 18 世纪启蒙运动的代表人物，他的观点对西方社会乃至世界都产生了广泛的影响。《社会契约论》是卢梭的代表著作，蕴含了深刻的社会契约、法治、公意的思想，其主要内容可概括为以下三点。首先，关于自然状态。卢梭认为人们在进入社会之前处于自然状态，但不同于霍布斯和洛克的理解，这种自然状态没有战争和抢夺，也不存在权利，但面临的生存障碍很大，已经超过了每一个人所拥有

---

[1] 洛克.政府论 [M].叶启芳，瞿菊农，译.北京：商务印书馆，2008：4.

[2] 迈克尔·莱斯诺夫.社会契约论 [M].刘训练，等译.南京：江苏人民出版社，2006：9.

的以及能运用的最大力量。人的天性要保证的是自己的生存，如果不联起手来形成共同体，就没有足够的力量继续保证自己和人类的存在，因此，必须从自然状态进入社会状态，通过公约和契约结成共同体。其次，关于社会契约。契约的形成是要"创建一种能以全部共同的力量来维护和保障每个结合者的人身和财产的结合形式，使每一个在这种结合形式下与全体相联合的人所服从的只不过是他本人，而且同以往一样的自由"❶。卢梭认为，人类通过订立社会契约结成共同体，组建政治国家，得到了社会的自由，以及对他们拥有的一切东西的所有权。最后，关于公意。卢梭指出"只有公意才能按照国家成立的目的即共同的福祉来指导国家的各种力量"❷，主权作为公意的运用，不可转让。同时，法律作为公意的体现，人们必须服从以此获得自由。

此后，有的学者继续承袭了这一思想成为现代契约论者，艾伯特·威尔就认为人们可以通过协商达成共识，形成某种契约，他认为某些共同体确实是在一些经验的社会契约基础之上进行管理的，在这些共同体中要调和"相互独立、冲突的利益以保证共同利益的实现"❸。社会契约论建立在人类理性的基础之上，认为自然状态无法维持生存，人类基于契约将权利让渡给国家，这在一定程度上遮蔽了国家是阶级统治工具的属性，但他指出公意之所以成为公意，在于使人们结合起来的共同利益以及关于法律、主权权力的界限等论述，对我们当前推进社会主义建设，凝聚人们的思想共识具有一定的借鉴意义。

二、交往理性观

交往理性是德国学者尤尔根·哈贝马斯提出的概念。面对人类社会不断分化、共识不断撕裂的困境，哈贝马斯认为社会生活不以独立的个体为基础，而是以双方理解和互动的交往为起点。同时，他也认识到了当代多元社会的危机，因而开始思索"那些分化了的、自我多元化和解魅化的

---

❶ 卢梭.社会契约论［M］.李平沤，译.北京：商务印书馆，2017：19.

❷ 卢梭.社会契约论［M］.李平沤，译.北京：商务印书馆，2017：29.

❸ WEALE A. Democratic justice and the social contract: An overview ［J］. Critical Review of International Social and Political Philosophy, 2016, 20（2）.

生活世界，在脱离了神灵权威、摆脱了威严建制的交往行动领域中异议风险同时不断增长的情况下，如何可能进行社会整合"❶。交往理性主要具有两个特征。首先，交往理性具有实践性。哈贝马斯认为交往理性来自社会实践，脱离不了现实生活，人们既在社会实践中进行交往，也在交往中塑造了社会生活。"我们应该这样说：没有对理性的社会实践考察，理性只能是一个空洞的概念，而没有对社会现实的理性观照，一种社会理论便会缺少哲学的规范性基础。"❷ 其次，交往理性具有交互性。交往行动是交互性的活动，语言是交流、交往和社会化的媒介，交往理性是话语共识的基础，人们通过交往活动达成话语共识，通过相互交流、理解和协调在多样的社会生活中寻求统一，从而促使人们在认识、价值、道德与法治上形成共识，在公共领域中形成程序性的规范，实现人与人、人与自然的和谐相处。

哈贝马斯的整体思想中交往理性是起点和基础，他以社会生活为背景，主张构建平等的交往理性，通过理性交往、语言交往实现交流和对话，避免工具理性和技术对人的异化，促进主体间的理解和包容，化解思想上的矛盾和冲突，从而形成普遍的共识。但是脱离了生产力这一社会发展的根本推动力，仅靠交往理性构筑社会图景只能是理想化的想法。当前，我国社会矛盾凸显、思想意识多变，加之国内外敌对势力的侵袭，如何在多元的现实生活中凝聚思想共识，消弭不同主体之间的思想差异，哈贝马斯的观点值得思考。

三、重叠共识论

重叠共识论由美国思想家约翰·罗尔斯提出，是罗尔斯政治自由主义思想的核心理念。罗尔斯对共识问题的研究和论述主要体现在《政治自由主义》中，该书的核心观念是"重叠共识"，围绕"重叠共识"主要论述了政治正义观念、"重叠共识"的达成等方面的内容。

首先，他指出所谓的"重叠共识"是指"这种政治的正义观念是为各

---

❶ 哈贝马斯.在事实与规范之间——关于法律和民主法治国的商谈理论［M］.童世骏，译.生活·读书·新知三联书店，2003：32.

❷ 章国锋.哈贝马斯访谈录［J］.外国文学评论，2000（1）.

种理性的然而对立的宗教、哲学和道德学说所支持的，而这些学说自身都拥有众多的拥护者，并且世代相传，生生不息"❶。重叠共识承认宗教、哲学和道德学说的存在，但公平正义是重叠共识的核心，因此，重叠共识力图寻求在理性的基础上产生的共同认识，从而实现正义观念的共识。其次，他认为重叠共识的形成可以分为两个阶段：第一个是宪法共识阶段，人们在日常生活中会接受某些正义原则，并将这些逐渐纳入了制度宪法，之后便出于这些原则的实用性和便利性，又将这些原则融入自身的完备性学说，使学说更加合理，由此达成宪法共识。第二个是重叠共识阶段，罗尔斯认为宪法共识不够全面，知识包含了部分政治问题，不能涵盖在现实生活中可能会发生的政治冲突和分歧，社会各方都希望能在根本的政治问题上进行扩展，由此进入了以正义观念为核心的共识阶段。最后，他强调重叠共识的正义原则及要求与公民的根本利益相符合，才能促使社会的稳定。"社会的统一建立在对该政治观念的共识之基础上；而且只有在达成共识的各种学说得到政治上积极行动的社会公民的确认，而正义要求与公民的根本利益——他们的社会安排培育并鼓励他们追求这些根本利益——又没有太大冲突的时候，稳定才有可能。"❷罗尔斯"重叠共识"论的思想试图通过公共理性解决人们在正义问题上的分歧，减少社会复杂生活的矛盾冲突，形成社会统一的价值和原则，对于凝聚思想共识问题的研究具有一定的启示意义，为促进多元社会达成共识，实现社会稳定团结提供了思路。

---

❶ 约翰·罗尔斯.作为公平的正义——正义新论 [M].姚大志，译.上海：上海三联书店，2002：55.

❷ 约翰·罗尔斯.政治自由主义 [M].万俊人，译.南京：译林出版社，2000：141-142.

第四章　我国凝聚思想共识的现实境遇

长期以来，我国一直十分重视凝聚思想共识，有着丰富的理论资源，并在社会主义建设和发展实践中不断完善，积累了丰硕的经验。一方面，通过凝聚思想共识，明确了社会的发展方向，形成了无穷的发展合力，推进了我国社会主义的建设和改革事业的发展。另一方面，在加快建设社会主义的实践过程中不断解放思想，统一思想认识，凝聚最大共识。对我国凝聚思想共识的把握不能离开对现实境遇的审视，其形成和发展会受到时代背景、社会条件等方面的影响，其现状和问题是我国经济、政治、文化、社会和生态等方面综合作用的产物。因此，必须从我国当前的实际出发，从凝聚思想共识面临的机遇、挑战出发，着重分析在社会领域体现出的问题，从而为研究我国凝聚思想共识的实现路径和策略奠定基础。

第一节　凝聚思想共识面临的机遇

我国凝聚思想共识面临着前所未有的机遇，从国际来看，世界形势总体稳定可控，从国内来看，中国特色社会主义进入新时代，站在新的历史方位，我们开启了新的征程，凝聚思想共识，汇聚思想合力，正当其时。同时，以习近平同志为核心的党中央高度重视，以及中国梦美好愿景的号召，这有利于在全国范围团结全国各族人民，凝聚起最广泛的思想共识。

一、新时代的历史方位

社会主义在我国建立以来经历了革命、建设、改革等不同时期，取得了方方面面的显著发展，这些历史性的成就将社会主义推向了一个新的发展阶段。党的十九大报告指出，"经过长期努力，中国特色社会主义进入了新时代，这是我国发展新的历史方位"❶。这是对改革开放以来取得巨大成就的总结，是基于我国现实发展所作出的重大判断，是我们中华民族所迎来的最好的时代。站在新时代的起点，我们必将继续凝聚全体中华儿女的思想共识，勠力同心，团结奋斗，一起创造新的伟大奇迹。

第一，新时代开启了新征程，为凝聚思想共识提供了新动力。中国特色社会主义新时代是承前启后、继往开来、在新的历史条件下继续夺取中国特色社会主义伟大胜利的时代，中华民族自身发展的标志是经过努力奋斗，久经磨难的中华民族迎来了从站起来、富起来到强起来的伟大飞跃。回顾历史，1840 年以来的中国历史发展证明，只有社会主义而没有别的什么主义能够救中国；改革开放以来的最新实践证明，只有中国特色社会主义能够发展中国。改革开放四十多年来，我们党带领人民坚持走自己的道路，坚持和发展中国特色社会主义，极大激发了中国人民的创造力，极大解放和发展了社会生产力，极大增强了社会活力，我国各项事业发展都取得了显著飞跃，理论成果不断与时俱进，发展理念也在逐步创新，经济实力有了极大的提高，基础条件有了更好的保障，不仅促进了我国社会的全面发展，还提升了人民的生活水平，这些历史性的成就将社会主义推向了一个新的发展阶段，由此开启了新的征程，为推进社会主义事业继续前进奠定了坚实的基础，也为凝聚思想共识提供了新的动力。中国特色社会主义进入新的时代，迈入新的征程，这是中国共产党带领全国人民不懈奋斗的结果，饱含了中国共产党人的使命担当，凝聚了全体人民群众的思想斗志。站在新的起点续写新篇章，完成新任务，我们有了更坚实的底气、更坚定的信心继续推进社会主义现代化建设，也有了更强劲的动力激发干劲，凝聚共识。我们要在新的征程继续夺取社会主义的新的胜利，一定要保持清醒冷静的头脑，做好付出更为艰苦努力的准备，紧紧把握大有可为的发展机遇，继续改善国家面貌，提升综合国力，汇聚开启新征程的磅礴之力，方能开辟中国特色社会主义发展新天地。

第二，新时代社会主要矛盾的变化，为凝聚思想共识指明了着力点。

❶ 习近平.决胜全面建成小康社会　夺取新时代中国特色社会主义伟大胜利——在中国共产党第十九次全国代表大会上的报告［N］.人民日报，2017-10-28（001）.

矛盾无处不在，人类社会正是在矛盾运动中不断向前发展的。其中，社会的主要矛盾集中反映了社会的根源问题，在社会发展的过程中居于主导地位，起着决定性的作用。准确把握社会主要矛盾的变化，是解决社会矛盾、统一思想认识、推进社会发展的关键问题，国家和社会能否顺利发展，方针政策和发展战略是否科学可行，都与是否能够正确认识和概括社会主要矛盾密不可分。对社会矛盾的判断必须本着实事求是的态度，使其符合社会实际状况，党的八大对社会主要矛盾有过论断，当时我国生产力水平较为落后，经济文化水平较低。随着改革开放的推进，我国已不再是当年落后的农业国，生产力水平总体提高，经济实力、科技水平跃升为世界前列，但仍然面临着发展不平衡和不充分的问题，制约着当前的整体发展水平，加之人民群众对美好生活的需要日益广泛，由此形成了当前社会发展的主要矛盾。社会经济等方面的根本性变化要求对社会矛盾作出新的表述，习近平总书记恰逢其时地指出："中国特色社会主义进入新时代，我国社会主要矛盾已经转化为人民日益增长的美好生活需要和不平衡不充分的发展之间的矛盾。"❶这一重大论断科学地反映了影响当前社会发展的实际问题，指明了推动社会全面发展的根本，也对党和国家的工作重点提出了实践要求，为凝聚思想共识指明了着力点。我们要牢牢立足国情，激发人民的力量，集中解决发展不平衡和不充分的问题，更好地满足人民对美好生活的向往。

第三，新时代承载着新的使命，为凝聚思想共识明确了新目标。不同的时代有不同的发展任务和使命，在山河破碎、惨遭侵略的近代社会，民族的独立和人民的解放是中华儿女的历史使命，一代代仁人志士为了救亡图存而流血牺牲，但他们都没完成反帝反封建的历史任务。在我国遭遇"数千年未有之大变局"的背景下，中国共产党高举马克思主义伟大旗帜，扛起了救民族于危难、救人民于水火的历史重任，带领人民浴血奋战，取得了革命胜利，建立了社会主义新中国，中国人民从此把命运牢牢掌握在自己手中，中华民族从此站起来了。此后，在社会主义建设的过程中，中国共产党人团结人民群众，顺应时代潮流，完成了广泛而

---

❶ 习近平 . 决胜全面建成小康社会　夺取新时代中国特色社会主义伟大胜利——在中国共产党第十九次全国代表大会上的报告［N］. 人民日报，2017-10-28（001）.

深刻的变革，开辟了社会主义道路，推进了国家的繁荣发展，促进了中华民族富起来。党的十八大以来，我们党提出了一系列新思想和新举措，迎难而上，不懈奋斗，不断开创社会主义发展的新境界，助推我们开启了全面建设社会主义现代化国家新征程，实现从站起来、富起来到强起来的伟大飞跃。党的十九大提出"两个一百年"奋斗目标，"从十九大到二十大，是'两个一百年'奋斗目标的历史交汇期。我们既要全面建成小康社会、实现第一个百年奋斗目标，又要乘势而上开启全面建设社会主义现代化国家新征程，向第二个百年奋斗目标进军"❶。随着我们实现了第一个百年奋斗目标，在中华大地上全面建成了小康社会，历史性地解决了绝对贫困问题，习近平总书记在党的二十大报告中明确强调，"从现在起，中国共产党的中心任务就是团结带领全国各族人民全面建成社会主义现代化强国、实现第二个百年奋斗目标，以中国式现代化全面推进中华民族伟大复兴"❷。这是新的使命，也是动员令，对中国共产党提出了更高的要求，也体现了当前中国人民的共同追求，我们要拿出一往无前的勇气和实实在在的举措，稳步推进，抓好落实，为完成新的使命凝聚共识，努力奋斗。

第四，新时代彰显着社会主义新的活力，为凝聚思想共识开拓了新视野。马克思主义揭示了人类社会的发展规律，指出了社会主义和共产主义的历史必然性，指导我们走上了社会主义的道路。中国共产党和中国人民选择马克思主义，选择社会主义，是历史的选择，是符合时代要求的选择。列宁说："一切民族都将走向社会主义，这是不可避免的，但是一切民族的走法却不会完全一样……每个民族都会有自己的特点。"❸在进行实践的过程中，我们将马克思主义与我国实际相结合，产生了马克思主义中国化的理论成果，解决了革命、建设和改革的基本问题，通过艰难的探索，成功开辟了中国特色社会主义道路，不断推进中国特色社

❶ 习近平.决胜全面建成小康社会　夺取新时代中国特色社会主义伟大胜利——在中国共产党第十九次全国代表大会上的报告［N］.人民日报，2017-10-28（001）.

❷ 习近平.高举中国特色社会主义伟大旗帜　为全面建设社会主义现代化国家而团结奋斗［N］.人民日报，2022-10-26（001）.

❸ 列宁专题文集·论社会主义［M］.北京：人民出版社，2009：398.

会主义伟大事业，实现了理论与实践的新飞跃，同时，还有力证明了社会主义的发展没有统一的模式，社会主义的建设没有固定的道路。英国共产党指出，"中国在过去40年改革开放取得丰硕成果的同时，已经向世界宣布：马克思主义和社会主义仍然是具有吸引力的行动指南和科学理论。中国通过无数事实证明了一个简单的真理：将马克思主义与本国具体实践相结合，才是发展政治经济、实现文化现代化的最有效的指导思想"❶。

中国特色社会主义进入新时代，中华民族以更加自信的姿态屹立于世界民族之林，这不仅仅是对社会主义的进一步发展和创新，更是向全世界展示了社会主义的强大生命力，为其他想要实现独立发展的国家提供了走向现代化的道路选择。这是不同于并且超越于西方资本主义的制度和道路，在没有对外侵略的情况下实现了经济社会的快速发展，从积贫积弱、经济落后的状态转变为世界第二大经济体，从一个较为贫困的国家成长为日益走近世界舞台中央，并为人类作出更多贡献的负责任的大国。我们应聚焦中华民族伟大复兴这一目标，瞄准正确方向，把稳思想之舵，继续坚持以马克思主义为指导，牢记为人民谋幸福的初心，全面加强党的领导，充分发挥制度优势，调动全国人民的积极性和创造性，夺取新时代社会主义的胜利，让社会主义不断焕发出更加强大的生机活力，为世界社会主义的发展和人类社会的进步作出重大的贡献。

二、党中央的坚强领导

办好中国的事情，关键在党。中国共产党是我们各项事业的领导核心，中国共产党的领导是中国特色社会主义最本质的特征，也是中国特色社会主义制度的最大优势。纵观历史发展，正是有了党的全面领导，我们才能走上社会主义的康庄大道，紧跟时代发展潮流，战胜各种艰难险阻，创造如此举世瞩目的发展成就。当前，以习近平同志为核心的党中央围绕国内外发展形势，强调要不断加强党的领导，提升执政能力和水平，并在统筹经济社会发展、进行治党治国治军的过程中，坚持以党的建设推进社会主

❶ 肯尼·科伊尔，陈文旭.进入新时代的中国，及其世界社会主义意蕴［J］.人民论坛·学术前沿，2019（4）.

义建设，团结和带领全国各族人民推进全面深化改革，推进国家治理现代化，这既为凝聚思想共识提供了组织基础和物质基础，还有利于强化党的领导地位，增强社会主义的吸引力和凝聚力，引导全党全国人民坚定走社会主义道路的信心和决心。

第一，中国共产党坚持自我实践，带领人民统一思想，凝聚力量。中国共产党的领导地位是在长期的斗争实践中形成的，是在自我实践和社会实践的过程中得以确立和巩固的。历经百年峥嵘的中国共产党，从其诞生之日起便把马克思主义烙印在自己的旗帜上，在沧桑巨变中始终坚持以人民的利益为中心，在艰难奋斗中始终坚持以实现共产主义为最高理想。我国社会主义革命、建设和改革在党的领导下得以稳步推进，一切成绩的取得都离不开党中央的坚强领导。在革命时期，中国共产党将马克思主义理论与中国实际相结合，找到了国家独立和民族解放的正确道路。在建设时期，我们党始终沿着社会主义的航向，勇往直前，不断探索，确立了社会主义基本制度。在改革时期，党中央坚定推行改革开放的伟大实践，带领全国人民解放思想，实事求是，破除思想和体制障碍，大力发展社会经济，开辟了中国特色社会主义道路，使中国大踏步赶上时代。在新时代的重要节点，党中央始终保持马克思主义执政党的理论与实践自觉，准确界定历史方位，科学部署方针战略，始终走在时代前列，始终与人民紧密联系，在领导党和国家事业发展、全面深化改革的进程中成为全国各族人民的主心骨，在应对国内改革难题、国外风险挑战的过程中成为坚强有力的领导核心，确保我们党永葆强大的战斗力，确保党始终能够带领人民统一思想，凝聚力量。

第二，中国共产党坚持自我发展，重视思想文化建设，重视凝聚共识。中国共产党领导人民进行革命和建设的历史也是凝聚共识的历史。长期以来，党中央不断推进理论创新，紧抓思想文化建设，深化了对共产党执政规律和社会主义建设规律的认识，在自我发展和社会发展的过程中熔铸了坚实的精神支撑，凝聚了强大的力量。当前，面对新的时代和新的事业，越是大有可为的机遇，越是难度较大的爬坡时期，也越需要全国人民上下一心，攻坚克难。习近平总书记指出："我们正在进行具有许多新的历史特点的伟大斗争，面临的挑战和困难前所未有，必须坚

持巩固壮大主流思想舆论，弘扬主旋律，传播正能量，激发全社会团结奋进的强大力量。"❶

党的十八大以来，以习近平同志为核心的党中央高度重视思想建设和宣传思想文化工作，并在多个场合谈到凝聚共识，特别是多次阐述了统一思想的重要性，强调了凝聚共识的紧迫性。2013 年 8 月 19 日，习近平总书记在全国宣传思想工作会议上发表重要讲话，强调要巩固马克思主义指导地位，巩固全党全国人民团结奋斗的共同思想基础。2013 年 11 月 12 日，习近平总书记在党的十八届三中全会第二次全体会议上发表重要讲话，明确指出："凝聚共识很重要，没有广泛共识，改革就难以顺利推进，也难以取得全面成功。"他还强调："现在，社会结构深刻变动，利益格局深刻调整，思想观念深刻变化，凝聚改革共识难度加大，统筹兼顾各方面利益任务艰巨。这就更需要我们下功夫去凝聚共识。"❷2016 年 4 月 19 日，习近平在网络安全和信息化工作座谈会上的讲话中指出："凝聚共识工作不容易做，大家要共同努力。为了实现我们的目标，网上网下要形成同心圆。什么是同心圆？就是在党的领导下，动员全国各族人民，调动各方面积极性，共同为实现中华民族伟大复兴的中国梦而奋斗。"❸此外，他还在文艺工作座谈会、哲学社会科学工作座谈会、学校思想政治理论课教师座谈会等一系列会议上发表讲话，推动思想文化工作取得了新的成绩，促进习近平新时代中国特色社会主义思想深入人心，主流意识形态的引领能力更加强大，全党全社会思想上的团结统一更加巩固。

第三，中国共产党坚持自我革命，牢记初心使命，有利于凝聚思想共识。中国共产党是我们国家的执政党，在国家各项事业发展中具有实际的领导力、组织力和凝聚力，在国家治理体系的大棋局中起到总揽全局、协调各方的重要作用。中国共产党发展至今已经成为世界第一大执政党，能够历经百年沧桑而始终保持旺盛的战斗力，始终得到中国广大人民群众的

❶ 习近平 . 胸怀大局把握大势着眼大事 努力把宣传思想工作做得更好［N］. 人民日报，2013-08-21（001）.

❷ 中共中央文献研究室 . 习近平关于全面深化改革论述摘编［M］. 北京：中央文献出版社，2014：45.

❸ 习近平 . 习近平谈治国理政：第 2 卷［M］. 北京：外文出版社，2017：335.

信任和拥护，其中一条重要的原因便是中国共产党始终勇于自我革命，坚持全面从严治党。在庆祝中国共产党成立100周年大会上的重要讲话中，习近平总书记指出："勇于自我革命是中国共产党区别于其他政党的显著标志。我们党历经千锤百炼而朝气蓬勃，一个很重要的原因就是我们始终坚持党要管党、全面从严治党。"从性质来看，作为马克思主义执政党，党的性质要求我们党代表最广大人民的利益，要不断通过理论教育改造思想，通过自我革命坚定理想信念，保持党的先进性和纯洁性。从历史看，中外历史经验无数次证明，兴党强党就必须管党治党，坚持自我革命才能巩固执政地位。如果执政党的自身建设跟不上，革命信仰有所动摇，作风问题无法解决，不仅会影响执政党的形象，影响人心的向背，更关系到政党的存亡和国家的稳定。从现实看，中国共产党诞生于艰苦的近代社会，成长和壮大于社会主义社会，一直以来都面临着艰难的环境和艰巨的任务，肩负着为中国人民谋幸福、实现中华民族复兴的使命，这对我们党提出了极高的要求，只有时刻自我检视、自我革命，才能强筋健骨，勇挑重担。

实践发展永无止境、自我革命未有穷期。当前，世界百年未有之大变局加速演进，国内改革发展稳定任务愈发艰巨繁重，前进道路上面临的风险挑战层出不穷，习近平总书记反复强调："越是长期执政，越不能丢掉马克思主义政党的本色，越不能忘记党的初心使命。"在新的历史起点上推进自我革命，必须坚持"打铁必须自身硬"，不断解决党自身存在的突出问题，特别是人民群众反映强烈的腐败问题，以刀刃向内的勇气解决党内顽瘴痼疾，以刮骨疗毒的决心和意志消除一切损害党的先进性和纯洁性的因素，努力建设世界上最强大的政党。只有以永远在路上的清醒和坚定把党的伟大自我革命进行到底，才能使百年大党在自我革命中不断焕发蓬勃生机，始终保持同人民群众的血肉联系，始终赢得人民群众的衷心拥护，始终成为中国人民最可靠、最坚强的主心骨。

三、中国梦的愿景号召

党的十八大以来，习近平总书记围绕着什么是中国梦、怎样实现中国梦等重大问题，提出了一系列富有创见的新思想、新观点。2012年11月29日，习近平总书记在参观《复兴之路》大型展览时提出了中国梦，指出

"实现中华民族伟大复兴，就是中华民族近代以来最伟大的梦想。这个梦想，凝聚了几代中国人的夙愿，体现了中华民族和中国人民的整体利益，是每一个中华儿女的共同期盼"❶。中国梦凝结着千百年来无数仁人志士的奋发图强，寄托着近代以来中国人民的共同期盼和向往，是中华民族团结奋斗的最大公约数，是全体中华儿女的美好愿景。中国梦的提出及其强大的号召力，对凝聚思想共识、整合社会思想来说是巨大的机遇，在中国梦的引领和指引下，必将催生出更加深厚的爱国主义精神和伟大的民族精神，聚合起各族人民大团结的中国力量，激励人们朝着实现中华民族伟大复兴的目标同向同行，奋勇前进。

第一，中国梦能够整合人们的利益关系，协调人们的利益矛盾，促进人们的思想融合。利益是思想的基础，是人们的现实需求。人们在满足了物质利益的需求之后，便会产生精神层面的需求，这两个需求是推动人们努力奋斗、促进社会不断发展的动力，也是容易导致社会矛盾激化、影响社会和谐稳定的重要因素。按照马克思主义的观点，物质决定意识，物质是第一性的。在现实的社会中，由于人们的阶层、职业等差别，在物质利益的分配和追求方面也会有所不同，为了维护自身或者群体的利益，容易造成个体利益之间，以及个体利益与共同利益之间的矛盾。多样的利益关系和利益追求产生了各种各样的思想意识，并且随着利益矛盾的扩大，思想意识也会随之产生分歧，导致思想上的冲突和对立。因此，整合人们的利益关系，满足人民群众的利益诉求，成为协调利益矛盾、争取思想认同的关键环节，也是我国历届党和国家领导人高度重视的工作任务。毛泽东主席明确了"全心全意地为人民服务，一刻也不脱离群众；一切从人民的利益出发"❷，之后的领导人继续坚持执政为民，将人民的利益放在首位，注重协调人民的利益矛盾。习近平总书记强调中国梦"就是要实现国家富强、民族振兴、人民幸福"，他还指出"中国梦归根到底是人民的梦，必须紧紧依靠人民来实现，必须不断为人民造福"，"中国梦是国家的、民族的，也是每一个中国人的"，这些重要论述从根本上体现了中国梦归根到

---

❶ 习近平. 承前启后　继往开来　继续朝着中华民族伟大复兴目标奋勇前进［N］. 人民日报，2012-11-30（001）.

❷ 毛泽东选集：第3卷［M］. 北京：人民出版社，1991：1094-1095.

底是人民的梦，其着眼点和最终目的是实现人民的幸福。中国梦生动形象地表达了全体中国人民的共同理想追求，昭示着国家富强、民族振兴、人民幸福的美好前景，体现了中华民族和中国人民的整体利益，是协调不同利益主体之间关系的根本指南，我们要以中国梦的本质目标为最高追求，以此促进人们的思想融合，实现好和维护好人民群众的根本利益。

第二，中国梦能够整合人们的思想情感，激发和巩固人们的爱国主义精神和民族精神，促进中国精神的弘扬。中国梦有着久远的历史渊源，贯穿了整个近现代史，是从鸦片战争以来一代代中国人的不懈追求。几千年来，中华儿女勤劳勇敢，团结一心，建立了统一的多民族国家，形成了以爱国主义为核心的民族精神；中华民族自强不息，顽强拼搏，创造了辉煌灿烂的中华文明，推动了世界文化的繁荣和世界历史的进步，长期居于世界发展的前列。近代的中国经历了百年屈辱，这场灾难从西方帝国主义侵略开始，但即使在列强入侵和国内战乱的苦难岁月，遭受屈辱的中国人民始终饱含着强烈的家国情怀，为了国家的独立和民族的复兴苦苦求索、孜孜探寻。有侵略就会有抗争，百年的屈辱蕴藏着百年的渴望，从睁眼看世界到戊戌变法，再到辛亥革命，一次次的失败都无法磨灭中国人民实现民族复兴的梦想，在爱国主义精神和民族精神的感召下，中华儿女越挫越勇，终于在中国共产党的领导下，建立了社会主义新中国。可见，中国梦有着坚实的现实基础，充满了深厚的家国情怀。新中国成立七十多年尤其是经过改革开放四十多年的发展，我国经济实力和综合国力大幅增强，国际地位和影响力显著提升。我国所取得的巨大发展成就离不开伟大的团结精神和奋斗精神，而其奋斗的艰难历程也不断激发和巩固人们的爱国主义精神和民族精神。习近平总书记指出："现在，我们比历史上任何时期都更接近中华民族伟大复兴的目标，比历史上任何时期都更有信心、有能力实现这个目标。"❶中国梦以中华民族伟大复兴为目标，必将照亮新时代的前行之路，彰显凝心聚力的兴国之魂，将大家的爱国报国情怀和伟大梦想精神聚合在一起，将更加自尊自强自信的中国人民团结在一起，为开创新的胜利而努力奋斗！

---

❶ 习近平.承前启后　继往开来　继续朝着中华民族伟大复兴目标奋勇前进［N］.人民日报，2012-11-30（001）.

第三，中国梦能够整合人们的奋斗目标，画出民心民愿的最大同心圆，促进中国力量的凝聚。历史唯物主义认为人民是历史的创造者，是社会发展和进步的推动力量。无论面对什么样的艰难险阻，只要有人民群众的广泛支持，就没有跨越不了的难关。历史也有力地证明，越是面对复杂的难题和挑战，越需要有共同目标的指引，因此，争取人民对奋斗目标的广泛认同，带领人民群众参与到实现共同目标的行动中，不仅是对执政党群众路线的检验，更是凝心聚力、攻坚克难的必要前提。面对复杂的国内外形势和繁重的改革发展难题，面对多元的利益主体和多变的思想意识，要引导人们的价值追求，确立共同的奋斗目标，就必须在全社会取最大公约数，找准人们的共同愿望，在尊重差异中形成思想共识，在减少分化中汇聚实现民族复兴的能量。正是在这样的背景下，以习近平同志为核心的党中央提出了中国梦的伟大愿景。中国梦是一幅多维度的蓝图，不仅是对民族复兴的期盼，更是对个人梦想的关照，它将把国家、民族、个人紧紧联系在一起，把国家的发展目标和个人的目标统一起来，不仅要把民族复兴从夙愿变为现实，更要让每个中国人都拥有追梦筑梦的权利。正如习近平总书记所说，"中国梦是民族的梦，也是每个中国人的梦。只要我们紧密团结，万众一心，为实现共同梦想而奋斗，实现梦想的力量就无比强大，我们每个人为实现自己梦想的努力就拥有广阔的空间" ❶。中国梦的本质特征是鲜明的人民性，个人梦是国家梦的重要基础，中国梦的实现必须紧紧依靠人民，最终也是为了造福人民。中国梦是激励中华儿女不忘初心、继续前进的一面时代旗帜，也是具有强大号召力和感召力的共同理想，增强了人们对中国特色社会主义的信心，也集合了新时代党和国家事业发展的无穷力量，我们要把全党全国各族人民凝聚在中国梦的旗帜下，共同奋斗，共同圆梦。

四、多极化的发展趋势

中国的发展离不开世界，世界的发展也需要中国，世界环境和世界形势对我国的稳定和发展有着重要的影响。近年来，尽管保守主义和单边

---

❶ 习近平.在第十二届全国人民代表大会第一次会议上的讲话 [N].人民日报，2013-03-18（001）.

主义势力有所抬头，不公正不合理的国际政治经济旧秩序依旧有着消极影响，但霸权主义不得人心，塑造国际新秩序的呼声和需求也越来越高，世界仍在朝着多极化的方向发展，维护世界和平的力量在不断增强。从整体来看，当前的国际形势保持着总体和平缓和稳定的态势，和平与发展仍然是时代的主题，这为我国凝聚强大的思想共识，推进新时代社会主义建设，实现中华民族伟大复兴提供了机遇。

一方面，国际局势的总体稳定，使得在和平稳定中谋求发展成为首要大事，各个国家都在加快发展经济，拓展贸易市场，参与国际经济合作，为我国经济社会的发展提供了良好的国际环境。同时，世界范围内迅猛发展的科技革命，也为我国构建现代化经济体系，促进经济高质量增长带来了新动能。国家统计局数据显示，2018 年中国对世界经济增长的贡献率为27.5%，比 1978 年提高了 24.4 个百分点。这是长期改革开放以来，我国经济持续保持中高速增长的结果，也是在全国人民的共同努力下，我国经济实力的重要体现。党的十八大以来，面对经济发展新常态，党中央提出了新发展理念，着力推动我国经济发展方式向质量效益型转变，促进我国经济实现高质量发展。在世界经济保持缓慢增速的背景下，我国经济保持中高速增长，已经成为世界经济增长的重要推动力量，既为本国的社会建设和民生改善提供了坚实的经济基础，也为领跑世界经济、推动世界经济发展作出了重要的贡献。我国在世界的影响力和话语权不断增加，有利于巩固党的执政地位，促进广大人民群众坚定中国特色社会主义道路自信，增强早日实现中华民族伟大复兴的信念。

另一方面，国际局势的总体稳定，促使世界各国交往更加频繁，联系更加紧密，整个世界呈现为彼此开放、走向融合的大趋势，有利于我国对内推进党和国家各项事业的发展，对外全面推进中国特色大国外交。过去的百年间人类经历了两次世界大战，给世界各国和世界人民造成了前所未有的破坏，可见，没有和平稳定的国际环境，就没有各个国家的普遍发展。当前，国际形势的总体稳定和总体和平有利于我国社会主义现代化建设的顺利推进，有利于中国共产党团结带领本国人民不断推进理论创新，抓好主流意识形态建设，牢固坚守社会主义的阵地，为实现中国梦提供强大的思想动力；同时，也有利于我国进一步展现负责任大国的担当和作为，为世界共同问题的解决和人类社会的共同发展贡献中国智慧。

近年来，世界多极化的发展趋势有增无减，国际格局加速调整，力量对比日趋平衡，以中国为代表的新兴市场实力不断增强，努力推动着国际秩序和全球治理体系的变革。随着综合国力和对世界贡献力的显著提升，我国正大步走向世界舞台中央，但崇尚和平是中华民族的固有基因，我们始终坚持走和平发展道路，坚持和平、发展、合作、共赢的理念，始终做世界和平的建设者、全球发展的贡献者、国际秩序的维护者。2013 年，习近平总书记发出了共建"一带一路"倡议，推动了一大批项目落地生根，为世界各国的交往和发展，为世界人民的民心相通搭建了平台。我们还发起创办亚洲基础设施投资银行，举办国际进口博览会，积极推动构建人类命运共同体，为解决全球问题、增进人类福祉提供了中国方案，展现了中国共产党人一直保有的世界情怀。我们要全力维护好我国发展的重要战略机遇期，继续争取和平稳定的国际环境，加强睦邻友好的周边环境，同国际社会一道，在更高层面上凝聚思想共识，携手合作共赢，在共创世界美好未来的过程中实现民族复兴的中国梦！

第二节　凝聚思想共识面临的挑战

我国凝聚思想共识面临着机遇，也面临着巨大的挑战。经济全球化的深入发展、网络信息化的不断加快及社会转型的快速推进，对我国社会的发展和进步起到了积极的促进作用，但也造成了社会结构的分化多元，加速了利益关系的复杂多样，形成了思想观念的差异多变，加之西方社会思潮的不断侵袭和渗透，意识形态领域的斗争日趋激烈，给我国凝聚思想共识带来了一系列问题。

一、经济全球化带来的挑战

经济全球化是当今世界的基本特征，也是世界发展的重要趋势。经济全球化有广义和狭义之分，其概念定义也有不同角度的阐释，但可以肯定的是，经济全球化是生产力发展和科技革命推动的结果，它打破了国家和地域的界限，加速了资本和商品等要素在全世界的流通，使整个世界相互联系、相互交往，通过生产的国际化、贸易的自由化、科技的全球化将所有国家融合为有机的整体，实现全球范围的统一体。"我们目击的一切重大事件的共同特点是全球性，把我们目击的重大事件与过去的、有史以来的一切重大事件区别开来的也正是全球性。"❶ 无论何种社会制度的国家都是全球大家庭的一员，都在经济全球化中扮演着一定的角色，同时，也不可避免地受到经济全球化的影响。对于我国凝聚思想共识而言，经济全球化蕴含的市场观念、开放思想及全球意识，丰富了人们的思想意识，拓展了人们的思维视野，但全球化的日益加深也在一定程度上使一些人动摇了实现共产主义的信念，导致了西方社会思潮的侵袭，增加了"颜色革命"对我国渗透和传染的可能性。

第一，发达国家主导的全球化侵蚀着共产主义的信念。西方发达国家是目前全球治理体系和经济全球化的制定者和推动者，少数资本主义大国占有主导地位，拥有更多的话语权，因而在规则和制度的安排上总会倾向于维护本国自身的经济利益。一方面，发达国家利用经济和技术优势，在全球进行资本扩张和贸易输出，抢夺资源和能源，让垄断资本在全球得到配置并获得超额利润，促进本国的经济发展，增强自身实力和国际影响力，凸显资本主义的经济能力。另一方面，发达资本主义国家利用在国际秩序中的有利地位，不断抬高进入全球经济秩序的门槛，给广大发展中国家制造难题，拉大经济实力的差距。发展中国家尽管在经济全球化中得到了一定的发展，获得了所需的资金、技术等，但发达国家才是经济全球化的最大受益者。发达国家并不会转让他们的核心技术，而是一味地进行西方民主输出，并且将传统产业转移至发展中国家，导致许多发展中国家的生态环境不断恶化。国际秩序中不公平的现象比比皆是，发展中国家想要得到更加公平的发展机会，实现人民生活水平及国际地位的提升，仍是障碍重重。无论是现有的国际金融机构、货币基金组织，还是国际分工体系，发达国家拥有更多的投票权，致使国际机构为了维护资本主义利益而迫使发

---

❶ 斯塔夫里阿诺斯.全球通史：1500年以前的世界[M].吴象婴，梁赤民，译.上海：上海社会科学院出版社，1995：51.

展中国家作出让步，由此压缩了发展中国家的发展空间。从全球范围来看，西方资本主义国家数量众多，并且在经济和科技方面处于优势地位，而社会主义国家则处于相对不利的位置，经济水平和科技水平均较为落后，在苏联解体和东欧剧变之后，世界社会主义运动就陷入了低潮的状态，因此，西方国家趁机大肆宣扬"资本主义胜利论""社会主义终结论"，致使部分人对共产主义产生怀疑，使一些人动摇了对社会主义和共产主义的信念。

第二，经济全球化加剧了西方社会思潮的侵袭。随着经济全球化的迅速推进，在经济活动不断打破地域限制，国家之间的利益不断交汇的同时，西方多样的社会思潮也趁机加紧了对我国的渗透和侵袭，影响着人们的思想意识和价值观念，妄图冲击马克思主义指导思想的地位，弱化社会主义主流意识形态的引领力。一方面，西方国家妄图利用经济全球化进行意识形态的演变，将社会主义国家纳入资本主义的发展轨道，增强国际垄断资本的影响力。他们通过市场经济和贸易交往进行意识形态渗透，依托国外的商品以更加隐蔽的方式宣传西方资本主义价值观。另一方面，发达资本主义国家在全球化的浪潮中，打着文化交流的旗号，凭借其强大的经济实力和文化传播力，加紧宣传和渗透西方价值观。在影视作品、品牌服饰、学术研究等多个方面，表面上是经济往来和文化交流活动，实质上是资本主义意识形态的输出。

当前，对我国影响较大的西方社会思潮主要有新自由主义、历史虚无主义等。新自由主义鼓吹自由化和市场化，宣扬自由平等，其目的是攻击马克思主义，反对社会主义。历史虚无主义更是带有强烈的政治意图，经常以学术研究的名义，打着要重审和反思历史的幌子，实际上却在编造历史，歪曲真相，诬蔑历史英雄，诋毁国家领导人，丑化和否定我们革命、建设历程及取得的成就，从根上否定中国共产党的领导，否定马克思主义的指导思想。这些不良思潮迷惑作用很强，危害程度很深，往往披着华丽的外衣，通过多种多样的传播渠道对我国进行渗透，极力兜售资本主义的自由民主思想，美化资本主义制度的生产和生活方式，对于认识能力不足、辨别能力不强的人民群众，尤其是广大青少年来说，极易被欺骗、被侵蚀，从而造成消极的影响，给凝聚思想共识、维护意识形态安全带来了极大的挑战和困难。

第三，全球化时代增加了"颜色革命"对我国渗透和传染的可能性。在全球化时代，政治民主化也逐渐形成了浪潮并席卷全球，伴随经济全球化而来的还有西方愈演愈烈的"民主"输出和"颜色革命"的现实危险。西方媒体和学者们纷纷宣称"颜色革命"是积极推进民主人权、反对专制政权的革命，可无论西方国家如何鼓吹，"颜色革命"都是西方干涉他国内政、颠覆政权的工具。西方国家尤其是美国，依托强大的综合国力和网络传媒，往往以资金和技术为筹码要挟目标国家接受美国所谓的"民主"和"自由"。在"颜色革命"背后裹挟的都是美国的战略图谋和西方国家的包藏祸心，表面上看起来和平民主，实际上充满了欺骗性和残酷性，不仅不能带来新的社会变革和政治民主，反而会给社会带来灾难；不仅不是解决和改善国内问题的良药，相反，只会给国家和人民带来难以想象的灾难。放眼全球，多年来所有发生"颜色革命"的国家和地区几乎无一例外地背离了真正的革命，不仅没有实现社会的进步和人的解放，反而吞食了难以想象的苦果，依靠美国所谓的"民主"来解决本国深层次的问题已经被反复证明是荒谬绝伦的。我们必须认清"颜色革命"的真面目，提高警惕，防止渗透，坚决抵制和防范祸乱国家和人民的"颜色革命"，坚持马克思主义指导思想不动摇，坚定社会主义意识形态不动摇。

二、网络信息化带来的挑战

随着现代社会的进步和信息技术的推进，互联网在我国迅猛发展，网民数量飞速增长，从通信网到物流网，再到如今的物联网、智联网，网络已渗透到人类社会的方方面面，整个世界越来越网络化。网络以其开放性、互动性迅速渗透进了人们的学习、工作和生活之中，改变了人们的交往方式和生活方式，丰富的信息内容和海量的信息资源可以通过网络进行传输、浏览，人们还可以通过虚拟的网络进行交流、沟通。同时，信息获取渠道的多样化和传播渠道的网络化也改变了人们的思维方式，在潜移默化中影响着人们的思想意识和精神世界。但由于网络环境的虚拟性和网络传播的随意性，纷繁复杂的网络信息难辨真假，各种思想观点和价值观念互相交锋，这对我国凝聚社会主义意识形态的思想共识无疑带来了极大的难度。美国学者埃瑟·戴森曾说："数字化世界是一片崭新的疆土，可以

释放出难以形容的生产能量，但它也可能成为恐怖主义者和江湖巨骗的工具，或是弥天大谎和恶意中伤的大本营。"❶

第一，网络信息化削弱了社会主义意识形态的引领力。互联网的普及和信息化的推进既促进了信息资源共享、宣传渠道多样，同时也加大了意识形态的管控难度，在一定程度上稀释了主流意识形态的影响力，冲击了主流意识形态的权威性。具体来看，一方面，网络信息环境逐渐开放，传播媒介逐渐增多，信息资讯爆炸式地产生和扩张，主流意识形态和非主流意识形态充斥整个网络空间，导致网络信息内容呈现出纷繁复杂、良莠不齐的状况。这些海量的信息碎片庞大且杂乱，无法考究内容的全面性，无法反映完整的事实、观点、思想，很多不当言论经过传播和发酵，成为混淆事实、影响恶劣的谣言，造成人们的思想混乱和价值观错位，削弱了主流媒体的影响力，降低了人们对马克思主义的认同度，削弱了社会主义意识形态的引领力。另一方面，在虚拟的网络空间和网络平台，每个人都能自由发布言论，促使众多网民成为信息表达和信息传播的重要参与者。但网络信息一味追求生活化和个性化，无视意识形态的政治性和严肃性，在权威性和理性上有较大的欠缺，这些娱乐化的表达方式为非主流意识形态的传播提供了可乘之机，消解了主流意识形态的吸引力和凝聚力。

第二，网络信息化助长了西方意识形态霸权。西方国家利用媒体技术的优势，不断扩大西方意识形态的霸权地位，加快了对我国意识形态的侵袭，尤其是以美国为代表的西方国家，企图利用西方的价值观影响和动摇社会主义国家人民的信念，从而逐渐侵蚀社会主义意识形态，影响我国思想共识的凝聚。表面上看，中西方在网络信息领域进行信息技术的激烈竞争，实则是意识形态话语权的争夺，是国家之间意识形态安全的较量。西方国家不断通过网络媒介进行信息传播和意识形态输出，大肆兜售自由主义、个人主义等价值观，强势宣传新自由主义、历史虚无主义等社会思潮，甚至想打着揭露历史的幌子，用调侃和戏谑的话语方式，歪曲我党历史，污蔑民族英雄，动摇马克思主义的指导地位。多样多变的价值观点和

---

❶ 埃瑟·戴森. 2.0 版：数字化时代的生活设计 [M].胡泳，范海燕，译.海口：海南出版社，1998：17.

错综复杂的网络信息给人们的思想造成了混乱，尤其对分辨能力不强、理论水平不够的青年学生造成了困扰，挤压了我国主流意识形态的话语空间。这对凝聚思想共识是巨大的考验。

第三，网络信息化改变了我国思想共识的构建方式。在我国传统社会，统治阶级的思想是占统治地位的思想，为了维护政治和思想上的统治，要对人民进行教育和管理，使统治阶级的意志变为全体人民的思想共识。当时由于人们的思想认识水平较低，获取信息的渠道较为单一，国家和政府具有权威性和主导性，人民是被动接受信息的对象，因而凝聚思想共识较为容易。在网络技术迅猛发展的时代，话语主体和传播主体已经不局限于政府，从一元发展到了多元，人人都可以在网络平台发声，都可以成为信息的生产者和传播者，权威主导的思想共识构建方式已经不能适应时代发展。一方面，时代的大发展和大变革带来了利益的重新分化组合，由此产生了不同的利益群体，这些群体需要并且逐渐产生该群体的代言人，导致了网络空间信息主体的多元化。"私人利益本身已经是社会所决定的利益，而且只有在社会所设定的条件下并使用社会所提供的手段，才能达到。"❶他们通过各种媒体渠道宣传代表自身需求和期待的思想观念，传播符合群体利益和特点的思想主张，容易造成各种思想意识层出不穷、相互碰撞，有些思想和信息有别于官方媒体和主流媒体的宣传报道，有的与主流意识形态不相符合，甚至相对立。这些不良信息会给人们的思想发展带来消极作用，影响思想共识的构建。另一方面，网络媒体的传播平台众多、准入门槛较低，加之其开放性和虚拟性，已经成为人们日常学习、工作和生活的一种方式，并且日益拓展为人们阐发思想、分享信息的重要平台，提升了民众通过网络交流观点、表达民意的参与度，但也随之带来了一定的消极影响。网络媒体上多元的话语主体产生多种的话语信息，加之部分媒体和网络"大V"政治站位不高，只追求热点效应和经济利益，容易发表和扩散不实言论、虚假消息、负面价值，给人们的思想造成混乱。可见，网络信息化带来了多元的话语主体和众多的传播平台，改变了我国思想共识的构建方式。

---

❶ 马克思恩格斯文集：第 8 卷［M］.北京：人民出版社，2009：50.

三、社会现代化带来的挑战

现代化是不可阻挡的发展趋势，现代化转型的过程是从传统农业社会走向现代工业社会，又继续向前推进的过程，这涉及了一个国家和社会的方方面面，不仅仅是经济的快速发展和科学技术的进步，还包括了对社会结构和社会关系的变革。马克思说过："我们判断一个人不能以他对自己的看法为根据，同样，我们判断这样一个变革时代也不能以它的意识为根据；相反，这个意识必须从物质生活的矛盾中，从社会生产力和生产关系之间的现存冲突中去解释。"❶ 从社会发展的角度看，生产力和生产关系的矛盾推动着人类社会的发展，从农业文明到工业文明，再到生态文明，这是不断解决两者之间冲突的结果，同时，在原来的基础上又会产生新的冲突和新的问题，如此循环往复，实现人类社会新的进步。随着我国生产力的发展和现代化进程的推进，社会转型是必然的过程，既不断改变着社会的面貌和人们的生活，也导致了社会阶层的分化、利益矛盾的复杂交织及公共意识的缺失。客观认识和分析现代社会转型带来的严峻挑战，是当前凝聚思想共识无法回避的现实问题。

第一，社会阶层的分化弱化了社会成员的凝聚力。改革开放以来，随着社会经济的急剧变迁和改革开放的不断深化，经济结构也发生了深刻的变化，我们确立了以公有制为主体的多种所有制，并在此基础上充分发挥市场在资源配置中的决定性作用，市场经济提供了越来越多的岗位，社会涌现了越来越多的职业，我国原有的社会阶层结构发生了重大的分化和重组，新的社会阶层正在形成。社会阶层的分化必然导致思想意识的多样，在一定程度上削弱了社会整合的力量，弱化了社会成员的凝聚力。

第二，利益的分歧对立加大了凝聚思想共识的难度。纵观人类历史，人们总是在为他们的利益而奋斗，其思想和行动总会受到利益的驱使和支配。"在社会历史领域内进行活动的，是具有意识的、经过思虑或凭激情行动的、追求某种目的的人；任何事情的发生都不是没有自觉的意图，没

---

❶ 马克思恩格斯选集：第 2 卷［M］.北京：人民出版社，2012：3.

有预期的目的的。"❶ 思想共识问题本质是利益问题，或者是利益的表现，或者与利益关系高度相关。在现代化转型的过程中，利益的冲突是核心矛盾，一旦利益之间的分歧和对立超出了社会的承受能力，那么就会破坏社会的稳定和发展，甚至会造成国家的动荡和分裂。从西方国家的实践来看，西方发达国家已经经历并实现了现代化转型，但是他们走的现代化道路不尽相同，英国通过渐进的改革，法国通过暴力革命，并且西方的现代化导致了严重的社会问题，尤其是贫富分化和阶级对立，阶级利益矛盾十分尖锐。可见，不存在标准的现代化模式，西方的现代化弊端明显。我国属于后发现代国家，如何充分借鉴西方国家的经验教训，避免走发达国家的老路，值得我们认真思考。

从我国的实际来看，发展市场经济和实行改革开放极大地促进了我国经济社会的发展，鼓励资本和技术等生产要素参与分配调动了人们的生产积极性，整合了资源和力量推动经济建设。但经济社会发展不等于经济社会的全面发展，也不代表人民群众可以普遍得利，平等受益。长期以来，我国经济发展不平衡，产生了高收入群体、中等收入群体和低收入群体，西部地区和东部地区的发展差距明显，农村发展也落后于城市。市场经济解决效率问题的同时，也造成了贫富分化；先富带动后富促进生产力发展的同时，也造成了收入分配差距过大；按生产要素分配刺激人们发展经济的同时，也承认和鼓励了人们可以凭借生产要素和资源占有去取得更多的利益。可以说，中国正处在现代化转型的关键时期，社会领域的利益纠葛不可避免，社会问题日益凸显，各种矛盾明显增多，加大了凝聚思想共识的难度。

第三，个体意识的强化导致了部分群体成员公共意识的缺失。观念的演进和意识的发展，源自奔流的实践。现代社会转型不仅是经济发展模式的转型，也是社会意识的转型，不仅是告别计划经济、走向社会主义市场经济的社会进程，也是个体利益多元多样、个体意识得到空前增强的发展过程。我国社会主义市场经济的建立和推进，一方面，催生了众多的经济活动主体，并且让个人利益被社会所承认、被法律所保护，这极大增强了

---

❶ 马克思恩格斯选集：第 4 卷［M］. 北京：人民出版社，2012：253.

人们的改革创新意识和权利义务观念，激发了人们积极参与经济活动的热情。"任何人如果不同时为了自己的某种需要和为了这种需要的器官而做事，他就什么也不能做。"❶正是因为对个体利益的尊重，正是能够满足个体的需要，中国的改革和发展才赢得了亿万人发自内心的推动。另一方面，我们也必须看到，以分工和多元利益主体为前提的市场经济强调了个体诉求，强化了个体意识，致使个人主义、利己主义在社会价值谱系中迅速传播，甚至还出现了极端的个人主义、狭隘的功利主义。一些社会成员信奉拜金主义，坚持个人利益至上，一些社会成员的世界观、人生观和价值观严重扭曲，还有一些变成了"精致的利己主义者"，这些都严重冲击了公共精神，导致了公共意识的缺失。

公共意识是指在社会共同体中生活的成员认可公共价值，尊重公共准则，遵守公共规范，是人们关心公共事务、建构公共秩序的深层意识。公共意识超越了个体意识，体现了社会成员对社会公共整体的认识和行为的自觉性，是一个国家和社会精神面貌的体现，也是凝聚社会成员思想共识的重要前提。在中国社会从传统向现代转型的过程中，公共空间开始出现并不断拓展，公共意识也变得尤为重要。对个体而言，一个健康积极的个体需要有个体意识，更要有公共意识，在追求个体利益的同时，还应该承担起应有的社会责任，致力于国家和社会的发展。对社会而言，一个和谐有序的社会需要个体意识的觉醒，更需要共识意识的提升。个体意识泛滥的社会不仅难以培育良好的社会心态，也不利于实现社会利益和个体利益的统一，不利于凝聚社会成员的思想共识。我们可以反观某些欧洲国家，对个体自由的极致推崇只能导致公共事务的决策不当和行政低效，个体福利的过度满足，如"从摇篮到坟墓"的制度，已经掉入高成本、高税收的陷阱，社会危机由此而生。由此可见，放任个体意识的无限度扩张，就势必压缩公共意识的有效性。我们要在现代化转型的过程中引导人们正确认识个人与社会的关系，加强社会主义核心价值观的宣传，加强爱国主义和集体主义教育，实现个人意识和公共意识的统一，促进思想共识的凝聚。

---

❶ 马克思恩格斯全集：第3卷［M］.北京：人民出版社，1960：286.

第三节　凝聚思想共识的现状分析

在社会存在领域，"一切历史冲突都根源于生产力和交往形式之间的矛盾"❶，这对矛盾是社会历史发展的动力，旧的矛盾解决了，新的矛盾和问题又会出现，因而人类社会是不断向前发展的过程，人类思想认识的发展也永无止境。冲突与共识相伴而生，人类正是在解决历史冲突、促进生产发展的过程中推动了社会的变革和进步，也促进了思想认识的深化和思想共识的形成。由于冲突和矛盾的普遍性，加之社会实践与人类活动的复杂性，思想共识的内容及形式在不同的时期总会呈现出不同的特征，凝聚思想共识作为一种复杂的实践活动也会体现为持续的动态过程，不会一成不变，也不能一蹴而就。因此，对凝聚思想共识现状的把握必须立足实际，坚持用马克思主义的立场和观点进行分析，对于出现的问题，既不能夸大，也不能轻视。需要明确的是，判断凝聚思想共识的现状不是看思想认识是否完全一致，也不是看有没有不同声音，而是看社会成员在多样价值观和思想观念的基础上，是否能够有效达成社会合意，是否能够认同社会主流意识形态，要看我们的国家和社会是否能够有强大的向心力和凝聚力，带领人民群众团结奋斗，万众一心，为实现中华民族伟大复兴不懈努力。

在党中央的高度重视和坚强领导下，在我国社会主义现代化建设取得辉煌成就的背景下，当前，我国凝聚思想共识成效显著，社会整体思想状况总体上保持积极向好态势，马克思主义在思想领域的指导地位不断强化，全党全国人民共同奋斗的思想基础较为巩固，整个国家和社会的凝聚力和稳定力稳步提升。但凝聚思想共识绝非易事，形势仍然复杂严峻，社会上各种思想多样多变，网络上各种角色竞相发声，媒体上各种言论多样陈杂，凝聚思想共识存在着诸多问题和难点，我们在凝聚思想共识上还有很多工作要做。掌握凝聚思想共识在社会领域的现实状况，思考凝聚思想共识的实现对策是当务之急。从具体内容或客体上进行解读，思想共识可

---

❶ 马克思恩格斯选集：第 1 卷［M］．北京：人民出版社，2012：196.

以分为经济共识、政治共识、文化共识、社会共识和生态共识，凝聚思想共识在经济、政治、文化、社会、生态等领域分别存在着不同的情况和问题，因而，必须从现实出发进行具体分析。

一、经济发展的不平衡不充分影响了经济共识的凝聚

经济共识是指社会成员对我国基本经济制度、经济体制、经济政策等方面形成的共同认识，致力于实现共同的经济利益和经济发展目标。恩格斯曾指出："一切社会变迁和政治变革的终极原因，不应当到人们的头脑中，到人们对永恒的真理和正义的日益增进的认识中去寻找，而应当到生产方式和交换方式的变更中去寻找；不应当到有关时代的哲学中去寻找，而应当到有关时代的经济中去寻找。"❶利益的实现和思想的发展取决于经济发展状况，同时，对于经济问题的认识、对于经济制度和体制的认同也依赖于经济发展是否能够满足人民的需要，因此，从经济方面进行考察是了解社会发展、掌握经济共识现状的前提。总体来看，中国经济发展态势长期向好，持续成为全球经济最大的增长来源，人们对我国的经济发展有着较强的信心，对社会主义市场经济有着相当高的共识度。推动我国经济实现高质量发展，满足人民日益增长的美好生活需要，已成为全党全国全社会的共识。但是近年来，我国经济发展的传统优势逐步减弱，长期积累的结构性矛盾不断显现，集中凸显的问题就是经济发展的不平衡不充分，对经济共识的凝聚产生了一定的负面影响。

在我国这样一个人口规模巨大的国家发展经济，是一项艰巨的任务。党和国家重视经济发展，坚持以经济建设为中心，尤其是在改革开放之后，确立了社会主义市场经济体制，推动了社会经济的快速发展，提升了人们的经济水平，给国家的面貌和人民的生活带来了翻天覆地的变化，在全社会逐渐确立了发展市场经济的共识。市场经济的共识有正反两方面的作用：一方面，市场经济对社会起到了积极的促进作用，在市场经济共识的引导下，调动了人们发展生产的积极性，促使生产力水平显著提高，"落后的社会生产"已根本改变，我国已成为世界第二大经济体，社会多数成员从中获得利益。另一方面，对于效率和市场的推崇使得部分人过度

---

❶ 马克思恩格斯选集：第3卷［M］.北京：人民出版社，2012：798.

追求经济利益，滋生了拜金主义、享乐主义的思想观念，与此相伴的还产生了唯利是图、道德滑坡等不良现象。

长期以来，我国社会的主要矛盾体现为人民日益增长的物质文化需要同落后的社会生产之间的矛盾，随着社会主义进入新时代，主要矛盾已经转化为人民日益增长的美好生活需要和不平衡不充分的发展之间的矛盾。发展不平衡不充分问题已经成为满足人民日益增长的美好生活需要的主要制约因素。从经济的发展维度来看，我国经济发展不平衡主要体现在城乡发展不平衡、结构发展不平衡、区域发展不平衡，而经济发展不充分主要体现在创新不充分、改革不充分、开放不充分，着力解决这两个问题，是解决当前我国社会主要矛盾、凝聚经济共识的关键所在。从人民的需求维度来看，我国人民生活质量显著提高，居民消费水平明显提升，人民群众的生活实现了从温饱不足到总体小康再到全面小康的历史性跨越，城乡居民生活发生了翻天覆地的变化，但也要看到，人民的生活品质还不高，人民群众在教育、就业、医疗、住房、养老等方面仍面临不少难题。人民美好生活的需要也日益广泛，经济生活条件的改善促使人民对物质文化生活提出了更高要求，而且对民主、法治、公平、正义、安全、环境等多方面、多样化、多层次的需求日益增长。人民日益增长的美好生活需要是一个多层面的结构体系，从人们现实生活的层面进行分析，这种需要重点体现为人们对更好的教育、住房、就业、医疗、社会保障的需求；从社会全面发展的层面进行分析，则体现为人们对经济、政治、文化、社会、生态文明全面发展的要求。弗朗西斯·福山认为："现代经济，无论有多高的效率和多丰富的创造力，也只是在满足每一个需要的同时创造了一个新的需要。人之所以不幸福，不是因为他们无法满足某些既定的欲望，而是由于新的需要及其满足之间的差距在不断地拉大。"❶

二、民主政治建设的薄弱环节影响了政治共识的凝聚

政治共识的建构和凝聚依赖于民主政治的发展和政治制度的保障。不同的政治制度和政治体制会形成不同的政治意识，对政治共识的凝聚产生

---

❶ 弗朗西斯·福山.历史的终结及最后之人［M］.黄胜强，等译.北京：中国社会科学出版社，2003：94—95.

直接影响。纵观人类社会的发展史，对于一个国家和民族的发展来说，政治问题始终是根本性的大问题，正如恩格斯所指出的："政治统治到处都是以执行某种社会职能为基础，而且政治统治只有在它执行了它的这种社会职能时才能持续下去。"❶政治共识是维系整个国家政治稳定、社会和谐安定的基础，政治统治的过程中需要执行并且确保政治共识的凝聚，只有增强政治意识，凝聚政治共识，才能统一思想、推动发展，才能提高向心力凝聚力，让人民感受到社会主义制度的优越性，从而坚定中国特色社会主义道路自信。

政治共识是指社会成员在政治制度、政治价值观念方面所形成的一致认识，以及对政治规则的遵守和认可，是对公共的政治意识和政治价值的表现。政治共识可以分为程序性共识和实质性共识，程序性共识主要侧重国家在政治制度及政策战略上的程序安排，而实质性共识是指对政治和政策实现目标上的高度认同。我国政治共识形成的过程就是进行政治统治、统一思想的过程，其凝聚的程度取决于我国民主政治的建设情况。首先，在程序性共识上，我国人民具有正确的政治思想、坚定的政治立场，对我国的基本政治制度存在着较高的共识度。我国是人民民主专政的社会主义国家，自新中国成立以来就不断坚持和完善社会主义的基本政治制度，确立并发展了人民代表大会制度、中国共产党领导的多党合作和政治协商制度、民族区域自治制度、基层群众自治制度等政治制度。在这样的制度安排下，既有效发挥了人民当家作主的本质要求，又保证了全国各族人民团结稳定，共同繁荣，促使了整个国家长期的和谐有序、发展进步。习近平总书记指出："在中国社会主义制度下，有事好商量，众人的事情由众人商量，找到全社会意愿和要求的最大公约数，是人民民主的真谛。"❷事实充分证明，中国社会主义民主政治具有强大的生命力，民主集中制的原则可以形成治国理政的强大合力，中国特色社会主义政治制度具有鲜明特色和明显优势，符合我国实际国情，是凝聚当代中国政治共识的基础。其次，在实质性共识上，我国人民已经形成了强烈的家国情怀和政治国家共同体

---

❶ 马克思恩格斯选集：第3卷［M］.北京：人民出版社，2012：560.

❷ 推进人民政协理论创新制度创新工作创新　推进社会主义协商民主广泛多层制度化发展［N］.人民日报，2014-09-22（001）.

共识，对基本政治理念、政治战略和政治目标有着较为全面的认识和认可，基本实现了国家认同、政党认同、与公民意识之间高度统一。中国共产党自成立以来之所以能够从小到大、从弱到强，中国特色社会主义之所以能够不断壮大、蓬勃发展，与其一以贯之地坚持实现中华民族伟大复兴的目标是分不开的。党和国家坚持并完善社会主义制度，团结带领全国各族人民不懈奋斗，取得了世所罕见的政治成就，迎来了实现中华民族伟大复兴的光明前景。实现中华民族伟大复兴凝结了一代代仁人志士的奋斗拼搏，是近代以来亿万中华儿女的共同理想，提出实现中华民族伟大复兴的中国梦，集中体现了我国的政治理念，反映了我国的政治目标，迎合了我国人民的期待，因此得到了全体中华儿女的热烈拥护和衷心认同，成为凝聚当代中国政治共识的强大力量。

通过新中国成立之后七十多年的努力奋斗，特别是改革开放以来的不懈探索与实践，我国民主政治建设取得了巨大成绩，但也存在着一些薄弱环节，对政治共识的凝聚产生了一定的消极影响。具体来看，共产党长期执政面临的风险对凝聚政治共识是严峻的考验。中国的民主政治道路是党领导人民走出来的，中国共产党是始终代表人民利益的党，是我国最高的政治领导力量，其执政能力关系党的生死存亡和国家的政治稳定。长期执政也意味着长期接受各种复杂尖锐的考验，执政党不仅要面对改革发展稳定的繁重任务，以及国际政治形势的错综复杂，还要面对人民群众更高的期望与要求，如果不能与时俱进地加强自身建设，加强党的长期执政能力建设，就会有精神懈怠、能力不足、脱离群众、消极腐败的风险，继而影响党领导人民推进民主政治建设、凝聚政治共识。此外，干部队伍的腐败问题严重影响着人民群众对执政党和社会主义政治的信任。孟德斯鸠曾经说过，一切有权力的人都容易滥用权力。人民群众最关心、最关注的问题就是党员干部的作风问题，"人民最大的不满足是什么？改革、稳定和发展的最大障碍是什么？是腐败！腐败如长在社会主义肌体上的一块恶性肿瘤，时刻关系着党和国家的生死存亡"❶。党的十八大以来，习近平总书记高度重视党的自身建设，以党的政治建

---

❶ 黄宗良.书屋论政——苏联模式政治体制及其变易［M］.北京：人民出版社，2005：199.

设为统领，严抓党的作风建设，持之以恒推动全面从严治党，深入推进反腐败斗争，全党上下一起动手抓反腐的良好局面正在形成，取得了实际成效和重大进展。但是党的作风建设和反腐败斗争是一项艰巨的、复杂的任务，目前来看，滋生腐败的土壤依然存在，领导干部不收敛、不收手现象还没有完全遏制住，尤其是基层的"微腐败"，啃食的是群众的获得感，削弱的是共产党和社会主义的政治优势，导致党的正面形象受到损害，影响政治共识的凝聚。

三、文化领域价值观念的冲突影响了文化共识的凝聚

文化是一个国家、一个民族的灵魂。习近平总书记强调："一个民族、一个国家，必须知道自己是谁，是从哪里来的，要到哪里去，想明白了、想对了，就要坚定不移朝着目标前进。"美国著名学者亨廷顿也指出人类面临着我们是谁最基本的问题。可见，这是人类社会共同面临的难题，是不可回避的问题，每一个国家和民族都需要深入思考。一方面，明确界定自己和民族的身份，知道从哪里来，到哪里去，才能知道应该坚持什么，应该做什么，应该怎么做。另一方面，只有对身份的构建和归属问题识别清楚，才容易开展沟通和交流，从而形成在信仰、价值观、道德规范等方面的一致性的思想认识，凝聚起社会成员的文化共识。文化认同、文化自信是我国文化建设中的两个重大命题，没有高度的文化自信，没有文化的繁荣兴盛，就难以实现中华民族伟大复兴。凝聚文化共识的核心要义就是增进文化认同，坚定文化自信，增强国家文化软实力，为实现中华民族伟大复兴奠定坚实的文化根基。

文化是一种历史和社会的积淀，是人民的精神家园，凝聚文化共识不仅凝聚了这个民族共同体的精神纽带，更是已经成为一个国家和民族凝聚力的重要保障。从历史的发展过程来看，我国是中华民族文化的统一体，中华民族从诞生至今，已经走过了五千多年的风雨沧桑，经历了无数坎坷磨难，我们才成功地走出了一条中国特色社会主义道路，并且开启了实现中华民族伟大复兴的新时代。这部中华民族的奋斗史和发展史也是中华文化不断形成、不断创新、不断认同的历史，人们"行动的一切动力，都一定要通过他的头脑，一定要转变为他的意志的动机，才能使他行动

起来"❶。正是在文化基因的凝聚下，人们逐渐构建着共同的思想观念、道德规范、思维方式和生活方式；正是在共同文化的引领下，人们逐渐加深了国家认同、民族认同和文化认同，中华儿女才能始终团结一致、众志成城，共同为了国家和民族的繁荣昌盛而同心同德、顽强拼搏，既维护了国家的统一，也促进了共同体中每个民族的发展。从文化体系的内容来看，中国特色社会主义文化源自中华民族五千多年文明历史所孕育的中华优秀传统文化。中华文化源远流长，在漫长的文明发展过程中所传承和孕育的中华优秀传统文化，更是我们中华民族的"根"和"魂"，是中国人民生生不息的精神命脉，是我们最深厚的文化软实力，也是中国特色社会主义植根的文化沃土。因为每个国家和民族的历史传统、文化积淀、基本国情不同，其发展道路必然有着自己的特色。此外，在党领导人民群众进行革命、建设、改革的伟大实践中还孕育出了革命文化和社会主义先进文化。革命文化是在进行革命斗争、争取新民主主义革命胜利的过程中形成的，而社会主义先进文化是在新中国成立之后，党和全国人民奋力推进社会主义建设和改革的过程中形成的，两者是对中华优秀传统文化的继承和弘扬，使中华传统文化在当代焕发出勃勃的生机与活力。这三大文化构成了我们的文化体系，积淀着中华民族最深沉的精神追求，推动着国家和民族迎来了从站起来到富起来和强起来的伟大飞跃，是我国各族人民不断增强文化归属感和认同感的源泉。

文化兴国运兴，文化强民族强，文化的最深层次要素是核心价值观。对于我国而言，社会主义核心价值观是最大限度统一现阶段全国人民思想、凝聚社会各阶层共识的最大公约数。党的十八大以来，党中央站在治国理政的高度，从建设社会主义文化强国的战略出发，大力推进社会主义核心价值体系建设，培育和践行社会主义核心价值观，不仅在教育引导中入脑入心，将其转化为价值信念，更在实践养成中不断外化，将其体现为人们日常的道德行为。社会主义核心价值观得到了人们的普遍认可，取得了积极的效果，发挥出了凝神聚气、强基固本的重要作用，为实现中华民族伟大复兴提供了更为持久的精神动力。同时，我们还要看到随着经济全球化、文化多样化的深入发展，价值观领域呈现出了多样多变的特征，价

---

❶ 马克思恩格斯选集：第 4 卷［M］.北京：人民出版社，2012：258.

值冲突正在逐渐激烈，对我国主流文化的认同及文化共识的凝聚产生了负面影响。一方面，在风云变幻的新时代，各种思想文化互相激荡，价值观念交流交锋更加频繁，民族分裂主义、宗教极端主义暗潮汹涌，西方多样的社会思潮也在加紧渗透，不良的价值观不断侵害着人们的思想，戕害着整个社会的核心价值观。另一方面，改革开放以来，我国经济取得伟大成就，但我国丰富的文化资源优势没有得以充分发挥，软实力没有跟上硬实力的发展步伐，对中国精神和中国价值的体现还不够充分，因此，在传统价值观与现代价值观发生碰撞，尤其是在社会主义的价值观与西方资本主义的价值观不断较量和冲突时，难以占据绝对的优势地位，这对我国文化安全和政治安全是不小的威胁。邓小平指出："自由化思潮一发展，我们的事业就会被冲乱。总之，一个目标，就是要有一个安定的政治环境。不安定，政治动乱，就不可能从事社会主义建设，一切都谈不上。"❶ 此外，我国是统一的多民族国家，少数民族众多，各个民族在交往和斗争中形成了多元一体的格局。文化也是如此，不同的民族有不同的民族特征和文化习俗，中华文化与少数民族文化、国家认同与民族认同在统一的基础上存在一定的差异和冲突。

四、社会领域矛盾的复杂多变影响了社会共识的凝聚

马克思主义认为现实的人及其活动是人类社会存在和发展的前提，人类历史产生的前提首先是有生命的人的存在，人为了维持生存和发展就必须进行一系列社会生产活动，既要有物质资料的支撑，同时还要有人自身的繁衍和发展，这种生产过程的反复和循环就是社会的再生产。物质资料的生产和人类自身的生产在社会实践中实现统一，共同推动着生产力和生产关系的发展，促进人与社会的共同发展，也就是马克思说的"环境的改变和人的活动或自我改变的一致，只能被看作是并合理地理解为革命的实践"❷。同时，人类社会的发展也是合规律性和合目的性的统一，人充分发挥了主观能动性，人的思想意识及人们对于社会的认识也在实践中不断深化，正是对于更加美好的社会的思索和追问，社会共识得以逐渐形成，社

---

❶ 邓小平文选：第 3 卷［M］.北京：人民出版社，1993：124.

❷ 马克思恩格斯文集：第 1 卷［M］.北京：人民出版社，2012：134.

会形态从低级向高级演进。

社会共识的凝聚任重而道远，社会发展从未止步，人们对于社会的期待和需求也不会止步。近代以来，我们国家积贫积弱，生产力水平较为落后，新中国在一穷二白的基础上努力发展，在很长一段时间整个社会从经济发展到人们的日常生活都亟待改善。为了摆脱落后的状态，在当时的计划经济体制下我们探索社会主义建设，集中力量发展工业化，保障了基本的民生需要，教育、科技、卫生等方面有了一定的改善。经过艰辛的社会主义建设，尤其是改革开放四十多年的发展，生产力水平显著提高，社会的面貌和人们的生活得到了深刻改变，教育质量不断提高，医疗条件逐渐提升，还实施了科教兴国、西部大开发战略，出台了一系列密集的民生政策，不断满足人民群众的利益需求，人民得到了更多的实惠，对于社会主义社会的认可度和满意度显著增强。党的十八大以来，以习近平同志为核心的党中央始终把人民利益摆在至高无上的地位，坚持以人民为中心的发展思想，抓住人民最关心最直接最现实的利益问题，在收入分配、就业、教育、社会保障、医疗卫生、住房保障等方面推出一系列重大举措，一件事情接着一件事情办，一年接着一年干，推动幼有所育、学有所教、劳有所得、病有所医、老有所养、住有所居、弱有所扶不断取得新成效，人民群众的获得感、幸福感、安全感更加充实、更有保障、更可持续。人民日益增长的美好生活需要正在逐渐得到满足，但是离人民的向往和期待还有一定的差距，社会中也仍然存在复杂多变的矛盾影响社会共识的凝聚。

首先，从社会发展的角度看，经过长期努力，我国稳定解决了十几亿人的温饱问题，如期全面建成小康社会，实现了中国人民梦寐以求的千年期盼，推动了生产的迅速发展和社会的显著进步，为全面建设社会主义现代化国家奠定了坚实基础。但是，正如邓小平同志所言："发展起来以后的问题不比不发展时少。"发展是解决问题的基础和关键，同时也会带来新的问题。当前，我国的社会转型尚未完成，发展形势和内外环境依然严峻，社会建设和发展不能满足民众需求的矛盾依然突出，还引发了诚信问题、心理失衡、敌视社会、信仰危机等不良现象，社会矛盾复杂多样，呈现出传统痼疾、新的矛盾叠加交织的状态，影响着社会共识的凝聚。其次，从社会治理的角度看，社会治理是国家治理的重要方面。将共建共治共享理念贯彻到社会建设的全过程，对于凝聚社会共识的意义重大，党的十九届四中全会决定强调，"坚持和完善共建共治共享的社会治理制度"。随着社会的发展和生活水平的提高，人民群众参与社会治理的意愿越来越强烈，他们渴望拥有更多的表达权和监督权，在公平、民主、法治、正义、安全等方面的要求日益增长，如果不能让他们发挥主人翁的地位，人民群众的智慧和力量便难以发挥，需求难以及时表达，问题难以有效解决，导致社会矛盾逐渐增加并激化，削弱了人民群众对社会集体的信任和认同。再次，从社会主要矛盾的角度看，我国社会主要矛盾发生了变化，已经转化为人民日益增长的美好生活需要和不平衡不充分的发展之间的矛盾。虽然人民日益增长的美好生活需要是对社会各个方面的期待，但聚焦点还是集中在与人民切身利益密切相关的民生问题，并且从人民需要的一般水平迈向更高水平。保障和改善民生没有终点，满足人民的需求也不能止步，否则只会加剧矛盾的复杂性和多变性。最后，从具体的民生问题来看，民生是社会建设的重点，事关人民的美好生活，事关整个社会的稳定和谐。其中，就业是最大的民生，除此之外还包括住房、教育、养老、医疗等，这些问题与人民群众的实际生活密切相关，是人民群众最关心最直接的利益需求，也最容易引起不满、激发矛盾，是凝聚社会共识绕不过去的坎。民生问题是一个复杂、多样的"问题群"，彼此之间相互联系、相互影响，并且在不同群体和不同区域有层次和程度的区别，既有一定的共同性，也有极强的差异性。民生问题具有的复杂性和动态性增加了改善民生的艰巨性。

五、生态环境的突出问题和危机影响了生态共识的凝聚

人与自然的关系是人类社会最基本的关系。马克思认为："历史可以从两方面来考察，可以把它划分为自然史和人类史。但这两方面是不可分割的；只要有人存在，自然史和人类史就彼此相互制约。"❶一方面，人与自然是有机的统一整体，相互依赖，相互影响，不可分割。自然界先于人而存在，人是自然界发展到一定阶段的产物。马克思曾明确指出人靠自然

---

❶ 马克思恩格斯文集：第1卷［M］.北京：人民出版社，2009：500.

界生活。另一方面，客观的自然环境是人类进行劳动和实践活动的基础，自从人类产生之后，自然界就留下了人类活动的痕迹，人们有意识地通过实践活动不断改造着自然界，使自然环境满足自身的需求。正是在利用自然和改造自然的过程中，推动了社会生产力的发展，实现了人类社会的进步。人类善待自然，自然才会馈赠人类，如果无休止地伤害自然、破坏人类赖以生存的生态环境，那么最终受到毁灭性惩罚的只会是人类自己。恩格斯在《自然辩证法》中深刻地指出："我们不要过分陶醉于我们人类对自然界的胜利。对于每一次这样的胜利，自然界都会对我们进行报复。"❶

生态环境是人类生存和发展的根基，生态文明建设是关系中华民族永续发展的根本大计。千百年来，中华民族尊重自然，热爱自然，形成了与自然生态和谐共处的传统，传承了保护自然的生态文化思想，《老子》中说："人法地，地法天，天法道，道法自然。"在我国古代社会发展的过程中，不仅依照一定的农时节令和自然规律组织农耕水利，还制定了相关的法令和制度管理自然资源、保护自然环境。但是在发展的过程中，随着工业化、城市化的迅猛推进，对生态环境造成了破坏，产生了环境污染问题，造成了人与自然关系的紧张。生态环境问题日益成为重大的社会问题，人民群众对绿水青山的期盼与日俱增，对优美生态环境的需要愈加强烈，建设生态文明逐渐成为全国全社会的共识。我们党历来高度重视生态环境保护，把节约资源和保护环境确立为基本国策，把可持续发展确立为国家战略，取得了一定的成果。为了有效改善生态环境，尽快实现绿色发展，积极回应人民群众的期盼，党的十八大以来，习近平总书记多次从人类历史发展的角度对人与自然的关系予以阐释，反复强调正确处理生态文明建设问题，并把生态文明建设作为统筹推进"五位一体"总体布局重要内容，大力推进了生态文明顶层设计和制度体系建设，坚决摒弃了"先污染、后治理"的老路。党的十九大进一步强调要坚持打好污染防治的攻坚战，采取了更有效的政策措施促使蓝天保卫战持续发力、长江保护修复力度持续加码、垃圾分类工作不断推进，我国生态环境质量得到了持续好转，生态文明理念日益深入人心，人们对于优美生态环境的需要不断得到满足，这正是在全社会凝聚广泛的生态共识，激发生态文明建设动力的关键时期。

---

❶ 马克思恩格斯选集：第 1 卷［M］. 北京：人民出版社，2012：998.

习近平总书记指出："生态文明是人民群众共同参与共同建设共同享有的事业，要把建设美丽中国转化为全体人民自觉行动。"❶只有上下一心，全民参与，才能形成最大公约数，扎实推进生态文明建设，开创一个生态文明新时代。

建设生态文明，关系人民福祉，关乎民族未来。我国正在经历最大规模、最为深刻的生态文明变革，总体来看，在党中央的领导下，经过全体人民的不懈努力，我国生态环境质量持续提高，绿色发展取得明显成效，出现了稳中向好趋势。同时，也必须清醒看到，我国生态文明建设挑战重重、矛盾突出，仍然面临着很多生态环境问题和危机，仍然有不少难关和难题需要解决，与人们对美丽中国的期待还有一定的差距，对生态文明生态共识的凝聚有一定的影响。首先，从我国生态系统来看，我国整体生态系统较为脆弱，并且区域之间的差异较大，东南部居住着我国绝大多数的人口，社会生产和实践活动对生态环境造成的压力巨大。而西北部的天然环境以戈壁、高原为主，也产生了荒漠化和冰川面积减少、野生动植物濒临灭绝等危机。其次，从经济发展与生态环境的关系看，生态环境问题的本质是发展问题，我国还将长期处于社会主义初级阶段，经济的增长还离不开资源的消耗，还没有与能源的利用完全脱钩，社会的发展也没能摆脱污染物的增加，产业结构和产业布局不够合理，工业化和现代化尚未完成，导致经济发展和生态保护还没能实现同向而行、相得益彰。最后，从生态环境的突出问题来看，多领域、多类型、多层面的生态环境问题累积叠加，一方面，人与自然失衡，有限的资源难以承载过多的人口需求，水和土地等资源消耗强度过大；另一方面，生态环境的遗留问题解决难度加大，顽瘴痼疾的治理需要付出更为艰辛的努力和代价。污染物排放量虽然有所减少，但依然总量巨大，重污染天气频发。区域之间、城乡之间生态环境保护也不平衡，城市垃圾围城、农村环境污染加剧，已经成为百姓十分关注的民生之患，不仅会影响广大人民群众的日常生活，也会影响在全社会凝聚起最广泛的思想合力。

---

❶ 习近平.推动我国生态文明建设迈上新台阶［J］.求是，2019（3）.

第五章　我国凝聚思想共识的实现路径

快速发展是现代社会的突出特征，由此带来的思想差异也是现实生活中的客观存在，基于我国当前复杂的社会现实，思想领域也呈现出了多变多样的特点，如何做到多中求一、异中求同是避免冲突分裂、维持社会稳定的关键问题。历史已经证明，无法凝聚思想共识的社会是不和谐的社会，容易造成社会成员思想上的混乱和行为上的失范；无法凝聚思想共识的国家是缺少向心力的国家，容易导致社会矛盾的激化和国家发展的迟缓。我国经过多年的改革开放和现代化建设，整个国家和社会发生了巨大的变化，广泛的社会变革和深刻的利益调整既促进了独立意识和开放意识的增强，也带来了思想意识的活跃和思想观念的交锋。思想共识在与思想矛盾的相互较量中不断形成和凝聚，因此，思想共识不会一成不变，思想共识的凝聚也不会一劳永逸。我们要从社会变化和思想发展的客观实际出发，在掌握凝聚思想共识的现实境遇的基础上，从凝聚思想共识的思想导向、原则、方法和途径入手，积极探索凝聚思想共识的实现路径，用社会主导思想将不同的思想观念整合为共同的思想认识，汇聚全体人民团结奋斗的强大力量。

第一节　坚持凝聚思想共识的思想导向

随着我国生产力的发展和现代化进程的推进，社会转型和快速发展是必然的结果，既不断改变着社会的面貌和人们的生活，也导致了社会阶层的分化、社会矛盾的复杂交织，影响了人们的思想意识和价值观念，冲击了马克思主义在相关领域的指导思想的地位，弱化了社会主义主流意识形态的凝聚力和引领力。面对文化多元、利益多样、思想多变的现实情况，我们不仅要从社会存在的角度探究凝聚思想共识的实践基础，还要从社会意识的角度为思想共识的凝聚进一步探寻思想基础，通过坚持和发展马克思主义，夯实思想理论；培育社会主义核心价值观，澄清价值取向；加强主流意识形态建设，保持思想定力；弘扬中华优秀传统文化，筑牢文化阵地，推动人们的思想认识和理想信念向共同的方向发展。

一、夯实思想理论：坚持和发展马克思主义

马克思主义是科学的世界观和方法论，是党和全国各族人民团结统一的思想基础。列宁指出："马克思主义这一革命无产阶级的思想体系赢得了世界历史性的意义，是因为它并没有抛弃资产阶级时代最宝贵的成就，相反却吸收和改造了两千多年来人类思想和文化发展中一切有价值的东西。只有在这个基础上，按照这个方向，在无产阶级专政（这是无产阶级反对一切剥削的最后的斗争）的实际经验的鼓舞下继续进行工作，才能认为是发展真正的无产阶级文化。"❶我们要坚持和发展马克思主义，做到一切从实际出发，掌握马克思主义立场、观点和方法，紧紧抓住与国家的发展和建设命攸关的重大问题，盯住与人民群众的思想和生活密切相关的问题，提升马克思主义的引领力和向心力，夯实人们的思想理论。

第一，坚持一切从实际出发。坚持和发展马克思主义，要做到一切从实际出发，使思想认识跟上不断发展变化的客观实际，做到实事求是。党的十一届三中全会前后，邓小平领导中国共产党重新确立思想路线时，把党的思想路线概括为实事求是。他反复强调："实事求是，是无产阶级世界观的基础，是马克思主义的思想基础。"❷唯物辩证法认为，理论是在实践的基础上产生的，人们在实践活动中产生感性认识，经过感觉、知觉、表象等一系列活动，使感性认识上升为理性认识，使理性的认识升华为正确的理论。但是获得正确的理论并不代表着认识活动的结束，也不是真正的目的，理论最终要应用于实践，以正确的理论指导实践并在实践中实现

---

❶ 列宁选集：第 4 卷［M］．北京：人民出版社，1995：299.

❷ 邓小平文选：第 2 卷［M］．北京：人民出版社，1994：143.

自身的发展，这是理论的整个发展过程，也是思想认识的整个发展过程。因此，坚持和发展马克思主义，首先要立足于客观的现实生活，坚持一切从实际出发，面对不断发展变化的客观实际，以正确的思想认识与之相匹配，做到理论与实际相结合，让马克思主义在实践中发挥更强大的作用，以马克思主义科学的理论引导人们形成正确的思想认识，帮助人民群众坚定理想信念，进一步夯实思想根基。

第二，掌握马克思主义立场、观点和方法。坚持和发展马克思主义思想，要掌握马克思主义立场、观点和方法，强化理论学习的整体性和系统性。习近平总书记多次强调要学懂弄通做实党的创新理论，掌握马克思主义立场观点方法，夯实敢于斗争、善于斗争的思想根基。掌握马克思主义立场、观点和方法，首先要掌握唯物辩证的思想方法，要学会用客观、全面、系统、联系、发展的观点去看待问题、分析问题和解决问题，坚决杜绝用主观、片面、零散、孤立的观点去看待问题、分析问题和解决问题。其次要掌握实事求是的观点和方法，实事求是是马克思主义的根本观点，是中国共产党人认识世界、改造世界的根本要求，是我们党的基本思想方法、工作方法、领导方法。党的十八大以来，习近平总书记多次对为什么要坚持实事求是、怎么坚持实事求是等问题作出深刻论述。他指出，实事求是，是马克思主义的根本观点，是中国共产党人认识世界、改造世界的根本要求，是我们党的基本思想方法、工作方法、领导方法。不论过去、现在和将来，我们都要坚持一切从实际出发，理论联系实际，在实践中检验真理和发展真理。坚持实事求是，就必须做到解放思想和与时俱进，解放思想和与时俱进是实事求是的内在要求，同时，与时俱进也是实事求是的必然结果。因此，要掌握实事求是的观点和方法，必须坚持实事求是同解放思想和与时俱进相统一。

第三，学习和掌握群众路线。要掌握马克思主义的立场、观点和方法，必须学习和掌握群众路线的工作方法。一切为了群众、一切依靠群众，从群众中来，到群众中去的群众路线，是马克思主义基本原理在实际工作中的具体体现，也是中国共产党始终坚持的工作路线和工作方法。从认识论而言，群众路线契合实践与认识辩证关系的规律。只有在实践，认识，再实践，再认识……这种无尽的循环中，认识才能不断深化提升，实践才能更加符合群众的实际需求。马克思主义是人民的理论，有着明确的实践指向和人民情怀，不仅要学懂弄通，让马克思主义的科学理论逐渐深入人心，成为我国人民的思想武器，不断增强对多样思想观念的分析力、思考力，尤其是对西方错误思潮和价值观的辨别力、抵制力，还要用马克思主义及最新的理论成果武装全党和全体人民，让人民群众做到真学、真懂、真信。只有思想上明晰了，行动上才能有力，广大人民群众的能动性、创造性才能汇聚成强大的精神力量，为早日实现中华民族伟大复兴汇聚思想合力。

二、澄清价值取向：培育社会主义核心价值观

核心价值观是一个民族赖以维系的精神纽带，是一个国家共同的思想道德基础。能否构建具有强大感召力的核心价值观，关系社会和谐稳定，关系国家长治久安。社会主义核心价值观是社会主义核心价值体系的内核，是社会主义核心价值体系的高度凝练和集中表达。党的十八大以来，党中央站在治国理政的高度，大力推进社会主义核心价值体系建设，培育和践行社会主义核心价值观，其基础是成风化人，凝心聚力，不仅要在教育引导中入脑入心，将其转化为价值信念，更要在实践养成中融入和外化为人们日常的道德行为。"一个社会的主导价值观越是得到大多数社会成员的认同，社会成员的价值共识就越容易形成，人们的思想就越稳定。如果缺乏主导价值观，或者主导价值观不能得到绝大多数社会成员的认同，那么不同的社会成员就会各行其是，相互之间的价值共识也就难以形成。"❶ 对于我国而言，社会主义核心价值观是最大限度统一现阶段全国人民思想、凝聚社会各阶层共识的最大公约数，我们必须继续大力培育和践行社会主义核心价值观，统一思想认识。

第一，将培育和践行社会主义核心价值观融入国民教育全过程。要坚持立德树人的根本任务，把社会主义核心价值观纳入国民教育总体规划，贯穿于基础教育、高等教育、职业技术教育、成人教育各领域，落实到教

---

❶ 任红杰.社会稳定问题前沿探索［M］.北京：中国人民公安大学出版社，2005：213.

育教学和管理服务各环节，覆盖到所有学校和受教育者，形成课堂教学、社会实践、校园文化多位一体的育人平台，不断强化中华优秀传统文化的教育，形成和完善爱学习、爱劳动、爱祖国等活动的有效形式和长效机制，努力培养德智体美全面发展的社会主义建设者和接班人。同时，还要注重发挥社会实践的养成作用，丰富实践教育教学体系，开发实践课程和活动课程，加强实践育人基地建设，拓展青少年培育和践行社会主义核心价值观的有效途径。

第二，加强社会主义核心价值观宣传教育。我们党要把培育和弘扬社会主义核心价值观作为凝魂聚气、强基固本的基础工程，广泛开展社会主义核心价值观宣传教育，不断夯实中国特色社会主义的思想道德基础。以社会主义核心价值观引领文化建设，注重用社会主义先进文化、革命文化、中华优秀传统文化培根铸魂，广泛开展中国特色社会主义和中国梦宣传教育，推动理想信念教育常态化制度化，完善思想政治工作体系，建立健全党和国家功勋荣誉表彰制度，设立烈士纪念日，深化群众性精神文明创建，建设新时代文明实践中心，不断增强人们的道路自信、理论自信、制度自信、文化自信。此外，要推进文化事业和文化产业全面发展，繁荣文艺创作，完善公共文化服务体系，坚持团结稳定鼓劲、正面宣传为主，牢牢把握正确舆论导向，新闻媒体要发挥传播社会主流价值的主渠道作用，要综合运用纸质媒体和网络媒体，通过理论报道、影视作品、文学艺术等多种方式，把社会主义核心价值观贯穿到日常宣传和日常生活中，弘扬主旋律，传播正能量，引导人们树立高尚的家国情怀和道德情操，不断巩固壮大积极健康向上的主流思想舆论，为实现中华民族伟大复兴提供更为持久的精神动力。

第三，积极开展培育社会主义核心价值观的实践活动。实践是认识的来源和动力，各项事业的推进和生活条件的改善都要靠实践，社会主义核心价值观也要通过实践的方式才能得以真正地内化于心、外化于行。"培育和弘扬核心价值观，有效整合社会意识，是社会系统得以正常运转、社会秩序得以有效维护的重要途径，也是国家治理体系和治理能力的重要方面。"❶ 因此，培育和践行社会主义核心价值观，要在全社会开展培育社会

---

❶ 习近平.习近平谈治国理政［M］.北京：外文出版社，2014：163.

主义核心价值观的实践活动，引导人民群众积极参与实践，在实践中强化他们的思想意志，加深对社会主义核心价值观的理解。全社会要以诚信建设为重点，积极加强社会公德、职业道德、家庭美德、个人品德教育，推动整个社会形成修身律己、崇德向善、礼让宽容的道德风尚。同时，大力向人民群众宣传先进典型，公开评选表彰道德模范，在全社会形成学习先进、争当先进的浓厚风气。

三、保持思想定力：加强主流意识形态建设

在我国当前的现实社会中，既有坚定认同马克思主义主流意识形态的社会成员，也有在思想共识上存在动摇、还不够稳固的社会成员。这是无法避免的客观实际，也是凝聚思想共识绕不过去的一关。越是多元多样越要确立思想主导，越是多变多维越要凝聚思想共识，做大做强主流意识形态，增强社会主义意识形态对多样社会思潮的引领力，既是维护我国意识形态安全的艰巨任务，也是凝聚思想共识的思想基础。我们要加强主流意识形态建设，积极弘扬主旋律，加大思想文化领域建设力度，以马克思主义为核心内容和理论指导，坚持一元主导和多样发展相结合，用社会主义主流意识形态引导多样的思想观念，才能保持思想定力，凝聚思想力量。

第一，弘扬主旋律，引领多样社会思潮。在复杂的思想领域有且只能有一种思想居于统治地位，否则就会造成思想混乱、人心不稳，因此，必须坚持弘扬主旋律，坚持用社会主义主流意识形态引导多样的思想观念。当今我国社会思潮的态势和主流是健康、积极、向上的，社会主义意识形态的引领作用是显著、有效的，但是社会上也存在拜金主义、享乐主义、个人主义，还有许多与主流意识形态不相符合甚至相对立的社会思潮。这些不良的价值观念会给人们的思想发展带来消极作用，影响思想共识的凝聚。因此，要弘扬主旋律，引领社会大众积极接受和认同主流意识形态，积极提升自身的思想道德品质，努力向社会主流意识形态所提出的思想品德要求看齐。此外，要牢牢把握社会思潮引导的主动权。在多元社会思潮的背景下，我们要正确辨析各类社会思潮，既要发挥积极的社会思潮的有益作用，同时也要有力批判和抵制错误思潮，杜绝这些不良社会思潮继续传播和误导社会大众。我们要充分认识各种非主流思潮蔓延对传播社会主

义主流意识形态工作的干扰，绝不能掉以轻心，对于与社会主义意识形态相对立的社会思潮，要旗帜鲜明地抵制，对于毒害人民群众思想的西方价值观，要立场坚定地铲除。

第二，以马克思主义为指导，强化批判思维。马克思主义是我国主流意识形态的核心内容，批判贯穿了马克思主义诞生和发展的整个过程，从法哲学到经济学、从政治到宗教、从理论到实践，无不充满和体现了强烈的批判精神。马克思主义以批判的思维剖析了资本主义制度的弊端，揭露了资本主义剥削的秘密，顽强地同空想社会主义和唯心主义作斗争，同资本主义和资产阶级作斗争，有力指导了无产阶级革命和建设。一部马克思主义在中国传播和发展的历史也是同各种非马克思主义、反马克思主义进行批判和斗争的历史，是运用马克思主义立场、观点和方法分析中国问题、回应时代挑战、批判不良思潮、争夺话语权威的历史。当前，我们构建社会主义主流意识形态必须继承马克思主义的批判精神，强化批判思维。在理论层面，面对复杂多元的社会思潮，必须做到科学评判和理性分析，对于合理的成分、有益的观点要吸收借鉴，对于消极错误的成分、反马克思主义反党的言论必须批判到底，坚决回击，揭露其背后隐藏的理论实质和政治图谋，帮助人们认清社会思潮，增强辨别能力。在实践层面，面对波澜壮阔的改革事业，需要分析攻坚期的新特点和新难点，审视发展过程中的实际问题，仅仅在理论层面批判解决不了现实问题，只有让马克思主义和主流意识形态入脑入心，把主流意识形态转化成人民认同的思想共识，才能汇聚强大的实践力量。

第三，完善意识形态话语体系，提升意识形态的话语权。只有掌握意识形态的话语权，才能提升主流意识形态的引导力和竞争力。精心构建既立足我国实际，又面向未来，既具有中国特色，又具有国际视野的话语体系。一方面，要完善马克思主义理论体系，推动马克思主义话语体系实现创新性发展。马克思主义是我国主流意识形态的核心内容，但马克思主义最早源自西方，其内容包含西方的概念范畴，其表达带有西方的话语风格，因此，在与我国国情相结合进行中国化的过程中，不仅要坚持马克思主义的科学性和真理性，更要进一步丰富马克思主义，将其转化为具有中国特色、符合中国风格的话语。另一方面，要打造真实有力的对外话语体系，增强国际话语权。中国特色社会主义道路、理论、制度和文化具有无可比拟的优势，我们要将这些特色和优势转化为社会主义意识形态优势，讲好中国故事，传播好中国声音，贡献中国智慧，避免"有理说不出""说了传不开"的失语情况，充分展示中国精神的蓬勃强大和中国实践的光辉璀璨，打破西方话语霸权的封锁，有力回击西方不良的社会思潮，提升社会主义意识形态的国际传播能力和影响力。

四、筑牢文化阵地：弘扬中华优秀传统文化

中华民族历经五千年风雨沧桑而屹立不倒，灿烂的中华文明源远流长而从未有过中断，其中的一个重要原因就是在世世代代的发展和实践过程中，积淀了深厚丰富的文化智慧，形成了博大精深的中华优秀传统文化。而在漫长的文明发展过程中所传承和孕育的中华优秀传统文化，更是我们中华民族的"根"和"魂"，是中国人民生生不息的精神命脉。在中华优秀传统文化的引领下，中国各族人民始终凝聚在一起，战胜了无数坎坷磨难，成功地走出了一条中国特色社会主义道路，并且开启了实现中华民族伟大复兴的新时代。当前，面对经济全球化、文化多样化的深入发展，我们更要继承和弘扬中华优秀传统文化，增进文化认同，增强文化自信，使中华优秀传统文化拥有更深厚的群众基础，凝聚更广泛的思想共识。

第一，坚持与实践相结合，积极弘扬中华优秀传统文化。文化是随着人类生产生活的发展而不断演变的，现实需要是文化得以产生和传承的重要动力。中华文化自古以来就特别注重实践性，强调在社会生活中追寻真理。例如，"和而不同"的思想就产生于人们之间的交往实践，不仅是伦理思想，也是处事原则，主张不同的事物和不同的思想可以互相包容，和谐共存。"和而不同"思想不断与实践相结合，在现代也得到了广泛的应用，我们国家在处理政党关系、民族关系、外交关系，以及祖国统一问题上都运用了"和而不同"思想理念，习近平总书记提出了构建人类命运共同体的倡议，也是对这一思想的创新性发展。中华优秀传统文化始终立足我国的现实问题，引领着社会实践，凝聚着中华儿女。正是在文化基因的凝聚下，人们逐渐构建着共同的思想观念、道德规范、思维方式和生活方式；正是在共同文化的引领下，人们逐渐加深了国家认同、

民族认同和文化认同，中华儿女才能始终团结一致、众志成城，共同为了国家和民族的繁荣昌盛而同心同德、顽强拼搏，既维护了国家的统一，也促进了共同体中每个民族的发展。因此，弘扬中华优秀传统文化，必须坚持实践，积极同实践相结合，这样才能紧紧把握住时代的脉搏，赶上时代的发展步伐，为时代的需求和挑战提供有益启示，为解决当代中国社会的实际问题提供有益引导，为实现中华民族伟大复兴的中国梦提供强有力的精神支撑。

第二，正确处理继承传统与发展创新的关系。中华优秀传统文化是中华民族千百年来传承下来的文化宝库和精神财富，内涵丰富。对于中华传统文化，我们必须以科学的态度对待它，坚持全面、历史、辩证地看待它。既要认识到它所蕴藏的丰富的思想哲理和文化精髓，运用这些优秀的内涵来指导我们更好地满足时代需求和解决现实问题，又要认识到每一阶段的传统文化是在当时特定的历史条件下形成和发展起来的，不可避免会受到当时人们的认识水平、时代条件、社会制度等局限性的制约和影响，因此要正确、客观、理性地看待传统文化。在新时代的背景下，我们要把中华优秀传统文化更好地传承下去，担负起推动传统文化继续保持自身优秀特质、发挥自身优点长处的责任，推动中华优秀传统文化与当今现实文化相融合，努力推进中华优秀传统文化在当代社会这一新的土壤之中生根发芽、开花结果，将中华优秀传统文化与当代新的实践要求相结合，推动中华优秀传统文化不断创新发展，更好地服务当代社会，为当代中国社会的发展提供强大的精神动力。

第三，以开放包容的态度弘扬中华优秀传统文化。弘扬中华优秀传统文化，必须以正确的态度处理本土文化与世界文化的关系。对于其他国家的文化，我们既要不断取其精华、去其糟粕，又要以海纳百川、有容乃大的精神气度对待外来文化，不断在汲取世界其他文明的养分中实现创新发展。对于外来文化，我们应敞开胸襟、面向未来，广泛地借鉴吸收世界各国各民族思想文化的优点和精华，同中国具体实际相结合，加以融合改造，使之服务于我国本土文化建设，不断为中华优秀传统文化的创新发展注入新的活力。人类社会几千年文明发展积累的优秀文化成果是世界各国和各民族的共同财富，也是人类社会不断向前推进的重要基础。对于古今中外的一切人类文明优秀成果，我们都应该采取学习借鉴的态度，积极吸纳其中的有益成分，使之与当代文化相适应、与现代社会相协调，相互融合，相互吸取，在弘扬中华优秀传统文化的同时推动世界文化的繁荣发展。

第二节　坚守凝聚思想共识的基本原则

当今的世界处于大发展大变革的时代，通信技术的不断进步，合作共赢理念的逐步推进，促使各国密切了交往联系、加强了思想交流，加之我国历史方位的变化、网络信息化及社会转型的快速推进，在全社会范围凝聚思想共识、减少思想分歧的难度逐渐增加。恩格斯指出："许多人协作，许多力量融合为一个总的力量，用马克思的话来说，就产生'新力量'，这种力量和它的单个力量的总和有本质的差别。"❶思想领域也是如此，凝聚思想共识就是要将社会成员不同的思想意识统一起来，将不同个体的智慧和力量汇聚起来，这种融合一体的思想合力同个体思想的总和有本质的差别，不仅是对个体思想意识的质的飞跃，更是衡量和检验一个社会凝聚力的标志，关乎社会的和谐稳定及各项事业的发展。因此，我们要直面国内外环境的变化，针对我国社会的思想实际，在凝聚思想共识的过程中坚持政治性与社会性相统一、主导性与多样性相统一、继承性与创新性相统一、整体性与层次性相统一的原则，调动各方面积极因素，有效整合社会意识，增强社会的凝聚力。

一、政治性与社会性相统一

凝聚思想共识需要将本国和本社会成员的思想观念整合为共同的思想认识，这种共同的思想认识主要是对国家政权、社会制度、方针政策的认可和拥护，是在意识形态、阶级利益、发展目标等重大问题上所形成的较为一致的认识，既不是随意的思想内容，也不是某个人或某个群体的思想价值，而是体现国家政治主张的意识形态和引导社会发展的思想理论。凝

---

❶ 马克思恩格斯选集：第 3 卷［M］．北京：人民出版社，2012：505.

聚思想共识如果放松了政治性，社会主义的主导思想就可能在国内外挑战中受到压制，西方国家颠覆我国社会主义制度的和平演变和"颜色革命"就有可能爆发；如果丧失了社会性，不注意解决社会问题和思想问题，党和政府就会缺乏人民群众的支持，社会主导思想就会失去人民群众的认同，凝聚思想共识就难以真正实现。因此，凝聚思想共识要坚持政治性与社会性的统一，巩固主流意识形态的同时还要关注社会现实生活，满足社会成员的实际需求，在广泛的社会范围中寻求和凝聚民心民意的最大公约数。

第一，要突出凝聚思想共识的政治性。"每一个企图取代旧统治阶级的新阶级，为了达到自己的目的不得不把自己的利益说成是社会全体成员的共同利益，就是说，这在观念上的表达就是：赋予自己的思想以普遍性的形式，把它们描绘成唯一合乎理性的、有普遍意义的思想。"❶ 可见，在社会发展的过程中，新旧阶级的更替也带来了思想共识的调整，新的统治阶级会寻找统治合法性的基础，并且将本阶级的利益和思想上升为全社会的共同追求，旧的共识逐渐瓦解，新的共识不断形成并凝聚，因而，思想共识总是体现了阶级的思想意志和政治目的，总是为了维护统治阶级的利益。正如恩格斯所言："革命的开始和进行将是为了利益，而不是为了原则，只有利益能够发展成为原则。"❷ 统治阶级正是通过凝聚思想共识的实践活动，把政治性的思想观念转化为社会成员的普遍思想和共同准则，进而顺理成章地将此确立为整个国家的主导思想和意识形态，树立起思想共识在社会中的引领地位，增强该阶级的统治权威和领导威望。同时，意识形态一旦确立又会成为一面鲜明的思想旗帜，成为人们思想和行为的现实动机。它不仅为社会成员服从统治和支持政党提供了理论依据，引领着社会成员思想意识的发展，还进一步指导着社会成员行为规范的完善，促使统治阶级的政治纲领和方针政策得以顺利实施，推动社会成员的思想和力量也在共同目标的统一中得以有效凝聚，形成强大的社会向心力和政治稳定力。

政治性是凝聚思想共识的根本原则，必须毫不动摇地坚持和突出凝

---

❶ 马克思恩格斯选集：第1卷［M］.北京：人民出版社，2012：180.

❷ 马克思恩格斯全集：第3卷［M］.北京：人民出版社，2002：411–412.

聚思想共识的政治性。没有政治性的思想共识是虚假的，缺乏政治性的思想共识也是无法进行思想调节、巩固主流意识形态的。国家的政治制度决定了意识形态的性质，也从根本上决定了凝聚思想共识的政治性质。社会主义国家和资本主义国家有着不同的政治制度，因而在意识形态领域有着截然不同的主导思想和鲜明的阶级性，凝聚思想共识的内容和目的也体现出本质的区别。对于我国而言，我国是人民民主专政的社会主义国家，决定了我们坚守的是社会主义意识形态，凝聚的是社会主义的思想共识，维护的是全国各族人民共同的思想根基。在长期的革命、建设和改革实践中，马克思主义作为强大的思想武器指引着我们不断取得胜利，中国共产党成为坚强的领导力量，团结带领中国人民走出了一条中国特色社会主义道路，实现了国家和社会各项事业的巨大发展，创造了经济快速增长和社会长期稳定的中国奇迹。事实证明，马克思主义是科学的理论，引领着无产阶级和人类的彻底解放；社会主义道路是符合我国国情、适应时代要求的道路，彰显着社会主义理论、制度和文化的勃勃生机。"世界上赞成马克思主义的人会多起来的，因为马克思主义是科学。它运用历史唯物主义揭示了人类社会发展的规律。封建社会代替奴隶社会，资本主义代替封建主义，社会主义经历一个长过程发展后必然代替资本主义。这是社会历史发展不可逆转的总趋势，但道路是曲折的。"❶但是，国内还存在与社会主义意识形态不相符的社会意识，还有一些非马克思主义和反马克思主义的思想观点，这些思想意识试图争抢舆论阵地，通过各种显性和隐性的方式误导人们的思想，撕裂社会的共识。因此，我们必须坚持以马克思主义为根本的指导思想，并且与时俱进地发展马克思主义，形成马克思主义中国化的理论成果，巩固马克思主义在意识形态领域的指导地位，为党领导人民夺取新时代的伟大胜利凝聚起磅礴的力量，这是我国意识形态的核心内容，是凝聚思想共识的核心使命。同时，要坚决同各种非社会主义和非马克思主义的思想作斗争，在错综复杂的意识形态交锋中守好社会主义的思想阵地，维护社会主义意识形态的安全。讲政治和聚民心是内在统一的，对于个人和社会来说，坚定的政治原则就是明确的指向，能够帮助人们辨别和把握好正确的政治方向，形成正确的思想理念和价值观念，深化对国

---

❶ 邓小平文选：第 3 卷［M］.北京：人民出版社，1993：382.

家政治制度和政治生活的认同。凝聚思想共识的政治性只能加强，不能弱化，否则不仅人们的错误认识和不良思想无法得到澄清，国家的政治意志也会在混乱的思想分歧中无法转化为社会成员的理想信念和道德观念，久而久之，会偏离方向，撕裂共识，动摇民心，甚至会对执政党的地位和国家政权的稳定产生威胁。

第二，要注重凝聚思想共识的社会性。社会存在决定社会意识，思想认识作为一种社会意识，是社会发展到一定阶段的产物，是在一定的社会共同体中人们相互之间形成的共同的思想认识。思想共识随着社会存在的变化而或快或慢地变化，内容和特点会受到社会性质、社会状态、社会问题的制约，思想共识的社会性决定了凝聚思想共识的社会性。凝聚思想共识是一项社会范围的实践活动，其面向的对象是全体社会成员，其缘起是当前社会多样多变的思想意识，其目的是在社会主导思想的引领下，在整个社会能够达成、整合、凝聚起较为一致的思想认识。可见，凝聚思想共识的方方面面都离不开社会的范畴，具有社会性和普遍性。

改革开放以来，我国社会发生了翻天覆地的变化，这种变化不仅体现在经济水平的提高和综合国力的提高，还体现在思想文化的繁荣和思想意识的生长。深刻的社会变革和社会转型，以及网络媒体的迅猛推进为思想的交流传播提供了广阔便捷的沃土，斑驳陆离的思想意识喷涌而出，冲击着马克思主义主流意识形态的主导力。这是客观的社会现实，也是凝聚思想共识的现实基础。另外，思想共识的凝聚程度取决于社会大多数成员的接受度和认可度，而人们的接受度和认可度则直接受制于社会主导思想与社会现实生活的贴合程度，主导思想越反映社会现实、越贴近人民群众的生活，就越能解决人们的思想困惑，整合多样多变的思想，团结更多的人民群众，凝聚共同的力量。"意识在任何时候都只能是被意识到了的存在"❶，我国思想领域的问题和人们思想意识的分歧有着现实的社会根源，注重凝聚思想共识的社会性就是要立足我国当前的基本国情，掌握凝聚思想共识的实际情况，将社会主义主导思想牢牢扎根在社会大地上，提升马克思主义理论的时代性和现实性，只有这样，社会的主导思想才不会脱离

---

❶ 马克思恩格斯全集：第 3 卷［M］.北京：人民出版社，1960：29.

发展变化的实际，才能具有引导力和说服力。此外，还要切实关注人们的社会生活，抓住社会成员的思想脉动，紧密结合当前社会实践和社会交往的特点，从关系人民群众切身利益的社会问题入手，从人民群众最关心最期待的实际需求入手，在推进社会发展、解决社会问题的过程中解决人们的思想问题，凝聚人们的思想共识。

二、主导性与多样性相统一

在现实社会中，思想分歧和思想共识共同构成了社会思想的矛盾运动，两者相互联系，缺一不可。一个思想高度统一的同质化社会是不需要凝聚思想共识的，多样思想意识的存在是凝聚思想共识的前提，在凝聚思想共识的过程中，如果只强调主导性，而消灭多样性，不仅不符合思想意识形成和发展的规律，还容易走向追求绝对共识的极端。当然，如果不坚持主导性，任由多样化的思想意识肆意扩张，势必会对我们的主导思想和意识形态产生消极的影响，导致整个社会没有统一的思想认识，失去社会成员的思想合力，危害国家和社会的安定团结。"以为（自己）在遵从规则并不是遵从规则。因此不可能'私自'遵从规则：否则以为自己在遵从规则就同遵从规则成为一回事了。"❶而人们自以为正确的个体意识并不一定符合社会主导思想的要求，多样的思想认识与思想共识是两回事。因此，要坚持主导性与多样性相统一的原则，在多元思想中确立主导，在尊重差异中包容多样，从而达到思想活跃与思想共识的良性互动，促进思想领域实现一元主导和多样并存的有机统一。

第一，凝聚思想共识要坚持主导性的原则。在纷繁复杂的思想意识中凝聚共识首先要明确凝聚什么样的思想共识，其凝聚的核心内容应凸显强烈的问题意识，对我国而言，凝聚思想共识就是要捍卫和巩固马克思主义在意识形态领域的主导地位，把马克思主义中国化的最新成果转化成为社会成员的共同追求和自觉行动。

凝聚思想共识的本质是在多元的思想意识中确立主导，通过社会主导思想去引领和整合形形色色的思想观念，使社会成员的思想精神能够紧紧团结在一起。无论是当初的革命时期还是当前的全面深化改革时期，中国

❶ 维特根斯坦.哲学研究［M］.陈嘉映，译.上海：上海人民出版社，2005：94.

共产党都始终坚持马克思主义指导思想，把意识形态主导权牢牢掌握在手里，在多种思想理论与社会思潮的交织中高举马克思主义的思想旗帜，在理论宣传和指导实践的过程中彰显马克思主义的真理性，逐渐使马克思主义深入人心，获得了人民群众的真心认同，越来越多的人成为马克思主义的忠诚信仰者和坚定践行者，越来越多的思想观念在马克思主义的主导下得到了调整和完善，由此汇聚了人民群众不竭的力量，取得了革命和建设的一系列胜利。"不强迫某些人接受别人的意志，也就是说没有权威，就不可能有任何的一致行动。……它总是一种要强迫有不同意见的人接受的意志；而没有这种统一的和指导性的意志，要进行任何合作都是不可能的。"❶ 可见，在某种程度上，主导思想和意志是权威的象征，确立了主导思想才能形成一致的目标，让社会成员普遍接受主导思想才能形成一致的行动。在我国，凝聚思想共识最重要的就是要继续巩固马克思主义指导地位，增强社会主义意识形态的统领力，进一步发挥好对多元社会思潮的引导，坚决同多样的思想意识尤其是错误的思想观点作斗争，在激烈的意识形态交锋中掌握主动主导的优势地位，有力捍卫来之不易的思想成果和实践成就。随着时代的发展，主导思想也应该随之发展，与时俱进地完善，不断推进马克思主义的创新，不断转化为人民群众的思想共识，才能保证在统一思想、凝聚人心方面的主导地位。习近平新时代中国特色社会主义思想是马克思主义中国化的最新成果，是指导当前我国社会改革和发展的思想旗帜，因此，要坚持以习近平新时代中国特色社会主义思想武装全党、教育人民，把准定盘星，增强凝聚力，为早日实现中华民族伟大复兴凝心聚力。

第二，凝聚思想共识要坚持一元主导和多样发展相结合，用社会主义主流意识形态引导多样的思想观念，用社会主义核心价值观统领多变的社会思潮。随着社会的不断进步，社会存在日益多样，社会生活逐渐丰富，思想意识是对社会存在的反映，必然呈现出多样多变的发展态势，这是不争的事实。改革开放的广泛推进和利益格局的深入调整，极大地活跃了人们的思想，主体意识变强，思维发散性变广，获取信息渠道增多，思想认识和价值取向的差异性、独立性随之加大，想要达成在理想信念、价值观

---

❶ 马克思恩格斯文集：第 10 卷［M］.北京：人民出版社，2009：372.

念及行为规范等方面的全部一致，是极有难度的，也是不现实的。在这样的情况下，如何做大做强主流意识形态，增强对多样思想和思潮的引领力、主导力是凝聚思想共识的重要内容和艰巨任务。

一元主导与多样发展本质上是绝对性与相对性的辩证统一。指导思想的一元化与思想意识的多样化发展并不矛盾，在社会中确立并坚持主导是必要和重要的，但是差异和多样对一个社会来说也是必不可少的。我们既要坚持一元主导，减少思想的分化分歧，维持稳定的社会秩序，同时也要尊重思想的开放平等，营造良好的思想空间。我国古代便有"和而不同"的思想传统，在我国当今社会，如果只允许一种主导思想和一种声音，没有多样化的思想文化，缺少内容和形式的创新，社会主义意识形态就会失去吸引力，反倒无法凝聚人们的思想共识。我们坚持一元主导，坚决反对指导思想多元化，就是要毫不动摇地坚持马克思主义的指导地位，要在马克思主义思想的主导下营造和而不同的社会空间，这是增强马克思主义的引领力、提升马克思主义的包容度的需要，也是促进整个社会的思想活跃繁荣的需要。我们坚持多样发展，是指在一元主导的基础上，允许部分非主流意识形态的思想意识存在，在弘扬主旋律的同时承认并引领我国社会不同的思想观念。在复杂的思想领域有且只能有一种思想居于统治地位，否则就会造成思想混乱、人心不稳，尤其要警惕的是，在当前多样的思想意识中还夹杂着许多国内外敌对势力的有害思想，妄图颠覆我国的社会主义政权。习近平在中央统战工作会议上的重要讲话中强调："做好新形势下统战工作，必须正确处理一致性和多样性关系，不断巩固共同思想政治基础，同时要充分发扬民主、尊重包容差异，尽可能通过耐心细致的工作找到最大公约数。"❶多样化不代表去意识形态化，也不代表无原则的包容，对于与社会主义意识形态相对立的社会思潮，要旗帜鲜明地抵制，对于毒害人民群众思想的西方价值观，要立场坚定地铲除。总之，凝聚思想共识只有把握好主导性与多样性相统一的原则，用社会主义主流意识形态引导多样的思想观念，用社会主义核心价值观统领多变的社会思潮，才能筑牢思想根基，凝聚思想力量。

---

❶ 正确处理一致性和多样性的关系——二论学习贯彻习近平中央统战工作会议重要讲话精神［N］.人民日报，2015-05-22（001）.

三、继承性与创新性相统一

任何事物的发展都是一个连续的过程，任何一个社会的思想共识都是时代的产物，烙印了时代的印记。从人类社会产生开始，为了生存和发展，人们就在共同的生产和生活过程中形成了团结协作的共识，逐渐产生了劳动的分工和利益的分配，尽管存在资源的有限性和分配的不均性，总会出现利益的冲突和思想的对立，但是在一次次的协商或者战争中，总体还是走向了合作的共识，从而推动了人类社会的不断进步，保证了人口的绵延不绝。社会形态的更替是从低级到高级的发展过程，生产力在原有的社会基础上有了提高，生产关系也在旧有关系的基础上新陈代谢，思想共识也在原来共识的基础上调整深化，正是在继承和积累的基础上，社会各方面才能在渐进性中进入更高层级的阶段。人们在具体的实践中不仅继承了前人的物质遗产和思想智慧，还得根据现实需要对现有的思想理论、社会环境进行创新和改造，促进社会主导思想与时俱进，使其始终成为人民群众的思想基础和精神旗帜。

第一，凝聚思想共识要秉持继承性的原则，促使思想共识在继承中发展。马克思指出："人是一个特殊的个体，并且正是他的特殊性使他成为一个个体，成为一个现实的、单个的社会存在物。"❶人是社会存在物，人与社会密不可分，人的发展与社会的发展相互促进，某种程度上，人的一切发展直接取决于跟他交往的其他人以及整个社会的发展。人类社会的进步和人口的世代繁衍，使得新的社会得以继承原来的社会基础，后代可以继承前代积累的生产力和生产关系。任何社会都难以消除旧有社会的历史痕迹，任何人都无法摆脱前人创造的历史条件，在继承与被继承中社会形态实现了更替，人的物质生活和精神生活也得到了极大的发展。思想共识是在一定时代和一定社会中生活的人们所形成的共同的思想认识、价值观念和道德规范，从人类社会产生，凝聚思想共识的活动就随之开始，在促进社会全面发展、提升人的思想水平的过程中，思想共识的内容也会得到完善，部分思想精华会以不同的方式沉淀为整个国家和民族的文化基因，世代传承，影响深远。

---

❶ 马克思恩格斯全集：第 3 卷 ［M］.北京：人民出版社，2002：302.

我国的思想共识在继承中不断发展，伟大的中华民族在五千多年的发展中孕育了中华优秀传统文化，这是我们国家传承和发展的根本，是中华民族赖以维系的精神纽带，如果丢失了传统文化，就是割断了精神命脉。中华文明没有中断，中华民族生生不息，中国人民千百年来在社会生活中形成和积累的家国观念、处世哲学、价值追求、道德规范等，已经成为中华儿女和中华民族的思想之源、情感之源、力量之源，成为不同的时代凝聚思想共识的核心内容，为维护中华民族多元一体的格局、为维护国家团结统一的局面奠定了重要的基础，对激励中国人民齐心协力反抗外来侵略、争取民族独立，积极投身革命和建设，促进国家的繁荣稳定都发挥了十分重要的作用。在民族危亡的紧要关头，中国共产党在当时多种主义和思想的混杂中，选择了马克思主义，选择了能够带领人民争取民族解放的科学的思想理论。中国共产党是中华优秀传统文化的继承者和创新者，也是马克思主义的继承者和创新者，我们党从诞生之日起就把马克思主义写在自己的光辉旗帜上，坚持把马克思主义基本原理同中国具体实际相结合、同中华优秀传统文化相结合，不断推进马克思主义中国化时代化，为在不同历史条件下坚守和践行党的初心使命奠定了坚实的理论基础、激发了强大的理论生机与实践活力。从革命年代到社会主义新时代，从改革开放到全面深化改革，中国共产党团结全国人民，继承和发展独特的文化传统，保持民族精神的独立，增强了主流意识形态的引领力，还提出了社会主义核心价值观，为实现中华民族伟大复兴凝聚了广泛的思想共识。当前我国面临的改革重任和发展问题更加严峻，必须继续从中华优秀传统文化中汲取思想智慧，继续坚持马克思主义的指导思想，在具体实践中坚持立场、观点和方法的统一，推进马克思主义中国化，促使思想共识在继承中得到发展，推动思想共识实现更高程度的凝聚。

第二，凝聚思想共识要秉持创新性的原则，促进思想共识在发展中创新。"每个时代都有每个时代的精神，每个时代都有每个时代的价值观念。" ❶ 社会发展到什么阶段，时代前进到什么阶段，凝聚思想共识就应该推进到什么阶段，否则就无法紧密团结人民群众，无法将主流意识形态转化为人们共同的思想观念。继承是为了发展和创新，而创新必须

❶ 习近平 . 习近平谈治国理政［M］. 北京：外文出版社，2014：168.

在继承的基础上，否则就会成为无源之水，缺少坚实的思想根基。马克思主义是科学的理论，也是行动的指南，其本身就是继承性和创新性的紧密结合。马克思和恩格斯在创立马克思主义的过程中继承了当时的一些进步思想，对德国哲学及空想社会主义等相关思想进行了吸收和扬弃，是站在人类解放的高度，结合社会发展的规律，在继承和创新中所形成的普遍真理。马克思主义的生命力就在于从诞生之日起便没有停下发展的脚步，在指导中国革命和建设的过程中实现了理论的创新，愈益焕发出真理的光芒。

党的十八大以来，面对如何坚持和发展中国特色社会主义，面对我国事业发展错综复杂的困难和风险，以习近平同志为核心的党中央坚持马克思主义指导思想，高度重视把马克思主义基本原理同中国具体实际相结合、同中华优秀传统文化相结合，着眼现实情况、顺应人民心声，提出了一系列新思想和新观点，推动党和国家事业取得历史性成就、发生历史性变革，创立了习近平新时代中国特色社会主义思想。这是马克思主义的最新成果，是在多年积累的思想成果和实践经验的基础上的理论飞跃，既与马克思主义及马克思主义中国化的理论一脉相承，同时又具有鲜明的时代特色，既坚持了马克思主义基本立场、观点和方法，又在回应时代之问中对马克思主义理论谱系进行了创新性的发展。理论的创新不仅丰富了我国主导思想的内涵，也对凝聚思想共识提出新的要求，只有不断进行理念创新和内容创新，发挥马克思主义的强大优势，才能让思想共识充满科学的力量，让凝聚思想共识的实践活动也在原来的基础上实现在创造中转化，在创新中发展。当前，中国特色社会主义进入新时代，站在新的起点，中国特色社会主义拥有无比广阔的舞台，也面临着历史性的社会变革，需要凝聚更多的思想智慧和更强的发展力量，从而有力推进理论与实践的共同发展，促进社会长期繁荣稳定和中华民族伟大复兴的早日实现。因此，凝聚思想共识要有高度的理论自觉，要有强烈的创新意识，研究新情况，解决新问题，继续激发马克思主义创新发展的生机与活力，展现习近平新时代中国特色社会主义思想的引领力量。要根据社会实际情况的变化对更具时代性的思想内容予以吸纳，对落后腐朽的思想意识进行批判，对社会上存在的各种思想观念和价值取向进行审慎分析、重新组合，从而推动凝聚思想共识呈现螺旋上升的趋势，实现不断超越。唯有如此，才能在创新中增强主导思想的鲜活度，在发展中更好地用科学理论解读时代，在引领多样思想、统一不同认识的过程中提升向心力和凝聚力，让理论创新的巨大动力成为思想共识的强大凝聚力，为推动新时代社会主义的伟大发展提供源源不断的思想支撑和力量保障。

四、整体性与层次性相统一

整体是由部分组成的整体，而部分是对整体的反映，脱离了对事物具体性的分析，就难以有针对性地解决实际问题；脱离了整体性的把握，仅仅从具体的方面入手，就不能认识事物的全貌。凝聚思想共识也是如此。凝聚思想共识是统一思想认识、形成思想合力的实践活动，是在社会主导思想的引领下，将全体社会成员多样的思想意识和多样的思想观念进行调适、整合和凝练，从而实现社会整体共同性的思想认识，达到一种相对稳定聚合的思想状态。因此，这将涉及个体与个体、个体与群体、群体与整体之间的关系，更关乎整个社会系统的运转和协调。因为不同的思想认识背后是不同的社会关系和利益关系，想要将不同的理想信念、价值取向、道德规范有效地整合和凝聚起来是一项系统工程，一定要坚持整体性与层次性相统一的原则，在整体推进的同时注意凝聚思想共识的层次性，既要有全局的视野和协同的思维，还要把握好各个部分和不同领域的内在联系，更好地促进广大社会成员之间实现多种利益关系的融合，以及思想合力的有效凝聚。

第一，坚持整体性的原则，从整体推进思想共识的凝聚。凝聚思想共识牵涉到经济、政治、文化多个领域，囊括了个体、群体、集体等成员结构，每个阶层和集团都有自己的政治诉求和价值追求。为了巩固和扩大自身的利益，争取更大的发展空间，争夺在社会中的资源和话语权，每一种力量都会试图让自己的思想意识成为在社会中占优势地位的共同思想，进而成为被广大社会成员接受的主导价值，因此，需要我们从整体去统筹和推进这项复杂的实践活动。

首先，要整体把握马克思主义指导思想。马克思主义及其中国化的理论成果是我们凝聚思想共识的核心内容，是一个完整的思想体系，必须坚持完整的马克思主义，并且将这一完整的思想体系与我国实践相结合，指导当前我国各项事业的发展。"一切划时代的体系的真正的内容都是由于产生这些体系的那个时期的需要而形成起来的。"❶历史也已经有力证明，只有马克思主义直面现实重大问题，揭示了人类社会发展的规律和历史必然性，从根本上解决了我们国家的前途和命运问题，逐渐被广大人民群众理解和掌握并成为我们国家的指导思想。回顾当年积贫积弱的年代，包括马克思主义在内的各种主义和思潮汹涌，仁人志士也尝试过用其他的主义和其他的道路来救亡图存，可是都失败了，只有马克思主义这一科学又强大的思想武器指引着我们实现了民族独立和发展，并走上了民族复兴的强国之路。同时，马克思主义在指导实践的过程中还与我国实际相结合实现了创新性的发展，形成了中国化的理论成果，这些成果是马克思主义在我国的逻辑展开和伟大飞跃，不断开辟着马克思主义新的境界，构成并丰富了马克思主义一脉相承又与时俱进的思想体系。割裂两者之间的关系，就是否认马克思主义，否认我国指导思想的理论发展史，不仅不利于凝聚思想共识，还可能动摇我们国家的思想根基，产生严重的政治后果。"任何社会整合最有效也是最根本的方式和途径就是使某种意识形态社会化。"❷因此，要用联系和发展的眼光看待马克思主义，用整体性的思维看待指导思想的确立和发展，自觉坚持和运用马克思主义不断进行理论创新和实践创新，提升解决思想问题和改革发展问题的综合能力，把人们的思想共识凝聚好，把我们的社会主义事业发展好。

其次，要整体把握我国凝聚思想共识工作的庞大复杂，整体把握凝聚思想共识的实践路径。总体来看，我国社会的思想状况积极向上，但是也存在着思想分歧加剧、西方思潮加快侵袭、意识形态挑战严峻等危机，凝聚思想共识在经济、政治、文化、社会、生态等领域分别存在着不同的情况和问题，需要我们从社会存在的变化中找原因，从整体的社会生活中找答案。社会意识反映社会存在，社会整体思想共识的凝聚同整个社会主义各项事业的推进密不可分，凝聚思想共识的问题也受制于社会主义现代化建设的发展实践。我们坚持改革开放，极大地促进了我国经济社会的发展，社会领域也发生了广泛和深刻的变化，取得显著成就的同时

---

❶ 马克思恩格斯全集：第3卷［M］.北京：人民出版社，1960：544.

❷ 王邦佐.中国政党制度的社会生态分析［M］.上海：上海人民出版社，2000：246.

也带来了一些发展中的问题，工业生产与生态环境之间的矛盾越来越突出，社会阶层的分化和利益矛盾的复杂交织也越来越激化，以及经济发展的不平衡不充分等问题导致了人们在思想认识和价值观念等方面的冲突，对凝聚思想共识产生了负面影响。这些问题的解决还是要依靠发展，只有中国特色社会主义实现整体性的发展，人们的现实生活得到整体性的改善，思想认识水平才能得到提升，思想共识的凝聚才能更好实现。因此，要继续推进全面深化改革，推进社会的整体协调发展，并且要从最广大人民群众的共同利益和共同价值出发，不能从某一个领域出发只凝聚该领域的思想共识，也不能从某一群体的利益出发来调整政策，任何领域的发展短板和任何群体的狭隘利益都会阻碍思想共识的凝聚。只有从国家和民族的整体利益出发，以人民群众的根本利益为最终落脚点，才能制定有利于国家长远发展和民族长久存续的方针政策，整合不同阶层、不同群体的利益和思想。

第二，坚持层次性的原则，凝聚思想共识要根据思想实际，分层次推进。思想共识的形成和发展是一个延续的过程，凝聚思想共识是一项需要多方面综合作用的整体性实践活动，其整体目标的实现离不开对具体问题的分析，离不开不同层次社会成员的参与和支持。只有坚持整体性与层次性的统一，在层次性中始终坚持整体性的目标，在整体性中始终关注层次性的样态，才能促进凝聚思想共识伴随着层次的递进而不断增进。从我国的现实来看，在改革开放之前，经济水平较为落后，人们的利益来源十分集中，利益分配较为均衡，利益差距较小，因而利益关系和社会阶层都呈现出单一化的状态，人们的思想认识都集中和凝聚于改变落后的生产面貌，促进社会经济的快速发展。随着改革开放的实行和市场经济的推进，人们的利益来源和利益分配方式变得丰富多样，不同的岗位和不同的能力带来了不同的利益收入，尤其是不同的经济关系形成了不同层面的利益关系，产生了新的利益群体和社会阶层，导致了利益差别的扩大和利益矛盾的激化。如何在利益纷争中调整利益关系，满足不同群体的利益，缩小不同阶层的差距是凝聚思想共识的关键问题。我国凝聚思想共识的对象是全体社会成员，现在的社会成员不是单一化的构成，而是包括了新兴阶层在内的众多不同层次的社会群体，有农民和进城务工人员，有共产党员和党外人士，有知识分子和民营企业家，有宗教人士和非信教群众等。事实上，这些个体或群体的思想意识往往有异有同，既存在共同性的观点，也有着相异或相反的思想，在思想认识水平和高度上也体现出一定的层次性，究其根源，是由于阶层关系和利益关系的差异性。差异和矛盾无处不在，人的需求也永无止境，不同个人、阶层和群体从自身出发对利益的争取、对美好生活的诉求也会时有冲突。马克思指出："已经得到满足的第一个需要本身、满足需要的活动和已经获得的为满足需要而用的工具又引起新的需要，而这种新的需要的产生是第一个历史活动。"❶当前，我国社会主要矛盾已经转化为人民日益增长的美好生活需要和不平衡不充分的发展之间的矛盾，归根到底，解决的办法其实就是满足不同层次群众的利益需求，更好满足人民在经济、政治、文化、社会、生态等方面日益增长的需要，更好推动人的全面发展、社会全面进步，实现人民群众在经济、政治等不同方面的向往和追求。

把层次性落实到凝聚思想共识中，需要正视社会群体的层次性和利益矛盾的层次性，从不同群体面临的利益问题和生活难题出发，深入人民群众的实际生活环境，了解不同群体的整体生活状况，掌握不同层次社会成员的思想特点和思想动向，把解决实际问题和思想问题结合起来，在帮助不同群体改善生活水平的过程中贯穿着社会主义主导思想，在满足不同群众利益需求的过程中促使他们达成利益共识，进而凝聚起思想共识，弥合不同阶层的思想分歧，促进思想领域的积极向好和社会秩序的和谐安定。此外，社会主体在认知程度上存在层次性的差异，要求我们必须根据人们的思想实际，分层次推进思想共识的凝聚，融合不同社会阶层的思想共识。不同的社会成员由于客观条件和主观能力的区别会形成不同的思想认识，导致人的思想意识也呈现出了层次性，凝聚思想共识应该依据不同的群体采取不同的方式，并且在凝聚的程度上也要有所区分，合理制定符合该层次的具体目标，太高或太低都不利于统一思想认识，团结人民群众，实现最大范围的凝心聚力。只有针对不同个体、不同群体的思想需要，协调不同层次社会成员的利益关系，才能够引起人们的共鸣，得到人们的认可和认同。例如，对于党员领导干部，由于该群体在社会中的位置和作用，

---

❶ 马克思恩格斯选集：第 1 卷 [M].北京：人民出版社，2012：159.

对他们的要求更高更严格，必须坚定马克思主义理想信念，当好马克思主义和社会主义意识形态的捍卫者。还应该注意的是，对不同阶层和不同群体的思想进行整合和凝聚，要以实现最广大人民群众的根本利益为基本目标。马克思明确说过："只有在共同体中，个人才能获得全面发展其才能的手段，也就是说，只有在共同体中才可能有个人自由。"❶人离不开共同体，个体利益的实现也要依托共同体的根本利益。人民群众的共同利益需要思想共识的支撑，而思想共识的凝聚也需要共同利益的确立，思想共识究竟能否认同，能够得到多大程度的凝聚，关键取决于是不是代表了人民群众的根本利益，是不是符合社会整体的发展要求。凝聚思想共识要把整体性和层次性有效结合，把人们的共同利益和不同群体的需求统一起来，弘扬具有共同价值基础的主旋律，激发全体人民对思想共识的认可，不断巩固我国凝聚思想共识的群众基础。

第三节　创新凝聚思想共识的有效方法

在社会成员的思想观念日益多样，利益关系和利益纷争错综复杂的当今社会，凝聚更广泛的思想共识，争取更强大的合力支持，必须讲究一定的方法和策略。思想共识是系统化的思想体系，社会也是个多层次的庞大的体系结构，凝聚思想共识的目的就是在全社会画出最大的思想同心圆，筑牢全党全国人民团结奋斗的精神之魂，聚合中华民族更加强劲的精神力量。但从现实性上讲，我国社会目前既有思想理论水平较高的社会成员、也有在思想认识上困惑诸多的社会成员，既有坚定认同马克思主义主流意识形态的社会成员，也有在思想共识上存在动摇、还不够稳固的社会成员。这就需要根据客观的现实情况，考虑到不同的社会成员和不同的思想认识水平，积极探索并合理运用凝聚思想共识的基本方法，只有采取正确的原则和有效的方法，才能实现预期效果。正如毛泽东所说："我们不但要提出任务，而且要解决完成任务的方法问题。我们的任务是过河，但是没有桥或没有船就不能过。不解决桥或船的问题，过河就是一句空话。不

---

❶ 马克思恩格斯选集：第4卷［M］.北京：人民出版社，2012：409.

解决方法问题，任务也只是瞎说一顿。"❶ 当前，我国凝聚思想共识可以采取理论武装、思想疏导和实践强化三种方法，这三种方法是互相联系、相辅相成的，需要在实践过程中配合使用才能充分发挥思想共识的引领和整合作用，提升人们在思想意识、价值观念、理想信念等方面的认识水平，巩固整个国家的主流意识形态，巩固全党全社会思想上的团结与统一，为实现中华民族伟大复兴提供无穷的精神力量和发展力量。

一、理论武装

恩格斯指出："一个民族要想站在科学的最高峰，就一刻也不能没有理论思维。"❷ 历史和现实都表明，一个没有理论思维的民族，一个无法凝聚思想共识的社会，是无法实现长期稳定和长久发展的。用理论武装全党和全国人民，从思想上引导人，在实践中凝聚人，是中国特色社会主义道路劈波斩浪、中国特色社会主义事业取得巨大发展的重要经验，也是当前凝聚思想共识必须坚持的重要方法。立足社会主义新时代，要坚持认真学习并科学运用马克思主义，紧紧抓住与国家的发展和建设关系重大的战略问题，盯住与人民群众的思想和生活密切相关的紧迫问题，掌握群众，推进创新，用马克思主义及最新的理论成果武装全党和全体人民。

首先，理论学习是基础。科学的思想理论不会自发进入人们的头脑，更不会短期形成高度的理论水平和理论自觉，而是要依靠长期的理论宣传、理论教育和理论学习。人们通过学习才能创造历史，走向未来，只有不断地进行理论学习，才能积累思想智慧，提升理论水平，筑牢信仰之基。人们无论是从事何种职业，社会无论发展到何种程度，理论学习和理论掌握的程度，直接决定了人们思维视野的广度和政治信仰的深度，决定了一个社会战略目标的高度和持久发展的力度。因此，要以理论教育为根本着眼点，在全社会范围开展全面深入的学习，开展及时跟进的学习。具体来看，全面深入的学习就是要在学懂弄通上下功夫，防止断章取义和碎片化。马克思主义是科学的理论，是人民的理论，更是一个不断发展和完

---

❶ 毛泽东选集：第 1 卷 [M].北京：人民出版社，1991：139.

❷ 马克思恩格斯选集：第 3 卷 [M].北京：人民出版社，2012：875.

善的思想体系，开展理论学习就是要学习马克思主义的立场、观点和方法，强化理论学习的整体性和系统性，通过读原著悟原理领会马克思主义的理论精髓，掌握马克思主义的精神实质，学会运用马克思主义来认识事物和分析事物，从而真正坚定马克思主义理想信念，认同马克思主义思想指导，不断提高马克思主义理论水平，为思想共识的凝聚打下理论基础。及时跟进的学习就是要在与时俱进上下功夫。每当理论创新推进一步，理论学习和理论武装就应该跟进一步。作为马克思主义在当代中国、在 21 世纪的理论形态，习近平新时代中国特色社会主义思想推动马克思主义中国化时代化实现了重大发展，指引中国特色社会主义进入了新时代，从理论与实践的结合上科学回答了中国之问、世界之问、人民之问、时代之问，是当前理论学习和理论研究的重要内容。我们要深学细悟习近平新时代中国特色社会主义思想的理论体系和核心要义，坚持不懈用习近平新时代中国特色社会主义思想凝心铸魂，将其转化为坚定理想、锤炼党性和指导实践、推动工作的强大力量，通过理论学习努力在以学铸魂、以学增智、以学正风、以学促干方面取得实实在在的成效，从而以更深的理论基础、更好的精神状态，不断把中国特色社会主义推向前进，在新征程上创造新的历史伟业。

其次，掌握群众是关键。理论武装不应该仅仅停留在思想认识层面，而是应该有着明确的实践指向和人民情怀，不仅要学懂弄通，还要进一步做实，将理论与实践相结合，与人民群众的思想实际和现实生活相结合。理论只有最大限度地贴近群众，调动和激发人们的热情，才能更好凝聚共识、促进团结。"批判的武器当然不能代替武器的批判，物质力量只能用物质力量来摧毁；但是理论一经掌握群众，也会变成物质力量。理论只要说服人，就能掌握群众；而理论只要彻底，就能说服人。所谓彻底，就是抓住事物的根本。"❶ 可见，理论只要说服人，就能掌握群众，具有强大的力量，但如何能够让理论在现实生活中真正地说服人，掌握群众，从而把科学理论变成促进人和社会发展进步的动力，是需要付诸艰辛努力的重任。在对广大社会成员进行理论教育和引领的过程中，要阐释清楚马克思主义理论的真理性，善于突出理论对人民群众美好生活需要的回应，用群众听得懂、听得进、喜欢听的语言说服人，在解决事关群众切身利益的实

---

❶ 马克思恩格斯选集：第 1 卷［M］．北京：人民出版社，2012：10.

际问题中引导群众加深对理论的领悟，不断提升人民群众的理论水平和思想觉悟。同时，还要善于从国家翻天覆地的发展历史、人民生活不断改善的现实成就中发掘素材，让人们了解马克思主义理论和社会主义道路恰恰是我国人民的选择，帮助人民群众坚定理想信念、划清是非界限、澄清模糊认识，对马克思主义做到真信笃行，使科学的理论拥有坚实的群众基础，让全国人民都凝聚在马克思主义和中国特色社会主义旗帜之下，共同推进社会主义理论与实践的发展。

最后，方式创新是重点。一段时期以来，为了提升人们的理论水平，凝聚人们的思想共识，在全社会范围对社会成员进行理论宣传和教育时常常采取较为生硬的方式，将马克思主义和社会主义意识形态灌输给广大人民群众，这在一定时期取得了较好的效果，让马克思主义的科学理论逐渐深入人心，成为我国人民的思想武器。列宁曾指出："社会主义意识是一种从外面灌输到无产阶级的阶级斗争中去的东西，并不是一种从这个斗争中自发产生出来的东西。"❶但随着时代的发展，人们的主体意识日益增强，网络媒体成为理论宣传的新阵地，以往理论教育和理论武装采用的简单的"灌输"或单一的教育方式，已经越来越难以奏效。2013年8月19日，习近平总书记在全国宣传思想工作会议上深刻指出，"在宣传方面，西方国家是很有一套的……做'看不见的宣传'。他们的策略是，上乘的宣传看起来要像从未进行过一样，最好的宣传应该是能让被宣传的对象沿着你所希望的方向行进，而他们却认为是自己在选择方向"❷。我们需要研究和吸取西方国家在理论宣传和意识形态工作方面的有益经验，注重方式创新，加强无形渗透。创新是活力之源，必须加强话语方式和传播方式的创新，才能促进不断发展的理论"飞入寻常百姓家"。在话语方式上，要在坚持理论内容的基础上创设新的话语表达方式，让理论回归实践，让意识形态贴近人民群众，有了行之有效的话语方式和群众喜闻乐见的表达方式，广大人民群众才能更好地理解和接受党的创新理论。因此，用理论武装人民要将理论话语和生活话语相结合，既要坚持运用科学严谨的学术话语，也要适当采用生动鲜活的时代话语，提升马克思主义理论的亲近感，增进主

❶ 列宁选集：第1卷［M］.北京：人民出版社，2012：325.
❷ 习近平.在全国宣传思想工作会议上的讲话［N］.人民日报，2013-08-19（001）.

156

流意识形态的亲和力。在传播方式上，要拓展理论传播渠道，丰富理论宣传载体。互联网的普及和信息技术的发展极大地改变了人们的学习方式、思维方式和生活方式，充分利用和巧妙应用网络媒体等现代科技进行理论传播和思想教育是凝聚思想共识的必要方法。当前，新兴媒体如雨后春笋般涌现，在理论传播时要打破惯性思维，充分利用网站、微信和"学习强国"等平台宣传党的理论主张，丰富理论学习资源，增强人民群众的参与感和主动性，增强主流意识形态的引领力和影响力，克服传统理论灌输形式呆板的问题，促使理论武装取得事半功倍的效果，提高人们的理论认识，增强社会的团结稳定。

二、思想疏导

矛盾是社会发展的动力，正是在不断解决矛盾的过程中生产力和生产关系得到了发展，社会形态实现了更替。即使在社会主义社会，矛盾依然存在并会长期存在，旧的问题解决了，新的问题又会出现，这是我们必须承认的客观事实。这里的矛盾和问题既涵盖经济、政治、文化、生态等领域，也包括人的思想矛盾和社会意识方面出现的分歧。随着社会结构的转型和利益格局的调整，影响我国社会稳定的矛盾愈加突出，积极解决当前矛盾、化解社会冲突离不开思想疏导。具体到思想领域来看，思想观念多样多变，思想分歧层出不穷，人们的思想认识与思想共识之间还存在一定的差距，而人的思想活动是非常复杂的，解决人们的思想问题不能只是采取强制手段，也不是仅仅依靠加强理论武装、提升理论水平就能解决的，而是要为他们解开思想上的疙瘩，澄明思想上的困惑。思想疏导是疏通思想情绪、引导思想认识的重要手段，也是凝聚思想共识的重要策略，我们要进一步优化思想疏导的方法组合，既要"疏"又要"导"；既要以理服人，又要以情感人；既要疏通引导，又要约束规范，最大范围凝聚人民群众的思想共识。

首先，既要"疏"又要"导"。"疏"即疏通，主要是指疏通思想情绪，减少思想的对立，从而提高认识，统一思想。"导"即引导，主要是指要引导人们的思想认识向积极健康的方向发展，将不正确的思想观点和错误的价值观念转化为与社会主流保持一致的思想认识。疏通和引导是密切联系的有机整体，相互影响，相互促进，疏通是引导的基础，引导以疏通为前提，并且是疏通的目的。如果缺乏疏通，人们的思想疑惑无法消除，负面情绪难以排解，思想矛盾就不容易缓解；如果没有引导，正确的思想认识就得不到肯定，不正确的意见观点就得不到纠正，久而久之，是非界限会模糊，部分人的思想认识会与主流思想出现更大的差异，从而引发新的冲突和矛盾。因此，我们必须直面矛盾，将疏通与引导相结合，"消极堵塞不是彻底解决问题的办法，正确疏导才能事半功倍"❶。思想疏导的本质是从思想层面协调利益关系，在现实生活中，思想问题和利益问题总是相生相伴，需要对人们进行说服教育、思想疏导，在倾听人们心声诉求、掌握人们思想意见的过程中打通思想认识，不断解决好人民最关心最直接最现实的利益问题；在释疑解惑、因势利导的过程中引导人们正确认识利益问题，处理好个人利益与社会集体利益之间的关系。"利益关系得到协调，思想情绪得以理顺，社会发展中的不稳定因素就能得到及时化解，各种矛盾冲突就能得到有效疏导，社会和谐也就有了牢固的基础。"❷当前，我国处于社会主义蓬勃发展的新时代，改革任务重，利益矛盾大，思想观念杂，加之网络环境和虚拟交往的实践对人们的利益关系、思想观念、行为方式都造成了极大的影响，由利益关系导致的思想差异亟待解决。这就更需要思想共识的凝聚，需要通过疏通引导来化解利益矛盾，消除思想疑虑，正确认识多样的思想意识，有力协调复杂的利益关系，妥善处理多样的社会矛盾，促使全国人民心往一处想、劲往一处使。

其次，既要以理服人，又要以情感人。当今的世界处于大发展大变革时期，我国社会也正在经历广泛而深刻的变革，越是处于变革时期，越容易面临机遇和风险的双重考验，也越需要通过思想疏导来凝聚思想共识，增强社会向心力，巩固社会稳定力。凝聚思想共识是引导人、凝聚人的实践活动，而思想疏导作为凝聚思想共识的策略，以理服人才能引导人，以情感人才能凝聚人，因此要坚持以理服人和以情感人的统一。思想疏导的关键在说理，强调的是正面教育和解释透彻，但不代表忽略情感因素，不厚植同群众的感情，"通过传统和教育承受了这些情感和观点的个人，会

---

❶ 习近平.妥善化解社会矛盾　全力维护社会稳定［J］.求是，2004（3）.

❷ 习近平.加强基层基础工作　夯实社会和谐之基［J］.求是，2006（21）.

以为这些情感和观点就是他的行为的真实动机和出发点"❶。以理服人离不开以情动人，以情动人是为了促进以理服人。人是情感的动物，情感具有强大的感召力，人的思想往往会受到情绪和情感的影响，如果只讲究情感联系和情感共鸣，没有理论的支撑和道理的阐释，人们的思想认识就得不到端正，思想困惑就得不到解决。如果只讲究说道理和摆事实，但在情感上相互排斥，在思想上彼此不理解，那么即使理论和道理是科学正确的，同样会引起人们的反感和抵制，起不到思想疏导的效果，也无法凝聚人们的思想共识。如果人们的情感长时间都是充满隔阂和对立的，敌对情绪积累到一定程度就会诱发集聚性的群体事件，后果将会不堪设想。如今人们思想认识水平的不足和凝聚思想共识的问题，一方面是由于说服教育还不够彻底，疏通引导还不够到位，没有针对人民群众的思想疑惑和现实诉求做好以理服人的工作，使人们对一些社会问题和热点现象认识不深，与主流思想和思想共识产生了一些偏差；另一方面也有同群众联系不够、情感交流不够、人文关怀不足的因素。因此，想要保证思想疏导的顺利实施，就需要晓之以理和动之以情，不但要高度重视以理服人，扣准人们的思想实际，认真做好解释工作和引导工作，还要做到以情感人，与群众结友交心，掌握群众的思想特点，切实引起人们的情感共鸣。需要注意的是，群众反映的实际需求和意见诉求并不一定全都合法合理，面对与政策法规不相符的诉求，要理直气壮把法律法规亮出来，把事实和依据摆出来，把理论讲明白，把道理讲清楚，同时也要注意态度的诚挚，积极进行情感上的交流，凭真心、用真情争取人民群众的理解和支持。

最后，既要疏通引导，又要约束规范。无论是革命战争年代，还是和平建设年代，中国共产党始终能够团结全国人民，共同努力奋斗，其中一个重要的原因就是重视思想工作，坚持思想动员，保证凝心聚力。从救亡图存到民族复兴，这一路走来的艰辛和辉煌印证了中国共产党和全国人民付诸的努力，也得益于思想疏导的成效和思想共识的凝聚，并在长期实践过程中总结了一定的方法和经验，那就是在凝聚思想共识的过程中，必须坚持思想疏导策略，将疏通引导和约束规范结合起来，从内部进行柔性的思想疏通和思想引导，从外部通过社会的法律、制度、道德准则对人们

---

❶ 马克思恩格斯选集：第 1 卷［M］.北京：人民出版社，2012：695.

进行批评、惩罚、制裁，以此端正人们的思想认识，约束人们的思想和行为。一方面，我国各个阶层和个体之间的思想认识差异较大，对于社会问题和社会事件的态度复杂，人们的情绪问题和思想困惑需要疏通引导，同时也需要对人们的思想和行为进行规范，尤其要对错误有害的言论和行为予以惩处。另一方面，约束规范也是为了更好地疏通引导，思想问题的出现有时候也是约束不足导致的，要加强规约手段的完善和约束方式的创新，将社会主导思想及核心价值观融入整个社会的方方面面，通过管理和治理促使人们能够明辨是非，厘清思想迷雾，树立正确观念。"疏导，也包括运用法律的手段。"❶ 只重视疏通引导或者只对人们进行约束规范都是对思想疏导策略的片面理解，在实践中都会引起消极的影响。邓小平曾深刻指出："制度好可以使坏人无法任意横行，制度不好可以使好人无法充分做好事，甚至会走向反面。"❷ 换言之，好的制度能够惩恶扬善，激发和维护人们正确的思想观念、政治观点和道德规范，增强人们对国家和社会的认同感。而坏的制度则会破坏社会公平正义，侵害人们正常而普遍的利益，导致人们对政党、社会、国家产生消极不满的情绪，利益问题和思想问题只会愈演愈烈，靠疏通引导是难以解决的。如果一个社会的思想问题严重，思想共识难以凝聚，那么是否有明确合理的法律和制度，是否能够规约好人们的思想和行为就可能是引发问题的重要原因，也是需要深思和加强改进的关键环节。可见，思想疏导要坚持将疏通引导和约束规范结合起来，让法律、制度等发挥出积极的规约作用，创造公平公正的社会环境和健康和谐的社会氛围，共同引导人们的思想意识向善向好向上，有效凝聚人们的思想共识，增强社会的精神合力。

三、实践强化

实践是认识的来源和动力，是检验思想认识是否具有真理性的唯一标准，人类社会发展至今，每一次在实践中的巨大进步都是由思想认识推动的，每一个正确的思想认识也都是在实践发展中总结出来的。"在社会历史领域内进行活动的，是具有意识的、经过思虑或凭激情行动的、追求

---

❶ 邓小平文选：第 3 卷 [M].北京：人民出版社，1993：194.

❷ 邓小平文选：第 2 卷 [M].北京：人民出版社，1994：333.

某种目的的人；任何事情的发生都不是没有自觉的意图，没有预期的目的的。"❶ 实践是人们有目的有意图的活动，是人们思想认识形成的基础，中国特色社会主义的发展实践是中国人民自己的选择，是顺应历史潮流、结合我国实际所作出的关键抉择，成功开辟了一条既符合国情又能推动社会进步的现代化道路，并且不断以实践的伟大创新推动理论的伟大飞跃，塑造和调整着当前的社会结构、社会面貌，从根本性上改变和影响着人们的思想认识和社会整体思想共识。因此，在凝聚思想共识的活动中，实践占据着核心地位，只有在现实生产交往实践中，人们才能形成思想共识，也才有形成思想共识的必要和可能。可以说，这是一项复杂的实践活动，但长期以来，对于思想问题的处理和思想共识的凝聚，往往过于强调理论教育和思想教育，反而对实践教育和实践引导有所忽视。实践活动的推进要依靠实践的力量，实践发展中出现的思想问题也要在实践中解决，面对当前思想观念的深刻变化，思想认识的日趋多样，我们更要注重实践活动的作用，采取实践强化的策略。

首先，实践强化要引导人民群众积极参与实践。实践是主观见之于客观的活动，具有客观性和现实性，列宁指出："实践高于（理论的）认识，因为它不仅具有普遍性的品格，而且还具有直接现实性的品格。"❷ 各项事业的推进和生活条件的改善都要靠实践，思想共识也要通过实践的方式才能得以真正凝聚，因此，要引导人民群众积极参与实践，在实践中加强思想引导，破除认知误区，逐渐达成一致性认识，加深对思想共识的理解。社会实践是不同主体参与的具体的活动，即使是同一个时代、同一个社会生活的主体，每个人都在社会中扮演着不同的角色，参与了不同的实践，因而会由于主体能力的高低、实践条件的强弱产生不同的结果，在思想上也会呈现不同的状态，与思想共识之间存在着程度不一的差距。如果无视这些差异和差距，任由人们自己维持当前的实践现状而不加以引导，那么思想认识也可能就维持在这个阶段而难以提升，具体的实践问题解决不了，相应的思想问题便难以化解，而思想问题的加剧又会进一步阻碍实践的发展，久而久之，实践漫无目的，思想分歧加剧，在恶性循环之中整

---

❶ 马克思恩格斯选集：第 4 卷［M］.北京：人民出版社，2012：253.

❷ 列宁全集：第 55 卷［M］.北京：人民出版社，1990：183.

个社会的思想共识难以凝聚，实践的发展也失去了思想的合力。为了促进思想共识的凝聚，在运用实践方式时要树立问题意识，提升精准思维，有针对性地引导人民群众积极参与实践。只有在了解社会现状，掌握人民群众生活实际和思想实际的基础上，才能较为准确地了解不同群体的思想意识与思想共识之间的差异，确保在动员和引导不同群体进行实践之前做好实践活动的策划，明确实践的内容、实践的目的，并且调控好实践的进程，保证实践的最终效果。例如，青年学生群体是中国特色社会主义事业的建设者和接班人，他们的思想状况不仅关系到自己的身心健康和成长成才，更关系到意识形态安全和思想共识的凝聚，关系到国家的长治久安和民族的长远发展。青年学生思维活跃、思想多样，但是实践能力不强，对社会了解不深，社会责任感相对缺乏，容易受到不良现象、社会思潮，尤其是网络媒体上不良言论的影响。针对青年学生的特点和情况，要大力开展丰富多彩的学生实践活动，鼓励学生积极参与暑期社会实践、志愿服务活动、党日宣讲活动，引导学生深入基层、走进农村、进入社区，在实践中学以致用，在实践中了解社会，全面认识我们国家顽强拼搏所取得的伟大成就，正确看待社会各领域仍然存在的问题，从而增强辨别能力，提升思想定力，感受社会主义制度的优越性，坚定社会主义道路的信心，让他们的思想、情感和行为都能主动向社会要求的目标靠近。

其次，实践强化要大力发挥人民群众主体力量。实践出真知，实践不仅是认识发展的动力，更是社会发展的动力之源，但是实践重要作用的实现取决于人的力量的发挥。人是从事认识活动和实践活动的人，实践是人所从事的实践活动，也就是说，没有一个个现实的人的存在，也就没有社会；离开人的主观能动性的发挥，实践也难以发展。历史已经有力证明，人民群众是社会历史发展的主体，也是时代发展的决定力量。"工业的历史和工业的已经生成的对象性的存在，是一本打开了的关于人的本质力量的书。"❶人类通过创造物质生活和精神生活形成了社会生活的基本领域，促进了社会样貌的丰富多彩，通过发挥自身的本质力量，实实在在推动了人类的发展，并使自身的力量得到了对象化的显现。不仅工业的历史，一切人类社会产生以来的历史都是人们主体力量和创造精神的对象化的产

---

❶ 马克思 .1844 年经济学哲学手稿［M］.北京：人民出版社，2000：88.

物，只不过在不同的社会和不同的时代，人们主体力量发挥的程度会有所不同，人与自然、人与社会、人与人之间的关系也随之变化。"真正的铜墙铁壁是什么？是群众，是千百万真心实意地拥护革命的群众。"❶革命和建设都是如此，需要的是千百万真心实意并且能够施展能力的群众。在一个尊重人民群众主体地位的社会，人的力量和创造精神可以得到较为全面的显示，主体作用发挥得越充分，自我价值和相关利益越能够得到满足，思想情感和价值取向就越能够符合社会要求。反之，不尊重人民群众的社会总会想方设法削弱人民的力量，使人民群众的主体作用无法展示，能动性被压制，最终导致的结果只能是社会发展的动力越发不足，人民群众对于实践的参与丧失热情，对于社会问题的理解和认识会产生偏差，对于主导思想的认同也会大打折扣，严重阻碍人们思想认识的统一和思想共识的凝聚。由此可见，人民群众是实践发展的动因，是凝聚思想共识的直接动力，实践强化要以人民群众的生动实践为基础，大力发挥人民群众主体力量，充分激发人民群众的积极性和能动性，让人们可以在火热的生活中得到思想引导，让人们可以在思想的交流交融中谋共识，不断完善和提升人们的思想认识水平，不断凝聚思想共识，凝聚党心民心。

最后，实践强化要增强群众推进改革的积极性。中华人民共和国成立之后，人民成为国家的主人，在全国确立了人民当家作主的社会主义制度，极大提升了人民群众的主人翁地位，增强了人们投身社会主义建设的主动性和创造性。马克思主义是思想的利器和实践的密钥，在实践的过程中人们自觉接受了马克思主义的指导，并且得益于马克思主义凝心聚力的强大作用，全国人民团结一心，努力探索社会主义的发展道路。但是在一段时期内，我们国家的实践模式受到苏联模式的影响，采取了高度集权的政治体制和计划体制，导致社会活力无法释放，主体精神受到了压制。直到党的十一届三中全会召开，重新确立了解放思想和实事求是的思想路线，改革开放在全国范围逐步展开，使人民群众的主体力量得到了充分的施展，使整个社会涌动出了无穷的创造力量。改革开放是我国广泛而深刻的社会实践，顺应时代发展、顺应人心民意，改变了国家的面貌和中国人民的面貌，在推动经济发展、改善物质生活的同时也促进了思想水平的提

---

❶ 毛泽东选集：第 1 卷［M］.北京：人民出版社，1991：139.

升、精神生活的丰富，改革实践呈现出全面发力、多点突破的状态。回顾
这四十多年的实践历程，深刻印证了改革开放是决定当代中国命运的关键
一招，没有思想解放就没有改革开放，没有人民群众首创精神的发挥就没
有思想共识和改革合力的凝聚，这是我们取得巨大成就的重要经验，也是
必须长期坚持下去的重要法宝。改革只有进行时没有完成时，改革实践的
不断推进需要一代又一代中国人共同为之努力，需要团结更多人民群众的
大力支持，需要凝聚更广泛的改革共识。毛泽东指出："要团结一切可以
团结的人，这样，我们就可以把敌人缩小到最少……朋友越多越好，敌人
越少越好。"❶当前，我国的改革已经进入攻坚期和深水区，需要解决的顽
瘴痼疾更加艰巨，需要面对的不确定性愈加严峻，社会的矛盾也在倒逼改
革，必须保持将改革开放进行到底的定力，通过全面深化改革进一步释放
改革红利，通过扩大对外开放进一步激发进取精神，持续增强群众推进改
革的积极性，不断实现人民对美好生活的向往，在改革实践中真正坚定对
马克思主义的信仰、对中国特色社会主义的信念，及时回应人民群众关切
的思想问题和现实问题，为实现中华民族伟大复兴凝聚起全社会的思想共
识和精神力量。

第四节　拓展凝聚思想共识的多维途径

　　任何时期的凝聚思想共识总要基于具体的历史条件和时代特征，面对
当前的现实挑战，新时代凝聚思想共识要将全体社会成员多样的思想意识
和多样的思想观念进行调适、整合，需要顺应时代发展和人们思想变化特
点，用社会主义核心价值观去引导全社会的价值追求，在社会和国家层面
建设具有强大凝聚力的社会主义意识形态，从而在全社会形成共同性的思
想认识，形成维护社会稳定团结和国家长治久安的精神力量。可见，思想
共识的凝聚不仅是一项统一思想认识、形成思想合力的实践活动，更是一
项事关人民群众共同利益和共同价值的系统工程，需要在国家治理和社会
治理的过程中统筹谋划。"治理的目的是指在各种不同的制度关系中运用

---

❶ 毛泽东文集：第 7 卷［M］.北京：人民出版社，1999：62.

权力去引导、控制和规范公民的各种行动，以增进公共利益。"❶ 对国家进行治理、增进公共利益，对思想进行引领、凝聚思想共识，需要在党和政府的顶层谋划下层层展开，多管齐下，多方协同，整体发力，形成党和政府主导、学校家庭社会积极参与、个人因素充分调动的基本途径，筑造全体社会成员共建共享的精神家园。具体来看，在宏观层面，要运用国家意志主导的领导体制，健全党委领导、政府负责的体制机制；在中观层面，要加强社会、学校和家庭的教育，构建一体化的思想教育模式；在微观层面，也就是在主体维度上，需要培育具有思想共识意愿的现代公民。

一、宏观层面：健全党委领导、政府负责的领导体制

凝聚思想共识不是轻轻松松就能实现的，也不是一劳永逸的阶段性任务，需要长期坚持不懈地努力，需要党和政府的坚强领导。随着我国社会主义现代化进程的推进，风云变幻的国际形势、深化改革的国内现状、日趋复杂的社会矛盾给我国社会治理和思想治理提出了新问题、新挑战，凝聚思想共识不仅面临错综复杂的利益关系，也面临着思想文化领域的激烈斗争，执政党和政府如果不能把广大民众的思想统一起来，就容易造成思想混乱、信念动摇，最终难以汇聚人民磅礴之力。凝聚思想共识是汇聚强大发展合力、维护国家和谐统一的关键，要从国家意志的高度建设总揽全局、协调各方的党的领导体系，完善联动融合、集约高效的政府负责体制，提升领导干部的执政本领和领导艺术，用社会主导思想去统一社会成员的思想认识，廓清思想领域的混乱，减少思想意识的分歧，充分发挥思想共识的引领和整合作用，增强国家和社会的凝聚力、向心力。

第一，健全总揽全局、协调各方的党的领导体系。办好中国的事情，关键在党。习近平总书记在党的二十大报告中深刻指出，"坚持党的全面领导是坚持和发展中国特色社会主义的必由之路"❷。这一重要论断，深刻揭示了党的领导与中国特色社会主义的内在必然联系。坚持党的领导，最根本的是坚持党中央权威和集中统一领导。党的历史经验表明，凡是党中

❶ 俞可平.民主与陀螺［M］.北京：北京大学出版社，2006：31.

❷ 习近平.高举中国特色社会主义伟大旗帜　为全面建设社会主义现代化国家而团结奋斗［N］.人民日报，2022-10-26（001）.

央权威和集中统一领导坚持得好，党的事业就兴旺发达；反之，党的事业就遭受挫折。只要深入了解我国的近现代史和中国共产党的发展史，就不难发现，中国最大的国情就是中国共产党的领导，没有共产党就没有新中国，就没有中华民族的独立和富强。中国共产党从诞生之日起，就扛起了马克思主义的科学大旗，确立了为中国人民谋幸福、为中华民族谋复兴的初心使命，担负起了领导社会发展和团结人民的重要责任。时至今日，我们党已经成立百余年，回顾这百年奋斗历程，中国共产党带领全国各族人民，矢志践行初心使命，不断唤醒、团结中国人民，将人民凝聚成强大的历史创造主体，引领人民开启新生活、创造新未来。在领导全国人民进行革命、建设和改革的长期实践中，党始终代表全国最广大人民的根本利益，始终调动广大人民的积极性和主动性，始终在推进理论创新和实践发展中凝聚人们的思想共识，如今取得的发展成就和国际地位已经证明党的领导体系是实际有效的，是合乎国情的，是必须坚持、永不动摇的。毛泽东指出："全心全意地为人民服务，一刻也不脱离群众；一切从人民的利益出发，而不是从个人或小集团的利益出发；向人民负责和向党的领导机关负责的一致性；这些就是我们的出发点。"❶凝聚思想共识的首要途径，就是建设总揽全局、协调各方的党的领导体系，把党的领导贯穿到党和国家事业发展的各领域、各环节，确保党的领导全覆盖。

总揽全局、协调各方既是党的领导核心作用的体现，也是推进党和国家事业发展的迫切要求，对于当前的凝聚思想共识来说尤为重要。一方面，健全总揽全局、协调各方的党的领导体系，把党的领导更好地落实到国家治理各领域各方面各环节，党中央权威和集中统一领导得到有力保证，我们就一定能够形成强大合力，从容应对各种复杂局面和风险挑战。当前的社会问题及诸多矛盾经过长时间累积而盘根错节，往往牵一发而动全身，只有中国共产党运用强大的领导能力和全面的思维视野，才能统筹好各个领域的改革和各项事业的发展，整体推进社会主义制度的发展和民主政治体制的改革，建设一支稳定的军事力量，维护好国家主权和领土完整，完善利益分配、权益保障和矛盾化解机制，为凝聚思想共识奠定坚实的社会基础，创造稳定和谐的社会环境。另一方面，强有力的党的领导才能把全

---

❶ 毛泽东选集：第 3 卷 [M].北京：人民出版社，1991：1094–1095.

党凝聚起来，才能将全国各族人民团结起来。我们必须承认，社会中的不同个体由于主客观条件的原因，在需求、情感、认知、价值观等方面存在着一定的差异，尤其在当前全球化和现代化迅猛推进的过程中，人们的思想意识更是呈现出了多样化和个性化的特征。从我国的实际情况来看，只有中国共产党才具有把方向、谋大局的能力和定力，才能构建起庞大的国家意志主导的运行系统，在目标设定、进程实施、结果评估上实现全面把控和推进，通过在全国范围开展理论宣传和思想教育，提升人们的思想认识水平，引领社会成员差异性的思想认识，促使不同个体的思想意识和发展目标统一到思想共识和国家发展的长远目标上来，从而巩固全党全国人民共同的思想基础，形成广泛而强大的思想合力。

　　具体来看，在思想领导上，要确保党的主导地位，坚持党的思想领导，使党的主张成为国家的意志，党的指导思想成为凝聚思想共识的核心内容。毛泽东曾明确提出："掌握思想领导是掌握一切领导的第一位。"❶长期以来，共产党都注重理论创新和思想建设，不断推进马克思主义中国化、大众化，使马克思主义思想成为我们国家的主导思想。邓小平曾经指出："我们共产党有一条，就是要把工作做好，必须先从思想上解决问题。"❷当前，我国凝聚思想共识要进一步坚持党的全面领导，加强党的思想领导，增强党的思想工作聚民心、暖人心的作用。只有不断提升政治领导力、思想引领力，才能巩固马克思主义和主流意识形态的主导地位，推进社会主义核心价值观的宣传教育，抵制社会上充斥的各种不良言论，尤其是反对党、反对马克思主义的思想的消极影响，解答人民群众的思想困惑，动员全党全国全社会的思想智慧和思想活力，把党的事业、社会主义事业不断向广度拓展、向深度推进。在组织领导上，要确保始终牢牢掌握思想领域的领导权和话语权，为凝聚思想共识提供领导力量和组织保证。话语权的掌控和巩固会直接影响思想共识的凝聚，更事关国家和政党的兴衰成败，苏联的瓦解、苏联共产党执政地位的丧失就是前车之鉴，一旦放弃在思想领域的领导权和话语权，多元的思想就会吞噬主导思想，导致难以挽回的悲剧。"一方面是一定的权威，不管它是怎样形成的，另一方面

---

❶ 毛泽东文集：第 2 卷 ［M］. 北京：人民出版社，1996：435.

❷ 邓小平文选：第 1 卷 ［M］. 北京：人民出版社，1994：184.

是一定的服从，这两者都是我们不得不接受的，而不管社会组织以及生产和产品流通赖以进行的物质条件是怎样的。"❶思想领域也需要权威，不然就无法引领和整合多样的思想认识和价值观念，导致无法统一思想、统一行动。因此，话语权和领导权任何时候都不能放松，并且要随着时代的进步和形势的变化与时俱进地增强，打造具有中国特色和中国风格的话语体系，增强马克思主义的主导力和整合力，旗帜鲜明地抵制西方社会思潮、意识形态话语霸权，切实提升党的群众组织力和社会号召力，守护好亿万民众共同的精神家园。

第二，完善联动融合、集约高效的政府负责体制。党和国家机构职能体系，是中国特色社会主义制度的重要组成部分，是党治国理政的重要保障。在党的领导下，各级政府发挥的作用如何，直接关系社会治理效能，直接关系各项制度、方针、政策的落实程度，直接关系社会主义现代化建设事业的顺利发展。我们国家对政府的职能定位和领导体制经历了一个发展过程，在实行改革开放的伟大国策之后，尤其是在市场经济体制确立和发展的过程中，经济基础的发展要求上层建筑也要相应作出调整，机构改革和政府职能的转变势在必行。总体来看已经取得了一定成果和经验，科学的宏观调控和有效的政府治理基本形成，政府和市场的关系也在不断完善，但是职能转变还不够到位，社会管理和公共服务还亟待加强，这与社会主义新时代的发展要求、人民群众的广泛需求是不相符的，不利于提高政府效能、激发社会发展活力，不利于将国家主导意志和社会主导思想贯彻到每一项与人民群众密切相关的工作中，进而影响当前思想共识的凝聚。我们必须下更大的决心、用更强的力度持续推进行政体制改革，转变政府职能，完善联动融合、集约高效的政府负责体制。

一方面，要积极稳妥、循序渐进地推进机构改革，建设职能明确、廉洁高效的法治政府，政府工作不断，思想不乱，凝聚思想共识才能顺利推进。在严格依法行政、切实履行职责上做到位，在科学配置权力、精简政府机构、保证政务公开上下功夫，消除权力设租寻租空间，创新行政管理方式，提供更为优质的公共管理和公共服务，处理好政府同市场、社会的关系，充分调动和发挥地方政府的积极性，推动形成各方面协调行动、整

---

❶ 马克思恩格斯选集：第 3 卷 [M]．北京：人民出版社，2012：276.

体上联动融合的机制，促进不同领域实现更高质量、更可持续的发展。只要一件接着一件办，政府威信就会越来越高，社会面貌就会越来越好，就能把人民最广泛地团结起来，把方方面面的力量汇聚起来。

另一方面，完善联动融合、集约高效的政府负责体制，最终指向是执政为民，为民解忧。因此，要全面正确履行政府职能，建设人民满意的服务型政府，坚持国家一切权力属于人民，牢记为人民服务的宗旨，保证人民群众能够通过多种途径参与国家事务和社会事务的管理。我们的政府要把为人民造福的事情真正办好办实，创造更加公平正义的社会环境，更好满足人民日益增长的美好生活需要，人民群众的根本利益和现实需求得到满足了，利益关系和思想认识才能和谐统一，从而在整个国家和社会谋求最大公约数，画出最大同心圆。当前，我国社会的主要矛盾是人民内部矛盾，"解决非对抗性的矛盾是一个长期的过程，要采取说服、教育、示范、提高的办法"❶。在实际工作中，要紧扣与人民群众利益相关的重大问题，围绕群众思想认识的困惑点和利益关系的交织点，"多站在群众的立场想一想，多做一些解疑释惑的工作，多做一些得民心聚民气的工作，珍惜民力民智，解决民困民难，维护民生民利，把群众工作做实做细做好。同时，要畅通民意表达渠道，引导群众以理性、合法的方式表达诉求，不断促进党群干群关系的和谐"❷。人民群众的表达渠道畅通了，思想工作做通了，人民群众的思想与力量自然就能得到最大程度凝聚。

第三，提升领导干部的执政本领和领导艺术。领导干部是党和国家事业的骨干，是人民的公仆，完善党委领导、政府负责的领导体制关键在领导干部。越是面对当前全面深化改革的重任和凝聚思想共识的难度，越是考验领导干部的执政本领和领导艺术，领导干部须从改革实际出发，发挥好领导能力，全面增强驾驭风险本领、学习本领、群众工作本领，求解好思想共识的最大公约数。

增强驾驭风险本领，为求解思想共识最大公约数消除风险阻力。从内部看，我国的改革事业进入攻坚期和深水区，各种内生性的不稳定性因素不断增加；从外部看，改革外部面临的干扰和挑战也日益复杂，风险发

❶ 周恩来选集：下卷［M］．北京：人民出版社，1984：360．

❷ 习近平．之江新语［M］．杭州：浙江人民出版社，2007：238．

生的概率逐渐上升，因此，必须有高度的忧患意识，居安思危，才能打好防范和化解风险的主动战。领导干部首先要提高识别风险的能力，既要善于在变化中捕捉机遇，更要在看似平静的形势下预见可能存在的挑战；既要通过多种多样的现象洞察风险，更要强化正确研判的能力，避免发生重大的判读失误。识别风险才能化解风险，降低对单位、组织机构及整个社会的负面影响，确保各项工作可以在安定的环境下持续推进。此外，领导干部还要提高管控风险的能力。毛泽东讲："政治路线确定之后，干部就是决定的因素。"❶有效防范和应对风险不仅需要领导干部有直面风险的勇气，更要有管控风险、治理风险的能力和担当。领导干部要全方位增强驾驭风险的本领，尤其是面对已经出现的风险，要沉着冷静、应对自如，选用合适的方式有力应对；同时，要聚焦风险的要害进行果断施治，及时缓解矛盾冲突，争取做到化风险为机遇，引领各项工作有序开展，营造和谐安定的社会氛围，带领人民在中华民族伟大复兴的旗帜下团结一致、勇往直前。

增强学习本领，是求解思想共识最大公约数的现实要求。习近平总书记强调："中国共产党人依靠学习走到今天，也必然要依靠学习走向未来。"❷当前，新的知识技术快速更新，新的改革问题层出不穷，领导干部只有不断加强学习，提升自身素质，才能跟上时代发展的步伐，科学分析面临的困难和挑战，更好地推进各项工作，凝聚思想共识。首先，领导干部要学习科学理论，提升理论水平。通过研究马克思主义及其中国化的理论成果，读原著、悟原理，坚定理想信念，强化政治定力，着力提高辩证思维能力，提高工作的科学性和预见性，准确把握事物发展的规律性。其次，有针对性地学习专业知识，提升业务水平。领导干部应该立足本职岗位，结合工作需要开展专业知识的学习，掌握做好领导工作、凝聚思想共识必备的知识和能力，在组织中树立威信，在群众中赢得信任，在实践中凝聚人心。最后，学习历史知识，提升创新能力和领导能力。历史是最好的教科书，吸收古今中外的优秀文明成果能开启智慧、拓宽视野、解放思想，有利于领导干部树立创新意识，不断用广阔的思路开创改革的新局

---

❶ 毛泽东选集：第 2 卷［M］. 北京：人民出版社，1991：526.

❷ 习近平. 习近平谈治国理政［M］. 北京：外文出版社，2014：407.

面，求解思想共识的最大公约数。

增强群众工作本领，为求解思想共识最大公约数奠定群众基础。群众工作是一切工作的基础，如何做好群众工作，增强群众工作本领是团结人民、凝心聚力的重要课题。领导干部要从以下三个方面努力：一是在思想上，领导干部要有正确的领导理念和群众观念，不能以强势的主导者自居，要尊重群众的主体地位，相信人民群众的智慧和力量。在推进改革、凝聚共识的过程中，领导干部和群众是缺一不可、相互配合的动态关系，没有领导干部的决策和部署，国家的思想建设和重大项目便难以整合资源、顺利进行；没有群众的积极参与，没有群众的支持和配合，社会主义建设和改革也无法形成合力。二是在行动上，领导干部要密切联系群众，开展调查研究，了解群众的真实生活，掌握实际的思想困惑，尤其要在制定政策、行政执行的过程中聚焦人民亟待解决的突出问题，以人民的根本利益和发展需求为出发点、落脚点，激发人民群众的主动性和积极性，充分发挥人民群众的首创精神。三是在方法上，领导干部尤其要注意发挥民主协商的优势，通过沟通和交流的方式增进了解、理顺情绪，通过健全诉求表达、利益协调和保障机制化解矛盾、争取人心、凝聚人心，成为百姓的代言人、贴心人，打造公共利益的共同体，提高政府的执行力和公信力，提升人民群众的幸福感和获得感。

二、中观层面：促进学校、家庭和社会教育一体化

凝聚思想共识仅仅依靠党和政府主导是不够的，虽然运用国家意志和集中统一的领导体制能够有效把控凝聚思想共识的目标、内容，同时，还能够统筹安排、协调各方，有力整合国家资源，推动各项事业发展，为凝聚思想共识提供重要基础，但是我国社会成员人数众多，阶层分化与流动迅速，不同的个体在认知程度上存在较大差异，还需要学校、家庭和社会的积极参与、团结努力，共同担负好凝聚思想共识的责任。"正像社会本身生产作为人的人一样，社会也是由人生产的。"❶人不仅构成了社会，人的思想也构成了社会的思想意识，实现思想共识的凝聚既需要加强经济建设和政治建设，还需要大力推进思想文化建设，需要加强学校、家庭、社

---

❶ 马克思.1844 年经济学哲学手稿［M］.北京：人民出版社，2000：83.

会的联动效应，发挥"三位一体"的育人合力，通过着力建构协同机制、凝聚教育合力进一步凝聚思想共识。

第一，强化学校的主导作用，多措并举抓实立德树人工作。学校是对广大学生群体进行理论教育和思想政治教育的主要阵地，是凝聚思想共识的关键环节。长期以来，我国都十分重视教育事业，重视学校对人才的培养，在不同的历史时期都制定了相应的教育方针，有力促进了思想理论的宣传教育和思想政治教育的发展，极大推动了科技的创新进步和国家实力的增强，为社会主义现代化建设输送了大量的可靠人才。教育的根本目的就是培养人，作为立德树人和培养社会主义接班人的重要场所，一旦学校教育偏离方向、模糊目的，或者针对性、实效性不佳，就有可能造成学生们在思想认识、理想信念、价值观念上的混乱不明，无法形成统一的思想共识，甚至攸关民族和国家的前途命运。因此，要把党的教育方针全面贯彻到学校工作各方面，将思想政治教育贯穿于学校教育教学全过程，"通过教化或教育的手段，发挥意识形态的导向、维护、批判和整合的功能，把分散而相近的社会意识形式转化、统合起来，把异质而对立的意识形式进行批判、分化或销蚀，把未建立或未完善的观念形式意识形态化，从而使占统治地位的意识形态体系成为有聚合力、有统摄力的社会统治观念形态"❶。在进行教育培养和立德树人的过程中引导学生树立远大理想，确立牢固信念，坚定马克思主义信仰，坚定中国特色社会主义信念，促进思想水平的提升和思想共识的凝聚。

学校对凝聚思想共识而言是不可缺少的力量，必须强化学校的主导作用，多措并举抓实立德树人工作，把国家意志和指导思想内化到学校建设和管理各领域、各环节，通过课程育人、文化育人、实践育人推动思想共识的凝聚。

首先，切实加强课程育人。课程育人是对学生进行思想政治教育的重要途径，要切实深化课程育人，有力抓好课堂教育。一方面，发挥思想政治理论课的主渠道作用，利用好课堂教学的环节上好思想政治理论课，牢牢把握青年学生的思想成长需求，充分发挥在树立远大理想、坚定理想信

---

❶ 于洪军，潘云涛. 冲突与整合：思想政治教育中的意识形态教育与非意识形态教育的统一［J］. 前沿，2008（4）.

念、确立价值观念等方面的核心优势，不断丰富教育内容，改进教育方式，完善话语体系，紧密联系学生的思想实际和现实生活，多维度观照学生的学习情况和成长动向，把理论讲清楚，把知识讲透彻，把道理讲明白，扎实推进思想政治理论课的教学改革，增强思想政治教育的针对性和实效性。另一方面，挖掘其他课程的育人功能。各类课程都具有思想引导功能，要充分挖掘其中的德育因子并巧妙融入各类课程中，强化各门课程的德育教学和理论宣导，注重道德教育和思想引导的渗透，促进学校的课程之间实现优化和联动，推动各学科与思想政治教育的同频共振。从这个意义上来说，校园就是精神家园，课堂就是思想阵地，只有所有课堂都守好一段渠、种好责任田，才能切实提升思想共识的引导力和感染力。

其次，高度重视文化育人。文化具有强大的育人功能，能在潜移默化中引导学生的思想认识和道德素质。因此，一方面，要大力弘扬中华优秀传统文化，以优秀的传统文化滋养人、鼓舞人，厚植学生的文化素养，增强学生的文化底蕴，将我国灿烂的文明和优秀的文化融入校园，用我国传统文化中关于理想信念、精神追求、家国情怀等文化智慧感染学生，满足学生日益增长的精神文化需要，培养学生树立远大的目标理想，形成高尚的道德情操。另一方面，重视用马克思主义科学理论武装学生，用中国特色社会主义先进文化引领学生，加强大学生的理想信念教育，强化学校宣传文化阵地建设，开展好社会主义核心价值观和中国梦教育，抓好学生们世界观、人生观和价值观的塑造，增强文化自觉和文化自信，将社会主义核心价值观转化为广大学生的自觉追求，将实现中华民族伟大复兴的中国梦转化为广大学生的历史使命，激励他们努力学习，勇于担当，成长为德智体美劳全面发展的优秀人才，成长为中国特色社会主义事业的合格建设者和可靠接班人。此外，还要营造优良的校风学风，打造和谐的校园育人氛围。校风和学风是加强德育的重要载体，优良的校风学风和独特的精神文化能有效滋养学生的文化情怀，为凝聚思想共识提供良好的文化滋养。

最后，着力开展实践育人。实践活动是开展思想政治教育、推进立德树人工作的重要抓手，在实践中可以巩固学生的理论知识和学习成果，培养学生的时代责任感，增强服务社会的意识，锻炼知行合一的能力。具体来说，应重点从推进校园文化活动和社会实践活动入手，发挥好实践育人功能。一要丰富校园文化活动，塑造学生健康向上的状态。生动有趣的校园文体活动不仅能充实学生的课余生活，还能配合主课堂进一步引导学生坚定理想信念，塑造良好道德。通过形式多样的理论宣讲、演讲比赛、文艺演出、体育竞赛等活动，充分调动学生的积极性，有效发挥学生的主体性，从而实现第一课堂和第二课堂的相互配合、相辅相成，共同促进学生德智体美劳全面发展。二要注重开展社会实践活动，不断拓宽育人载体，让学生在实践中长知识、受教育、增才干。社会实践以提升学生素质、服务社会需求为导向，囊括了暑期实践、志愿服务、社会调查、基层调研、公益活动等多种形式，通过多种多样的社会实践可以让广大学生走出校门，走进社会，接触真实的社会生活，了解当前的时代背景，培养学生的社会责任感，锻炼学生的实践能力，更好地将课堂讲授的理论和知识内化吸收，实现理论与实践的有效衔接。同时，在社会实践中，学生可以将自身的思想道德素质和价值观念外化践行，在实际困难中检验自己的品格，在艰苦的实践中锻炼自己的意志，促进他们全面增强综合素质，提升思想认识，厚植家国情怀，勇担民族复兴重任。

第二，强调家庭的教育责任，充分发挥家庭的社会功能。家庭是每个人出生和成长的港湾，无论是学习方式、生活习惯的养成，还是情感态度、性格特征的形成，家庭都发挥着无可替代的重要作用。习近平总书记明确指出："家庭是社会的基本细胞，是人生的第一所学校。"❶家庭是最早的教育场所，并且家庭教育具有长期性和持久性，最早的智力开发、生活常识，到后来的思想品德、道德规范、人生价值等，所有或好或坏的影响都会在日常的家庭生活中潜移默化地烙印在每个人身上，并且伴随着个体成长而不断加深。由此可见，家庭教育对于个人成长乃至社会发展具有重要影响。思想共识如果仅仅依靠学校教育和教师引导是难以完全实现的，即使学校的教育再到位，社会的宣传引导再广泛，可是家庭教育一旦缺位，也可能因为家庭的消极影响而导致其他环节的努力付诸东流。从普遍的现实情况来看，如果在一个家庭中，个别家庭成员在思想意识上不能与

---

❶ 中共中央文献研究室. 习近平关于全面建成小康社会论述摘编［M］.北京：中央文献出版社，2016：121.

家庭整体思想及社会主导思想保持一致，就有可能在一些关系家庭利益及价值追求的事情上产生思想冲突，影响家庭的温馨和谐，不利于家庭关系的健康发展；而如果在一个家庭中，多数家庭成员尤其是家长，在思想认识和理想信念上与国家的主导思想不一致，甚至是对抗的，那么孩子就容易受到不良影响，没有扣好人生第一粒扣子，这个家庭就难以融入整个社会主流群体。因此，要强调家庭的教育责任，充分发挥家庭的社会功能，家庭应当积极作为，与学校进行优势互补，通过发扬优秀的家风家训，挖掘家庭之中的美德资源，营造出温馨和谐的家庭美德，全方位培养人和塑造人，扩大科学理论和思想共识的覆盖范围，增强社会主导思想的影响力、引领力。

一方面，提升家长的素质，优化教育理念，完善教育方式。父母是孩子的第一任老师，父母的教育理念和自身素质在一定程度上决定了整个家庭教育的成效，他们不仅教会孩子基本的生活技能，还在传递着自己的世界观、人生观和价值观，这种价值观念的影响是无法估量的，有些人可能一旦形成便终生难以动摇。孩子的思想认识和思维方式形成的最早阶段就是在家庭，为了能够正确教育和引导孩子，培养他们积极的身心状态和科学的思想认知，必须全面提升家长的思想水平和整体素质，引导家长树立合理的育人观。只有家长的思想认识、价值观念正确了，在他们权威影响和感情联系之下，才会对孩子的思想产生极大的正向引导力、渗透力，从而帮助孩子树立起正确的思想认识和价值观念。另一方面，建立健全家校一体化育人机制，加强同学校的互动和联系。随着网络媒体的推进和普及，学校和家长可以通过手机软件实现便捷的沟通，确保双方都能及时了解学生思想动态，有条件的学校还可以适当向家长推出相关的培训和教育活动，提供一些心理健康、亲子关系等网络课程及网络资源供他们学习，调动家长参与学校活动的积极性，帮助家长不断丰富教育知识，调整家庭教育中存在的问题。家长和学校共同协作、密切配合才能促使家庭教育和学校教育互相促进，实现校内校外的双向对接，更好地把社会主流思想和主流风尚融入千家万户的家庭生活之中，促进思想共识的凝聚，增强家庭和社会的团结稳定。此外，家庭还要积极营造健康和谐的家庭氛围，切实提高育人水平。家庭是社会的基本单位，只有每一个家庭内部都达成了思想共识，社会的思想共识才能得以凝聚。家庭环境如果不和谐，家庭成员之间沟通不畅，就会导致基本的思想状况互相不了解，不仅不利于家庭教育和情感交流，对于凝聚思想共识来说也是一种阻碍。

第三，挖掘社会育人资源，加大社会宣传力度。凝聚思想共识是需要全员行动、全方位推进的实践活动，不只是学校和家庭的责任，更是全社会要担负起的使命。社会各部门要积极参与，既要加大社会宣传力度，扩大宣传教育范围，也要搭建社会育人平台，建立多方联动机制，将此作为系统工程整体推进，努力构建协同宣传、协同育人的大格局。

一方面，社会教育是学校教育和家庭教育的延伸、补充，彼此之间应该分工合作，密切配合，挖掘社会育人资源，打造崇德向善的社会环境，最大限度发挥好社会教育的配合作用。站在新时代的历史方位，面对层出不穷的新问题，着眼纷繁复杂的新挑战，教育凸显出了愈加重要的地位和作用，思想共识的凝聚难度也不断加大。我们必须看到，知识和思想的全面引导是学校和家庭教育竭尽全力也无法做到的，还需要一些社会机构和社会实践活动来满足学生的需求，全方位培养人和塑造人。博物馆、红色基地等都是有益的社会资源，要进一步将这些场所打造成为开放有趣、充满活力的教学平台，与家庭和学校一起承担起教育责任，让学生在走出学校、走进社会的过程中也能汲取丰富的知识涵养，得到积极的思想引领，从而巩固理论教学效果，增进学生的思想水平和道德情怀。但是要对这些校外阵地进行严格管理，确保社会课堂的这些活动符合立德树人要求，符合我国主流思想和教育方针，共同为培养时代新人而努力，为凝聚思想共识提供更大空间。同时，从社会层面来看，我国社会存在着众多的社会组织，在促进经济社会发展和教育文化繁荣等方面发挥着重要的作用，是一支不容忽视的社会力量。我们也必须承认，社会领域庞大复杂，这就需要加强和完善社会组织的建设，让人民群众自我管理、自我教育、自我服务，增强自我身份的认同和参与社会事务的热情，培养人们的社会责任感，巩固人们的思想认识，促进社会的和谐公平。党委和政府负有领导责任，要进行规范引导，推动社会组织合法、健康发展，防止不法分子和外国势力通过操纵社会组织而利用民众、误导民众，传播不良思想观点，引发思想混乱，从而对凝聚思想共识和意识形态安全造成消极影响。

另一方面，要加大社会宣传力度，创新宣传理念。当今的世界，经济全球化、文化多样化和网络信息化已经成为发展趋势，在这样大发展大变革的现代社会，宣传理念和宣传方式也得跟上时代的步伐，才能开展好思想共识的宣传教育，巩固好主流意识形态的阵地。宣传部门和主流媒体要贯彻"三贴近"的原则，在全社会开展好马克思主义和社会主义意识形态的宣传，准确阐释党的十八大以来采取的一系列新理念和新举措，推进社会主义核心价值观的入脑入心，引导人们树立正确的理想信念、价值追求和奋斗目标，尤其是培养青年学子勇于担当的使命感，增强道德修养、社会责任、家国情怀，强化良好的思想水平和理想信念，保证人们在精神层面享有更多的获得感。此外，社会层面的宣传还要注意站在人民的立场，为人民的利益发声，在保证话语权威性的基础上，增强宣传表达的生动性和创新性，让理论话语和政治话语更加生活化，让主流意识形态更加"接地气"，从而理顺人们的思想问题，拨清人们的现实困惑，把主流意识形态转化为人民认同的思想共识，才能汇聚强大的思想力量和实践力量。

三、微观层面：培育具有思想共识意愿的现代公民

凝聚思想共识在党和政府的顶层谋划下层层展开，在学校家庭社会共同努力下整体发力，还需要在微观层面充分调动个人因素，培育现代公民，增强公民意识，实现个人思想意识与思想共识的有效衔接，筑造全体社会成员共建共享的精神家园。培育现代公民是思想共识形成和凝聚的前提，社会由个人组成，是无数个体共同构成的有机整体，凝聚思想共识不是某个个体或群体的任务，而是社会整体范围的实践活动，因而需要每一位社会成员积极参与、发动思想。只有每个人都具备了基本的主体意识和理性精神，养成了良好的思想道德素质和价值观念，才能提升社会成员整体的思想认识水平，增强社会成员参与实践活动的主体能力，从而形成国家和社会共同体和谐统一的思想状态，促进整个社会思想共识的凝聚，实现人自身的全面发展、人与社会的协调发展。

第一，培养主体意识，促进对思想共识的有效接收。任何一种思想意识的形成都是一个复杂的过程，需要调动感官、心理和思维等系统，需要对诸多信息进行选择、判断和接收，需要解决认知、情感、信念等问题，

最后才有可能实现个体思想与思想共识的相互融合、相互促进。回顾我国传统社会，社会的思想整合几乎全部依靠封建统治力量来实现，统治阶级为了巩固统治，会通过强制性的手段将本阶级的意志上升为社会主导思想，人们只能无条件地接受和服从，主体意识和独立意识都受到了压制，除了统治者许可的思想内容，人们能接收其他信息的渠道非常有限，很难获取被统治者禁止、反对的思想内容，整个社会的思想共识在封闭性的环境中发展。随着时代的发展，我国社会正在推进现代化转型，在当前的社会交往和社会实践中，人们之间的联系更加紧密，交往更加便捷，阶层更加分化，思想更加多样，个体身份的确立、利益的实现、思想的形成都离不开与他人的联系，方方面面都无法避免会受到他人的影响和社会的制约。正是由于人民群众是我们国家的主人，每个人都是社会的主体，都会对他人和社会产生一定的作用，才更突出了培育现代公民的重要性，社会中的每个人都应该培养主体意识，都应该作为独立性和社会性相统一的个体投身社会生活，积极参与和促进思想共识的凝聚。同时，还要在社会交往中互相尊重，互相理解，求同存异，以平等宽容的心态进行交流沟通，既能准确表达自己的思想观点，又要认真倾听他人的所思所想，在主导思想的指导原则下，允许适当的不同声音和思想差异的存在。在此基础上，充分发挥主体意识和主体能力，促进对思想共识的有效接收，让主导思想逐渐为人们所信服、认可和接受，并采取合适的方式进行自我教育，对他人的错误观点、不良思想进行引导，在沟通中增加了解、增进感情，从而形成在信仰、价值观、道德规范等方面的一致性的思想认识，逐渐凝聚起全体社会成员的思想共识。

第二，增强政治意识，提升对思想共识的认同意愿。亚里士多德曾指出人是政治的存在者。从人类社会出现以来就产生了政治，伴随着社会的发展，政治制度的更替和政治变革不断发生，人们的政治意识也在不断演变。政治意识是社会主体关于政治理论和政治思想的综合，在思想体系中具有方向指导的作用，对个体、对社会都有重要的影响。一个人即使在科学知识、道德规范上都拥有较高的水平，但如果没有政治意识，缺乏政治素质，那么他的思想认识也难以与社会要求的主导思想保持一致，甚至可能会产生极端思想，成为危害国家和社会的危险分子。增强政治意识是增强公民意识的核心，是培育现代公民始终要贯穿的思想主线。一方面，增强政治意识能够促使社会成员坚定政治立场，促进对社会主导思想的认同。凝聚思想共识，究其实质，凝聚的是社会中占统治地位的主导思想，在阶级社会是阶级利益的反映，在我们国家是人民群众的根本利益的反映，其本身就具有政治性。凝聚思想共识的真正实现，除了外在的强硬灌输或教育引导之外，公民主体内在的政治意识和政治信仰也必不可少，如果缺失了对党和政府不可动摇的信任，那么理论教育和思想宣传就会成为对公民赤裸裸的压迫，虽然能有一定的效果，但无法让人们发自内心地认同，无法将主导思想在社会成员头脑中扎根和内化。历史和现实已经证明，社会成员的政治素质越过硬，政治立场越坚定，就越能认同国家的主导思想，统一和凝聚人们的思想共识也越容易推进。另一方面，发挥政治意识的引领和凝聚功能，提升对思想共识的认同意愿。以分工和多元利益主体为前提的市场经济强调了个体诉求，强化了个体意识，致使个人主义、利己主义在社会价值谱系中迅速传播，甚至还出现了极端的去政治化的倾向。对个体而言，政治意识具有引领功能，提醒人们在追求个体利益的同时，还应该承担起应有的社会责任，致力于国家和社会的发展。对执政党和社会而言，公民政治意识的提升，有利于巩固执政地位，增强主导思想的影响力。因此，培育现代公民要以增强政治意识为重点，瞄准正确方向，把稳思想之舵，让人民群众自觉坚持马克思主义为指导，坚定对社会主义意识形态的信念，提升对我国思想共识的认同意愿，在全国范围统一思想，凝聚力量。

第三，培育理性精神，推动思想共识的统一和凝聚。公民意识的培育是培养现代化公民的重要方式，长期以来，我们集中精力发展社会生产，促进了经济和科技的迅速发展，相对而言，忽视了公民意识的培养，尤其是理性精神的培育，社会成员整体距离公民现代化还有一定的差距。现代社会不仅仅是经济和科技的现代化，更是人的现代化，如果人的认识水平和思想素质跟不上时代的步伐，无法实现向现代化的转变，社会就可能失衡发展，甚至畸形发展，引发不良后果。因此，要加强理性精神的培育，提升辩证思维能力，树立正确的思想意识，同时，理性的公民才能构成理性的社会，塑造理性平和的社会心态。具体来看，一方面，培育理性精神需要培养辩证思维。理性与感性相对应，在某种程度上，理性精神就是一种客观辩证的思维方式。唯物辩证法是马克思主义的核心内容，主张要坚持用全面、发展、联系的观点看问题，培养辩证思维就是要学习和坚持马克思主义的辩证法。马克思主义与理性精神有内在的关联性，马克思主义能为理性精神的培育提供理论指导，丰富理性精神的科学内涵，化解人们的思想困惑；理性精神的培育又可以增强人们的辨别能力，提升人们的理论水平，强化社会成员对马克思主义和主流价值观的认同。我们要坚持以马克思主义为指导，推进理性精神的培育，引导人们用辩证的方法来客观看待我国在快速发展过程中取得的显著成就及存在的问题，坚定社会主义道路的信心和社会主义制度的优越性，并且正确理解权威和民主的关系，"把权威看成是绝对坏的东西，把民主看成是绝对好的东西，都是荒谬的"❶。防止西方国家以民主为旗号进行意识形态输出，迷惑人们的思想，给我国凝聚思想共识、维护意识形态安全带来挑战和困难。另一方面，培育理性精神需要知行合一，加强实践。任何理论和精神都需要实现内化和外化，才能真正体现科学性和实效性，理性精神的培育也是如此。面对复杂的国内外形势和繁重的改革发展难题，面对多元的利益主体和多变的思想意识，要统一人们的思想共识、引导人们的价值追求，就必须培育真正的理性精神，让人们在接受学校教育、家庭教育的基础上，还要提升自我学习和自我反思的能力，做到学思并重、日新月异，使自己的思想认识水平不断向社会的要求靠拢，使马克思主义指导下的理性精神内化为内心的追求，进一步约束思维和行为。同时，还要加强实践，在实践中以灵活多样的方式开展理性精神的培育，将马克思主义精神内核融入社会生活的方方面面，在社会实践中强化思想共识的引导作用，培育理性平和的社会心态，促使人们的理性精神得到外化巩固，增强对社会主流意识形态的认同，推动思想共识的统一和凝聚，激发全社会团结奋进的强大力量。

---

❶ 邓小平文集（一九四九——一九七四年）：中卷［M］.北京：人民出版社，2014：276.

第六章　我国凝聚思想共识的实现保障

　　思想共识作为一种思想意识，是社会成员在长期实践生活中对社会诸多现象和问题所形成的在思想方面的共同认识。凝聚思想共识是统一思想认识、形成思想合力的实践活动，是人们思想认识和实践过程本身的内化和积淀，它的产生、形成和发展依赖于生产力和生产方式的变革，受制于客观现实和社会存在的状况。当前，我国进入社会主义新时代，这不仅标志着我们站在了新的历史起点，同时，也是新的思想共识不断凝聚的过程，是我国人民对当前现实和未来发展的期待不断汇聚的过程。我国凝聚思想共识的实现离不开当前的社会现实环境，需要一定的社会基础，也需要一定的保障条件。

第一节　强化凝聚思想共识的社会基础

　　社会成员的思想观念属于社会意识范畴，是人们在一定的社会环境中对社会实践的反映，其形成和发展离不开现实的社会存在。思想共识的凝聚也离不开社会实践，若离开社会生产和社会交往，人们就难以形成社会关系，既无达成思想共识的可能，也无达成思想共识的必要。也就是说，如果在社会生活中，缺少一定的社会基础，人们难以形成共同的思想认识，那么思想共识就难以凝聚，整个社会的向心力也将被削弱。当前，社会存在的多样性导致了社会思想的复杂性，凝聚社会成员的思想共识面临的挑战增多、难度加大，必须立足客观实际，真正从社会存在方面去探寻凝聚思想共识的现实基础和具体对策。总体来看，我国在经济、政治、文化、生态等方面的实践构成了凝聚思想共识的基本条件，经济发展、政治民主、文化繁荣和生态平衡是凝聚思想共识的社会基础。

一、经济发展：凝聚思想共识的经济基础

社会存在决定社会意识，在现实的社会生活中，无论是人们的思想意识和价值取向，还是整个社会的主流思想和意识形态，都会受到社会存在的客观制约。进一步来看，在社会存在中，经济基础是人类社会存在和发展的根本基础，经济的发展状况对于政治、社会、生态文明等方面的发展具有决定作用。马克思主义认为："人们为了能够'创造历史'，必须能够生活。但是为了生活，首先就需要吃喝住穿以及其他东西。因此第一个历史活动就是生产满足这些需要的资料，即生产物质生活本身。"❶物质生活是人的首要需求，同时也是人们的思想认识产生的基础，人们之间对于同一问题之所以具有不同的认识，归根结底是利益的不同，根源于物质条件的不同。当前，社会存在的多样性导致了社会思想的复杂性，尤其是经济发展的不平衡不充分，对思想共识的凝聚产生了一定的负面影响，凝聚社会成员的思想共识面临的挑战增多、难度加大。经济发展是凝聚思想共识的重要基础，只有更新经济发展理念，建设现代化经济体系，推动经济实现又好又快的高质量发展，不断提高人民群众的生活水平，满足人民群众的物质需求，才能为凝聚思想共识的实现奠定坚实的物质基础。

（一）更新发展理念，引领经济高质量发展

发展是解决我国一切问题的基础和关键。发展理念是发展行动的先导，是发展思路、发展方向、发展着力点的集中体现。发展理念是否对头，从根本上决定着发展成效乃至成败。习近平总书记明确指出："发展必须是科学发展，必须坚定不移贯彻创新、协调、绿色、开放、共享的发展理念。"❷新发展理念不是凭空得来的，是在深刻总结国内外发展经验教训、深刻分析国内外发展大势的基础上形成的，是针对我国发展中的突出矛盾和问题提出来的。坚持新发展理念，是关系我国发展全局的一场深刻变革。更新发展理念，应做到以下几点。

---

❶ 马克思恩格斯选集：第 1 卷［M］.北京：人民出版社，2012：158.

❷ 习近平.决胜全面建成小康社会　夺取新时代中国特色社会主义伟大胜利——在中国共产党第十九次全国代表大会上的报告［N］.人民日报，2017-10-28（001）.

　　首先，要将创新摆在核心位置。创新是引领发展的第一动力，创新发展注重的是解决发展动力问题，必须把创新摆在国家发展全局的核心位置，让创新贯穿党和国家一切工作。当今之世，一个国家走在世界发展前列，根本靠创新；一个民族屹立于世界民族之林，根本靠创新。创新是一个复杂的社会系统工程，涉及经济社会各个领域。坚持创新发展，既要坚持全面系统的观点，又要抓住关键，以重要领域和关键环节的突破带动全局，还要超前谋划、超前部署，紧紧围绕经济竞争力的核心关键、社会发展的瓶颈制约、国家安全的重大挑战，强化事关发展全局的基础研究和共性关键技术研究，全面提高自主创新能力，在科技创新上取得重大突破，力争实现我国科技水平由跟跑并跑向并跑领跑转变。此外，要以重大科技创新为引领，加快科技创新成果向现实生产力转化，加快构建产业新体系，增强我国经济整体素质和国际竞争力。要深化科技体制改革，推进人才发展体制和政策创新，突出"高精尖缺"导向，实施更开放的创新人才引进政策。

　　其次，要坚持协调和绿色发展。协调是持续健康发展的内在要求，协调发展注重的是解决发展不平衡问题，必须正确处理发展中的重大关系，不断增强发展整体性。坚持协调发展，一方面要注重城乡协调发展和东西部经济协调发展。当前我国发展不平衡不充分问题仍然突出，城乡区域发展和收入分配差距较大。面对新目标新任务、新形势新挑战，破解发展不平衡不充分问题，让现代化建设成果更多更公平惠及全体人民，关键要下好全国一盘棋，深入实施区域协调发展战略、区域重大战略、乡村振兴战略，不断缩小城乡区域发展和收入差距，提高发展的平衡性、协调性、包容性，实现东西部平衡发展，城乡均衡发展，国家经济协调发展。另一方面要实现人与自然协调发展，即要坚持绿色发展。绿色发展注重的是解决人与自然和谐共生问题，必须实现经济社会发展和生态环境保护协同共进，为人民群众创造良好生产生活环境。人类社会和自然界是物质世界的两大组成部分，二者缺一不可，必须协调发展。人类社会是在人能动地改造自然的过程中形成的，自然为人类社会发展提供了必要的生存条件和物质条件，如果人类一味向自然索取，一味地无节制开发和利用自然，那么最终人类也会走向灭亡。马克思说过："社会是人同自然界的完成了的本质的统一，是自然界的真正复活。"❶ 只有做到人与自然协调发展，才能实现人类社会真正的可持续发展。

最后，要注重共享发展。习近平指出："共享理念实质就是坚持以人民为中心的发展思想，体现的是逐步实现共同富裕的要求。"❷ 共享是中国特色社会主义的本质要求，共享发展注重的是解决社会公平正义问题，必须坚持全民共享、全面共享、共建共享、渐进共享，不断推进全体人民共同富裕。共享发展来源于马克思主义理论，是对马克思主义发展观的继承和发展。马克思主义认为："把生产发展到能够满足所有人的需要的规模；结束牺牲一些人的利益来满足另一些人的需要的状况；彻底消灭阶级和阶级对立；通过消除旧的分工，通过产业教育、变换工种、所有人共同享受大家创造出来的福利，通过城乡的融合，使社会全体成员的才能得到全面发展。"❸ 可见，坚持共享发展理念，要做到以人民为中心，全面保障人民生活各方面需求，发展成果由人民共享。既要充分调动人民群众的积极性、主动性、创造性，引导全国人民团结一致，以饱满的热情积极投入中国特色社会主义建设中，不断推进中国特色社会主义事业向前发展，不断推进中国特色社会主义事业现代化，将我国建设成为一个富强民主文明和谐美丽的社会主义现代化强国；同时也要做到将社会主义发展成果分配好，要扩大中等收入阶层，逐步形成橄榄型分配格局。特别要加大对困难群众的帮扶力度，巩固脱贫攻坚成果，让社会主义制度的优越性得到更充分体现，让人民群众有更多获得感。

（二）建设现代化经济体系

现代化经济体系是由社会经济活动各个环节、各个层面、各个领域的相互关系和内在联系构成的有机整体。建设现代化经济体系，既要借鉴其他发达国家的有益做法，又要符合中国实际状况，符合中国国情，彰显出中国特色。通过发展实体经济、实施创新驱动发展战略、推动城乡区域协调发展等战略举措充分推动经济发展，促进人民生活水平的提高，给各个

---

❶ 马克思恩格斯选集：第 1 卷［M］.北京：人民出版社，2012：308-309.

❷ 习近平.在省部级主要领导干部学习贯彻党的十八届五中全会精神专题研讨班上的讲话［N］.人民日报，2016-05-10（002）.

❸ 马克思恩格斯选集：第 1 卷［M］.北京：人民出版社，1995：243.

阶层的人们带来看得见的利益，从而有助于社会关系的和谐及思想共识的凝聚。

建设现代化经济体系，要大力发展实体经济，筑牢现代化经济体系的坚实基础。实体经济是一个国家的立身之本，也是一个国家发展壮大的重要支柱。发展实体经济，首先要大力发展制造业，着力打造制造大国和制造强国；其次要顺应信息时代、新媒体时代的发展潮流，大力推动互联网、大数据、人工智能同实体经济深度融合。此外，还要集中利用好资源，推动资源要素向实体经济集聚，在资源上给予实体经济更大的支持力度，为建设实体经济提供强大的资源支撑，并且要坚持以政策措施为保障，从政策举措出发，将政策措施向实体经济倾斜，将工作力量向实体经济加强，从政策上为实体经济发展开绿灯、铺平路，保证实体经济发展的政策支持到位，让党和政府成为实体经济发展的坚强政治后盾。

加快实施创新驱动发展战略，强化现代化经济体系的战略支撑。科技创新对提高社会生产力和综合国力至关重要，随着我国经济的不断发展，综合国力的不断提升，我国的科技实力得到了极大的提高。目前我国的科技实力正处于从量的积累向质的飞跃、点的突破向系统能力提升的重要时期，要继续加强国家创新体系建设，大力推动以科技创新为核心的全面创新，强化战略科技力量，塑造更多依靠创新驱动、更多发挥先发优势的引领型发展。

积极推动城乡区域协调发展，优化现代化经济体系的空间布局。首先，要培育和发挥区域比较优势，落实主体功能区制度，加强区域优势互补，在协调发展中拓宽发展空间，在加强薄弱领域中增强发展后劲。既要统筹推进西部大开发、东北全面振兴、中部地区崛起、东部率先发展，还要积极推进京津冀协同发展，高起点规划、高标准建设雄安新区，推动粤港澳大湾区建设、长三角区域一体化发展，推动长江经济带发展。其次，要大力实施乡村振兴战略，建立健全城乡融合发展体制机制和政策体系，加快推进农业农村现代化。

着力发展开放型经济，提高现代化经济体系的国际竞争力。要适应新形势、把握新特点，推动由商品和要素流动型开放向规则等制度型开放转变。统一内外资法律法规，完善公开、透明的涉外法律体系，全面实行准入前国民待遇加负面清单管理制度，持续放宽市场准入，尊重国际营商惯例，保护外资企业合法权益。同时，要推动全球经济治理体系改革完善，积极引导全球经济议程，促进国际经济秩序朝着平等公正、合作共赢的方向发展。拓展对外贸易，培育贸易新业态新模式，推进贸易强国建设。

深化经济体制改革，完善现代化经济体系的制度保障。要加快完善社会主义市场经济体制，坚决破除各方面体制机制弊端，有效激发全社会创新创业活力。经济体制改革必须以完善产权制度和要素市场化配置为重点，实现产权有效激励、要素自由流动、价格反应灵活、竞争公平有序、企业优胜劣汰。此外，要深化"四梁八柱"性质的改革，以增强微观主体活力为重点，推动相关改革走深走实。

（三）把推进供给侧结构性改革作为主线

供给和需求是既对立又统一的辩证关系。"没有需求，供给就无从实现，新的需求可以催生新的供给；没有供给，需求就无法满足，新的供给可以创造新的需求。"❶供给侧管理和需求侧管理是调控宏观经济的两个基本手段，具体来看，前者重在解决结构性问题，后者重在解决总量性问题。当前，我们大力推进供给侧结构性改革的根本是使我国供给能力更好满足广大人民日益增长、不断升级和个性化的物质文化和生态环境需要，从而实现社会主义生产目的。因此，要在稳定总需求的同时，更多采取改革的办法，更多运用市场化、法治化手段，提高供给体系的质量，形成需求牵引供给、供给创造需求的更高水平动态平衡，实现国民经济良性循环。

深化供给侧结构性改革、推动经济高质量发展，要以"巩固、增强、提升、畅通"八字方针为要求。巩固我国去产能、去库存、去杠杆、降成本、补短板的实施成果，推动更多产能过剩行业加快出清，降低全社会各类营商成本，加大基础设施等领域补短板力度。增强微观主体活力，发挥企业和企业家主观能动性，建立公平开放透明的市场规则和法治化营商环境，促进正向激励和优胜劣汰，发展更多优质企业。提升产业链水平，注重利用技术创新和规模效应形成新的竞争优势，培育和发展新的产业集

❶ 中共中央宣传部.习近平新时代中国特色社会主义思想学习纲要［M］.北京：学习出版社、人民出版社，2019：117.

群。畅通国民经济循环，加快建设统一开放、竞争有序的现代市场体系，提高金融体系服务实体经济能力，形成国内市场和生产主体、经济增长和就业扩大、金融和实体经济良性循环。

深化供给侧结构性改革，要做到用增量改革促存量调整，在增加投资过程中优化投资结构、产业结构开源疏流，在经济可持续高速增长的基础上实现经济可持续发展与人民生活水平不断提高；要优化产权结构，实现国进民进、政府宏观调控与民间活力相互促进；要优化投资融资结构，促进资源整合，实现资源优化配置与优化再生；要优化产业结构、提高产业质量，优化产品结构、提升产品质量；要优化分配结构，实现公平分配，使消费成为生产力；要优化流通结构，节省交易成本，提高有效经济总量；要优化消费结构，实现消费品不断升级，促进新型消费发展壮大，充分挖掘超大规模市场优势，推动新型消费市场深度融合和结构优化，完善关于新型消费的体制机制保障，促进新型消费市场提质升级与创新发展，不断提高人民生活品质。

二、政治民主：凝聚思想共识的政治基础

从古至今，人类社会的发展已经反复证明，社会的和谐有序及人们思想的统一都离不开政治体制的稳定。"只有讲政治，才能正确认识和处理两类不同性质的社会矛盾，有力地打击国内外敌对势力的破坏活动和各种形式的犯罪活动，为经济的发展创造良好的社会政治环境；只有讲政治，才能妥善处理各种利益关系，最大限度地调动各方面的积极性，并把各方面的积极性引导好、保护好、发挥好。"❶思想共识的凝聚依赖于民主政治的发展和政治制度的保障，不同的政治制度和政治体制会形成不同的政治意识，从而对思想共识的凝聚产生直接影响。我国是社会主义国家，人民当家作主，只有不断推动民主政治建设，发展更为广泛的人民民主，才能使中国社会主义民主政治始终焕发活力，让人民真切感受到社会主义制度的优越性，坚定中国特色社会主义道路自信和制度自信，增强社会主义的吸引力和凝聚力，为凝聚思想共识奠定良好的政治基础。

---

❶ 中共中央文献研究室.改革开放三十年重要文献选编（上）[M].北京：中央文献出版社，2008：853.

（一）坚持党的领导，走中国特色社会主义政治发展道路

一个国家、一个政党，领导核心至为重要。党的领导是中国特色社会主义最本质的特征，也是中国特色社会主义制度的最大优势。党是最高政治领导力量，是全国各族人民团结奋斗的领导核心，也是凝聚思想共识的主导力量，因此，走中国特色社会主义政治发展道路必须坚持党的政治领导，思想共识也只有在党的全面领导下才能得以凝聚。历史充分证明，中国共产党自成立以来之所以能够从小到大、从弱到强，中国特色社会主义之所以能够不断壮大、蓬勃发展，与其一以贯之地坚持走中国特色社会主义道路、实现中华民族伟大复兴是分不开的。没有党的领导，就没有新中国；没有党的领导，就不可能实现中华民族伟大复兴。历史和人民选择了中国共产党，中国共产党必将以坚强有力的政治领导承担起历史赋予的政治责任，完成伟大的历史使命，团结和带领广大人民统一思想，凝聚力量，为实现中华民族伟大复兴而团结奋斗。

中国共产党是意识形态建设工作的领导力量，也是中国特色社会主义政治发展的核心力量。新中国成立以来特别是改革开放以来，我们党团结带领人民在发展社会主义民主政治方面取得了重大进展，成功开辟和坚持了中国特色社会主义政治发展道路，为实现最广泛的人民民主确立了正确方向。中国特色社会主义政治发展道路，是近代以来中国人民长期奋斗历史逻辑、理论逻辑、实践逻辑的必然结果，是坚持党的本质属性、践行党的根本宗旨的必然要求。当前，以习近平同志为核心的党中央围绕国内外发展形势，不断加强党的领导，提升执政能力和水平，增强意识形态领域斗争能力，牢牢掌握意识形态斗争主动权，巩固马克思主义在意识形态领域的指导地位。唯有如此，中国共产党才能在应对国内改革难题、国外风险挑战的过程中永葆强大的战斗力，抓好我国的主流意识形态建设，确保主流意识形态的引领能力更加强大，促使全党全社会思想上的团结统一更加巩固。

走中国特色社会主义政治发展道路，必须积极稳妥推进政治体制改革。中国特色社会主义是不断发展和不断完善的社会主义，中国的政治制度如果想适应社会主义的发展，就必须与时俱进地进行改革，从而实现同中国

特色社会主义制度相配套。自新中国成立以来，我们国家就加紧确立了社会主义的基本政治制度，改革开放之后，在坚持根本政治制度、基本政治制度的基础上，继续深化政治体制改革，推进制度体系完善和发展，党中央部门先后集中进行了五次改革，国务院机构先后集中进行了八次改革，为坚持和发展中国特色社会主义提供了重要体制机制保障。同时，还要持续推进社会主义民主政治制度化、规范化、程序化，保证人民依法通过各种途径和形式管理国家事务，管理经济文化事业，管理社会事务，巩固和发展安定团结的政治局面，从政治制度层面为凝聚思想共识提供政治保障。

（二）推动协商民主广泛发展，广泛凝聚共识

协商民主是我们国家民主政治的独特优势，我国的民主协商制度归根结底来说就是为了凝聚各党派团体、各族各界人士的思想共识。凝聚是协商的目的，也是对协商的检验，在坚持中国共产党的领导下，在遵循共同的思想政治基础上，推动协商民主的广泛发展，有利于实现目标和行动上的同心同向，广泛凝聚共识。推动协商民主广泛发展，首先要加强思想政治引领。2018 年 12 月 29 日，习近平总书记在全国政协新年茶话会上首次提出"要把加强思想政治引领、广泛凝聚共识作为履职工作的中心环节"❶。在中央政协工作会议暨庆祝中国人民政治协商会议成立 70 周年大会上，习近平总书记进一步强调，"把加强思想政治引领、广泛凝聚共识作为中心环节，坚持团结和民主两大主题，提高政治协商、民主监督、参政议政水平，更好凝聚共识"❷。其次要保障人民当家作主。新中国成立以来，经过不断完善和发展，中国人民在中国共产党的领导下，建立起以人民代表大会制度、中国共产党领导的多党合作和政治协商制度、民族区域自治制度和基层群众自治制度为基本框架的中国特色社会主义政治制度体系。在这样的制度安排下，既有效发挥了人民当家作主的本质要求，又保证了全国各族人民团结稳定、共同繁荣。集思广益、广泛商量的过程其实就是人民当家作主的过程，也是统一思想、凝聚共识的过程，因此，当前要继

---

❶ 习近平. 在全国政协新年茶话会上的讲话［N］. 人民日报，2018-12-29（001）.

❷ 习近平. 在中央政协工作会议暨庆祝中国人民政治协商会议成立 70 周年大会上的讲话［N］. 人民日报，2019-09-21（001）.

续完善和确保制度落实到实际生活中，增强人民主体地位，团结和发动人民群众参与社会事务。此外，还必须加强学习，用党的创新理论教育和引导各族各界代表人士树立正确的历史观和大局观，将马克思主义政党理论同中国实际相结合，做到真实、广泛、持久代表和实现最广大人民根本利益、全国各族各界根本利益，把各个政党和无党派人士紧密团结起来，坚定不移贯彻长期共存、互相监督、肝胆相照、荣辱与共的方针，着力发挥好民主党派和无党派人士的积极作用，凝聚同心同德的共识，引导民主党派和无党派人士为着共同目标而奋斗。

（三）巩固和发展爱国统一战线

统一战线是中国共产党夺取革命、建设、改革事业胜利的重要法宝。正是在统一战线的引领下，无数中华儿女前赴后继、顽强拼搏，始终将国家利益放在最重要的位置，将维护国家安全、促进国家发展视为最重要的责任，这是我们取得革命胜利和建设成就的重要原因，是中华民族生生不息的重要动力，也是实现中华民族伟大复兴的重要法宝。巩固和发展爱国统一战线，继续发扬中国共产党的传统和优势，有利于增强党的阶级基础、群众基础，巩固党的执政地位，有利于广泛团结联系海外侨胞和归侨侨眷，催生出更加深厚的爱国主义精神和伟大的民族精神，聚合起各族人民大团结的中国力量。

首先，巩固和发展爱国统一战线，最根本的是要坚持党的领导。统一战线是党领导的统一战线，是党的事业和国家各项事业取得胜利的重要法宝。"统战工作的本质要求是大团结大联合"❶，统战工作实行的政策、采取的措施都要有利于坚持和巩固党的领导地位和执政地位，必须掌握规律、坚持原则、讲究方法。既要坚定不移地巩固党的领导，同时，在这个过程中也要尊重、维护、照顾同盟者的利益，帮助党外人士排忧解难，争取更多党外人士的信任和支持。其次，巩固和发展爱国统一战线，必须高举爱国主义和社会主义旗帜，指引巩固和发展爱国统一战线的正确方向，团结一切可以团结的力量，调动一切可以调动的因素，以团结为中心，以发展为目的，凝聚实现中华民族伟大复兴的共识，构建中华民族共同体。当代

---

❶ 中共中央宣传部.习近平新时代中国特色社会主义思想学习纲要［M］.北京：学习出版社、人民出版社，2019：135.

的中国社会包括了众多群体和社会团体，有共产党员和党外人士，有知识分子和民营企业家，有宗教人士和非信教群众等，只有高举爱国主义和社会主义的旗帜，深刻把握发展爱国统一战线大团结大联合的主题，才能发挥爱国统一战线的重要作用，激发起我国最广大人民群众的思想共识，为实现中华民族伟大复兴凝聚磅礴的思想合力。

三、文化繁荣：凝聚思想共识的文化基础

文化自信是更基础、更广泛、更深厚的自信，是一个国家、一个民族发展过程中更基本、更深沉、更持久的力量。国家的稳定和社会的和谐仅靠强制力的统治是不够的，还需要用柔性的方式实现"软治理"，发展先进文化、促进文化繁荣就是实现"软治理"至关重要的内容和手段。文化对思想的形成和发展有着重要的作用，在对社会和个人进行全方位渗透的过程中，不同的文化会造就不同的思想认识和心理特质，并且文化本身就具有规范和凝聚的功能，有助于引导人们形成较为一致的价值取向和道德规范，有助于共识的形成和凝聚。文化繁荣是凝聚思想共识的文化基础，增强文化自信是凝聚思想共识的重要前提，没有高度的文化自信，没有文化的繁荣兴盛，就没有思想上的统一。只有在文化基因的联结下，才能有效促进人们在文化上形成高度认同，全体中华儿女的精神命脉和思想共识才能紧紧凝聚在一起，中国各族人民才能始终团结在一起，共同为了国家和民族的繁荣昌盛而同心同德、顽强拼搏。

（一）发展中国特色社会主义文化

文化是一个国家、一个民族的灵魂。习近平总书记在党的十九大报告中指出，"中国特色社会主义文化，源自于中华民族五千多年文明历史所孕育的中华优秀传统文化，熔铸于党领导人民在革命、建设、改革中创造的革命文化和社会主义先进文化，植根于中国特色社会主义伟大实践"❶。在党的二十大报告中，习近平总书记进一步强调，"全面建设社会主义现代化国家，必须坚持中国特色社会主义文化发展道路，增强文化自信，围

---

❶ 习近平.决胜全面建成小康社会　夺取新时代中国特色社会主义伟大胜利——在中国共产党第十九次全国代表大会上的报告［N］.人民日报，2017–10–28（001）.

绕举旗帜、聚民心、育新人、兴文化、展形象建设社会主义文化强国，发展面向现代化、面向世界、面向未来的，民族的科学的大众的社会主义文化，激发全民族文化创新创造活力，增强实现中华民族伟大复兴的精神力量"❶。发展中国特色社会主义文化，就是以马克思主义为指导，坚守中华文化立场，立足当代中国现实，结合当今时代条件，发展面向现代化、面向世界、面向未来的，民族的科学的大众的社会主义文化，推动社会主义物质文明和精神文明协调发展。

发展中国特色社会主义文化，要以马克思主义为指导。马克思主义是科学的理论，是人民的理论，更是一个不断发展和完善的思想体系，是人们认识世界、把握规律、追求真理、改造世界的强大思想武器。马克思主义是中国共产党的根本指导思想，也是发展中国特色社会主义文化的根本指导思想。发展中国特色社会主义文化，首先要巩固马克思主义在意识形态领域的指导地位，将马克思主义同新时代中国的具体实际相结合，推进马克思主义中国化，时代化。其次要进一步推进马克思主义大众化，必须面向广大人民群众，广泛开展马克思主义科学理论教育，用马克思主义理论武装人民群众，推进马克思主义走进千家万户，引导人们坚定马克思主义理想信念，认同马克思主义思想指导，不断提高马克思主义理论水平，建设强大的意识形态和共同思想的凝聚力，为思想共识的凝聚打下基础。

发展中国特色社会主义文化，要立足我国实际，顺应时代潮流。当今时代，世界正处于大发展大变革大调整时期，世界多极化、经济全球化、社会信息化、文化多样化深入发展。世界上各种思想文化相互激荡、相互交流、相互交锋更加频繁，文化在综合国力竞争中的地位和重要性进一步提升。与此同时，科技进步、文化产业兴起等给文化发展提供了新的机遇，有利于中国特色社会主义文化的发展和创新。发展中国特色社会主义文化，一方面，必须结合当今时代条件，深刻把握当前我国文化的发展趋势，使中国特色社会主义文化始终反映时代精神，始终贴近人民生活，体现中国精神和中国价值，从而强化人们的文化归属感和认同感，凝聚思想

---

❶ 习近平.高举中国特色社会主义伟大旗帜　为全面建设社会主义现代化国家而团结奋斗［N］.人民日报，2022-10-26（001）.

共识。另一方面，在中国特色社会主义进入新时代的全新历史条件下，社会的发展和进步要求我们必须加强文化建设，提升文化软实力，以文化的发展带动中国特色社会主义的发展。因此，必须立足新时代这一我国发展新的历史方位，全面反映新时代中国特色社会主义的发展，推动中华优秀传统文化创造性转化、创新性发展，继承革命文化，发展社会主义先进文化，发展面向现代化、面向世界、面向未来的民族的科学的大众的社会主义文化，从而满足人民日益增长的美好精神生活需要，使中国特色社会主义文化始终体现新时代的要求，真正发挥出来社会主义文化引领思想、统一认识的积极作用。

（二）坚定文化自信

民无魂不立，国无魂不强。习近平总书记强调："没有高度的文化自信，没有文化的繁荣兴盛，就没有中华民族伟大复兴。"❶ 坚定中国特色社会主义道路自信、理论自信、制度自信，说到底是要坚定文化自信。坚定文化自信，是事关国运兴衰、事关文化安全、事关民族精神独立性的大问题。历史和现实反复表明，一个国家、一个民族只有对自身文化理想、文化价值充满信心，对自身文化生命力、创造力充满信心，才能有力抵御各种错误思潮的影响和侵蚀，才能有坚守理想、奋发作为、推进伟大社会革命的定力和勇气。

一方面，坚定文化自信，必须继承中华优秀传统文化。中华优秀传统文化源远流长、博大精深，是构成和维持中华民族大统一大团结的文化基因，中华民族和中华文明之所以能够不断延续和发展，离不开中华优秀传统文化这一强大的精神支柱。坚定文化自信，就是要不断从中华优秀传统文化中汲取有益的思想观念、道德规范、人文精神等内容，并且结合新的时代要求和时代观念，使中华优秀传统文化与时俱进地发展创新，始终成为文化自信坚实的文化积淀。同时，要坚持为人民服务、为社会主义服务，坚持百花齐放、百家争鸣，坚持创造性转化、创新性发展，不断铸就中华文化新辉煌。另一方面，坚定文化自信，必须深刻领会社会主义先进文化。

---

❶ 习近平.决胜全面建成小康社会　夺取新时代中国特色社会主义伟大胜利——在中国共产党第十九次全国代表大会上的报告［N］.人民日报，2017-10-28（001）.

社会主义先进文化是坚定文化自信的现实基础和现代基础。近年来，改革开放和中国特色社会主义事业为中国带来了历史上最为广泛而深刻的社会变革，而新的时代、新的环境需要新的文化引领和精神动力。社会主义先进文化在社会主义现代化建设的伟大实践中形成，必须深刻领会社会主义先进文化，有了文化自信，才能坚定对社会主义道路和社会主义现代化建设的自信。此外，坚定文化自信，还要坚持开放的态度，相互借鉴才能博采众长。"和而不同"主张尊重差异、求同存异，这不仅是我国传统文化的智慧，更随着历史的发展不断绽放出思想光芒，彰显了思想价值和时代价值。在"和而不同"的影响下，我们在对待本民族文化和外来文化时，始终坚持相互借鉴、相互包容。当今世界正在逐渐形成紧密相连的人类命运共同体，世界各国的联系日益加强，经济往来和文化交流也日益密切，习近平总书记提出了构建人类命运共同体的倡议，主张不同制度和不同文明的国家之间也可以求同存异、包容互惠。我们要坚定文化自信，要积极同世界文化交流，敞开胸怀，博采众长，积极吸收外来优秀文化，在差异中寻找统一，在不同中寻找共识。

四、生态平衡：凝聚思想共识的生态基础

良好的生态环境是人类得以生存的基本前提，生态文明建设是关系中华民族永续发展的根本大计。随着经济社会的迅速发展和工业化的迅猛推进，生产力水平显著提高，社会的面貌和人们的生活得到了深刻改变，但是对生态环境也造成了破坏，产生了环境污染问题，造成了人与自然关系的紧张，多领域、多类型、多层面的生态失衡问题累积叠加，生态环境问题日益成为重大的社会问题。与此同时，人民群众对绿水青山的期盼与日俱增，对优美生态环境的需要愈加强烈，建设人与自然和谐共生的美丽中国逐渐成为全国全社会的热切关注。生态平衡是凝聚思想共识的生态基础，只有在理念上坚持人与自然和谐共生，在制度上实行最严格的生态环境保护制度，扎实推进生态文明建设，大力改善和维护生态平衡，积极回应人民群众对美好生活的期盼，才能真正重视和促进生态环境的不断改善，满足人民群众对生态环境的需求，推动凝聚思想共识的实现。

（一）坚持人与自然和谐共生

生态环境是人类生存和发展的根基，生态环境变化直接影响文明兴衰演替。习近平总书记指出："自然是生命之母，人与自然是生命共同体，人类必须敬畏自然、尊重自然、顺应自然、保护自然。"[1] 人与自然必须坚持和谐共生，如果只讲索取不讲投入，只讲发展不讲保护，只讲利用不讲修复，人类社会就必然会走向灭亡。回顾历史，古埃及、古巴比伦的灭亡就提供了事实依据。坚持人与自然和谐共生，首先应该敬畏自然，尊重自然，顺应自然发展规律，不能盲目发挥主观能动性，盲目地改造自然，打破自然发展规律，为了满足自己的需求扰乱自然的正常发展节奏。其次要求我们一切从实际出发，在利用自然的活动中考虑自然的承受能力，不能过度利用、过度开发自然。如果人类对于自然的利用超过了自然的实际承受能力，那么，最终的苦果还是由人类自己承担。人类过度砍伐，导致泥石流山洪频发、洪水肆虐等诸多实例，告诫我们一定要尊重自然发展规律，考虑自然承受能力，从实际出发，从长远考虑，坚持人与自然和谐共生。

（二）形成绿色发展方式和生活方式

生态环境问题归根结底是发展方式和生活方式问题。习近平总书记指出："推动形成绿色发展方式和生活方式，是发展观的一场深刻革命。"[2] 当前，我国经济的增长还并未与能源的利用完全脱钩，社会的发展也并未能摆脱污染物的增加，想要从根本上解决生态环境问题，就必须贯彻绿色发展理念，坚决摒弃损害甚至破坏生态环境的增长模式，加快形成节约资源和保护环境的空间格局、产业结构、生产方式、生活方式，把经济活动、人的行为限制在自然资源和生态环境能够承受的限度内，给自然生态留下休养生息的时间和空间。

形成绿色发展方式，首先要调整经济结构和能源结构，降低煤炭等有污染的一次能源使用量，积极推进新型环保能源的普及利用，发展太阳能

---

[1] 习近平 . 在纪念马克思诞辰 200 周年大会上的讲话［M］. 北京：人民出版社，2018：21.

[2] 习近平 . 习近平谈治国理政：第 2 卷［M］. 北京：外文出版社，2017：395.

光伏发电、生物质能利用、垃圾发电、水力发电等新型可再生资源，实施节能技术改造，推动新能源技术的开发和应用。其次要大力推进产业结构调整，注重发展高新技术产业，大力发展低能耗、无污染的现代服务业。此外，还要优化国土空间开发布局，实现人口资源环境相均衡、经济社会生态效益相统一；坚持利用集约资源的原则，促进生产空间的高效集约，提高生活空间的宜居程度，打造山清水秀的生态空间；培育壮大节能环保产业、清洁生产产业、清洁能源产业，推进生产系统和生活系统循环链接。

（三）实行最严格的生态环境保护制度

保护生态环境必须依靠制度、依靠法治。习近平总书记指出："只有实行最严格的制度、最严密的法治，才能为生态文明建设提供可靠保障。"❶当前，我国生态环境保护中存在的突出问题，大多同体制不健全、制度不严格、法治不严密、执行不到位、惩处不得力有关。因此，必须把制度建设作为推进生态文明建设的重中之重，深化生态文明体制改革，把生态文明建设纳入制度化、法治化轨道。

实行最严格的生态环境保护制度，首先要健全生态环境保护制度，制定严格、完备和配套的生态环境保护制度，以法律的强制约束力为保障，严格执行生态环境保护制度，对于破坏生态环境的行为予以严厉惩罚。同时要明确各级各单位各部门的权力和责任，建立权责明晰、多方参与的生态环境保护制度，将环境保护的目标和任务分解到各级政府和部门，并加以有效的监管和监督，确保每一条制度都能够令行禁止、执行到位。其次要全面建立资源高效利用制度，健全生态保护和修复制度，严明生态环境保护责任制度。例如，要建立充分反映资源消耗、环境损害、生态效益的生态文明绩效评价考核和责任追究制度；完善反映市场供求和资源稀缺程度、体现自然价值和代际补偿的资源有偿使用和生态补偿制度；积极改善以环境质量为导向，监管统一、执法严明、多方参与的环境治理体系等，破除妨碍生态文明建设和生态环境保护体制机制障碍，提升生态环境治理体系和治理能力现代化水平。

---

❶ 中共中央文献研究室.习近平关于全面深化改革论述摘编［M］.北京：中央文献出版社，2014：104.

第二节　优化凝聚思想共识的保障条件

一、制度保障：充分发挥我国的制度优势

中国特色社会主义制度是当代中国发展进步的根本制度保障，集中体现了中国特色社会主义的特点和优势。作为人民民主专政的社会主义国家，自新中国成立以来就不断坚持和完善社会主义的基本政治制度，确立并发展了人民代表大会制度、中国共产党领导的多党合作和政治协商制度、民族区域自治制度、基层群众自治制度等政治制度。这些制度符合我国国情，顺应时代潮流，有利于集中力量办大事，推动经济社会全面发展，有利于保持党和国家活力，调动广大人民群众和社会各方面的积极性、主动性、创造性，是凝聚思想共识最根本的保障。

第一，充分发挥我国的制度优势，要巩固党的领导地位，完善和发展中国特色社会主义制度。"中国特色社会主义最本质的特征是中国共产党领导，中国特色社会主义制度的最大优势是中国共产党领导，中国共产党是最高政治领导力量，坚持党中央集中统一领导是最高政治原则。"[1]中国共产党一经成立，就义无反顾肩负起实现中华民族伟大复兴的历史使命，从其诞生之日起便把马克思主义烙印在自己的旗帜上，在沧桑巨变中始终坚持以人民的利益为中心，在艰难奋斗中始终坚持以实现共产主义为最高理想。我国社会主义革命、建设和改革都是在中国共产党的领导下得以稳步推进，一切成绩的取得都离不开党中央的坚强领导。可见，党的领导核心地位不是自然获得的，是在长期的斗争实践中形成的，是在自我实践和社会实践的过程中得以确立和巩固的。当前，面对新的时代和新的事业，坚持党的领导，坚持自我革命，坚持全面从严治党，既是我们党百年奋斗的历史经验，也是百年大党创造新辉煌赋予的庄严使命。新的赶考之路上，

---

[1] 习近平. 高举中国特色社会主义伟大旗帜　为全面建设社会主义现代化国家而团结奋斗［N］. 人民日报，2022-10-26（001）.

必须继续发扬彻底的自我革命精神，必须以马克思主义执政党的理论与实践自觉继续巩固领导地位，才能继续发挥好中国特色社会主义制度的最大优势，把党建设得更加坚强有力。同时，必须坚持用习近平新时代中国特色社会主义思想武装全党、凝聚全党，在领导党和国家事业发展、全面深化改革的进程中始终成为全国各族人民的主心骨，在应对国内改革难题、国外风险挑战的过程中始终成为坚强有力的领导核心，确保我们党永葆强大的战斗力，确保党带领人民统一思想、凝聚力量。

第二，充分发挥我国的制度优势，要坚持人民立场，坚持中国特色社会主义制度为人民服务。人民立场是中国共产党的根本立场，是社会主义制度的突出特征。"中国共产党员的含意或任务，如果用概括的语言来说，只有两句话：全心全意为人民服务，一切以人民利益作为每一个党员的最高准绳。"❶我们党来自人民、根植于人民，从诞生之日起就带着"人民"的烙印。我们的政党和制度是为人民服务的，中国特色社会主义制度之所以能保持旺盛的活力，始终得到中国广大人民群众的信任和拥护，其中一个重要的原因便是代表了中国最广大人民的利益，并且在社会主义建设和改革的过程中不断完善，从而能够最大限度调动人民的积极性、主动性和创造性，最大限度激发和汇聚人民群众的思想共识，为推动社会发展提供强大力量。当前，我们国家的发展仍然面临着一系列复杂的挑战，新形势下的众多问题都给凝聚思想共识增加了难度。这就需要继续坚持人民立场，提高为人民服务的能力和水平，切实关注人们的社会生活，抓住社会成员的思想脉动，紧密结合当前社会实践和社会交往的特点，从关系人民群众切身利益的社会问题入手，从人民群众最关心最期待的实际需求入手，在推进社会发展、解决社会问题的过程中解决人们的思想问题，让人民群众感受到社会主义制度的优越性，才能让人们坚定中国特色社会主义制度自信，为凝聚更广泛的思想共识提供制度保障。

二、理念保障：坚持以人民为中心的发展思想

以人民为中心的发展思想回答了发展是为了谁的问题，彰显了发展的根本目的。党的二十大报告指出，全面建设社会主义现代化国家，是一项

---

❶ 邓小平文选：第 1 卷［M］．北京：人民出版社，1994：257.

伟大而艰巨的事业，前途光明，任重道远。前进道路上，必须牢牢把握"坚持和加强党的全面领导、坚持中国特色社会主义道路、坚持以人民为中心的发展思想、坚持深化改革开放、坚持发扬斗争精神"❶的重大原则。人民是历史的创造者，是社会发展和进步的推动力量，无论面对什么样的艰难险阻，只要有人民群众的广泛支持，就没有跨越不了的难关。历史也有力地证明，越是面对复杂的难题和挑战，越要争取民心民意，带领人民群众参与到实现共同目标的行动中，这不仅是发展理念的体现，更是促进凝心聚力、攻坚克难的必要前提。当前，面对复杂的国内外形势和繁重的改革发展难题，面对多元的利益主体和多变的思想意识，牢牢坚持以人民为中心的发展思想才能将国家、民族、个人紧紧联系在一起，激发人民群众的思想活力，汇聚人民群众的强大力量。

第一，坚持一切发展都是为了人民，增强人民群众的获得感。"马克思列宁主义的基本原则，就是要使群众认识自己的利益，并且团结起来，为自己的利益而奋斗。"❷ 以人民为中心的发展思想是对马克思主义群众史观的继承与创新，核心要义在于始终坚持从人民的立场出发，代表人民的根本利益，将人民对美好生活的向往作为奋斗目标，把实现人民的利益作为发展的出发点与落脚点。随着现代化转型的推进，我国社会结构和社会阶层都在调整分化，不同阶层和不同群体都有不同的利益需求，我们要实现人民的利益不是实现某个阶层的利益，而是要以最广大人民根本利益为最高标准，坚持发展是为了人民谋幸福。新中国成立以来，我们稳定解决了十几亿人的温饱问题，实现了生产的迅速发展和社会的显著进步，满足了人民群众最急迫最现实的生活需求。党的十八大以来，以习近平同志为核心的党中央继续把人民利益摆在至高无上的地位，坚持顶层设计，全面深化改革，加快推进社会事业发展，不断创新社会治理体制，人民日益增长的美好生活需要正在逐渐得以满足，实实在在增强了人民群众的获得感和幸福感。立足于新的历史起点，我们要在继续推动发展的基础上，统筹推进人的全面发展与物的全面丰富，推进社会全面进步和全体人民共同富

---

❶ 习近平.高举中国特色社会主义伟大旗帜　为全面建设社会主义现代化国家而团结奋斗［N］.人民日报，2022-10-26（001）.

❷ 毛泽东选集：第4卷［M］.北京：人民出版社，1991：1318.

裕，维护社会公平正义，解决好收入差距问题，使发展成果更多更公平惠及全体人民；同时，还要尊重人民意愿、满足人民需要，深入人民群众的实际生活，了解人民的心声，关心人民的根本利益需求，真正做到为人民的利益服务，使人民的根本利益得到实现和维护。

第二，坚持人民主体地位，朝着实现共同富裕的目标不懈努力。新发展理念是我国发展思路、发展方向、发展着力点的集中体现，也是改革开放以来我国发展经验的集中体现，反映出我们党对我国发展规律的新认识。党的二十大报告明确指出："江山就是人民，人民就是江山。中国共产党领导人民打江山、守江山，守的是人民的心。"❶中国共产党一百多年的奋斗历程表明，只要我们始终坚持依靠人民、为了人民，尊重人民群众主体地位和首创精神，把人民群众中蕴藏着的智慧和力量充分激发出来，就一定能够不断创造出更多辉煌成就。只有坚持和落实新发展理念，才能真正落实以人民为中心的发展，更好地实现人民的根本利益，实现更高质量、更有效率、更加公平、更可持续的发展；只有坚持人民主体地位，才能够发挥人民首创精神，尊重人民群众的创造力，更好保障人民当家作主，不断把人民对美好生活的向往变成现实，不断实现发展为了人民、发展依靠人民、发展成果由人民共享，不断增进和实现全体人民的获得感、幸福感、安全感，让现代化建设成果更多更公平惠及全体人民。

三、利益保障：构建合理的利益保障机制

利益是思想产生的逻辑起点，思想是对物质利益的反映。不同的思想认识根源于不同的社会关系和利益关系，不仅思想的产生会受到利益的影响，利益还决定了思想的变化和发展，利益的多元化往往会造就思想的多样化，利益的实现程度也制约着人们的思想广度和深度。因此，我们不仅要加强经济建设，扩大改革开放，大力发展社会经济，提升人民生活水平，满足人民物质需求，更要构建合理的利益保障机制。"任何一种东西，必须能使人民群众得到真实的利益，才是好的东西。"❷只有构建合理的利

---

❶ 习近平.高举中国特色社会主义伟大旗帜 为全面建设社会主义现代化国家而团结奋斗［N］.人民日报，2022-10-26（001）.

❷ 毛泽东选集：第3卷［M］.北京：人民出版社，1991：864.

益保障机制，让人民利益得到保障，促进利益关系的和谐，才能将人民群众的理想信念、价值取向、道德规范有效地整合和凝聚起来，达成广泛持久的利益共识，凝聚最大程度的思想共识。

第一，构建和谐初次分配机制。"社会和谐离不开分配正义的实现，而分配正义又表现为回馈正义和平等正义。"❶ 初次分配是更为基础性的分配关系，涉及的成员多、范围广，如果在初次分配中出现重大的社会不公正，那么在政府的再分配中就很难大力扭转。初次分配市场中调节机制的缺失，会导致分配秩序混乱无序，从而造成收入差距扩大。因此，构建和谐的初次分配机制是构建和谐利益关系和利益保障的基础，能让人民群众更加公平地享受社会财富。首先，要鼓励和支持合法收入，提高人民群众的收入水平，减小贫富差距，减少利益冲突。通过国家的宏观调控，调控物价水平，降低居民的生活财政支出。其次，加大执法力度，取缔非法收入。国家要加大执法力度和惩处力度，坚决杜绝非法收入的存在，坚决杜绝损害人民群众合法利益的情况存在，运用国家法律进行有力调节，真正构建起和谐的分配制度。最后，持续优化创业创新环境，加大对初创实体帮扶力度，制定一系列创业扶持政策，减免初创税收，并予以相应的技术支持和信息支撑，为初创人员提供贷款绿色通道等，鼓励人民群众自力更生，艰苦奋斗，依靠自己的力量缩小差距。

第二，建立公平再分配机制。所谓再分配，是指在初次分配结果的基础上各主体之间的收入再次分配过程，也是政府对要素收入进行再次调节的过程。再分配机制是否公平，事关人民的美好生活，事关整个社会的稳定和谐，是必须高度重视并不断完善的重要工作。当前，从我国的利益格局来看，利益主体不断分化，利益需求逐渐增多，加之利益分配方式多样，导致社会成员之间的利益差距不断加大，利益矛盾愈加凸显，这是无法回避的社会现实，需要建立公平的再分配机制，缩小利益差距，缓解利益矛盾。具体来看，需要完善社会保障体系，加大社会福利保障力度。此外，适度提高社会养老金、调节和控制过高收入，也是防止收入差距再次扩大的有效举措。

第三，构建和谐的利益关系。人们的思想和行动背后都蕴含着错综复

---

❶ 魏小萍.分配正义的两个抽象原则［J］.哲学动态，2015（12）.

杂的物质利益，都能从利益方面找到缘由，如何进行利益关系的协调、保证公平的利益分配，成为值得人们认真思索的问题，也是凝聚思想共识的重要环节。习近平总书记指出："夯实社会和谐之基，做好群众工作，要求我们把维护群众根本利益、促进利益关系协调看作和谐社会建设的重中之重。社会和谐，最根本和起决定作用的是经济利益关系的和谐。利益关系协调是利益关系和谐的基础。利益关系协调，并不是说没有利益差别，也决不是要搞平均主义。利益差别可以有，但要合情、合理，更要合法。"❶当前所出现的一些社会矛盾和问题，大多与人民群众的切身利益息息相关。因此，构建和谐的利益关系，要坚持以人为本这个根本原则，同时要遵循协调利益关系、促进利益均衡的基本原则，依靠发展生产、改善服务等多种举措平衡好人民群众之间的利益问题，化解利益矛盾，促进社会公平。首先，要靠发展来增加利益，不断深化改革，加快发展，充分激发基层和群众的创造力，促进多种所有制经济共同发展，拓宽就业渠道，增加群众收入，提高基层自我发展的能力。其次，要靠改善服务来巩固利益，完善公共财政制度，增加公共产品对农村和社区基层的倾斜，使发展的成果真正惠及全体人民。再次，要靠协调来均衡利益，在基层建立健全社会利益协调机制，找准大多数人的共同利益与不同阶层的具体利益的结合点，使经济社会发展的成果兼顾到各方面的利益和要求。最后，要靠稳定来保障利益，引导群众以理性合法的形式表达利益诉求，进一步健全处理人民内部矛盾的工作机制，充分发挥社团、行业组织和社会中介组织提供服务、反映诉求、规范行为的作用，妥善解决利益矛盾，更好维护安定团结。

四、法治保障：加快完善法律法规体系

中国特色社会主义法律体系是基于我国社会土壤而形成和发展的，经历了革命、建设和改革等不同时期，完善于我国经济社会长期以来的发展实践，在我国发挥着极端重要的作用。"道德标准和法律在约束过激的冲突方面起着相同的作用，避免不稳定和无法状态造成的破坏。所有正直的

---

❶ 习近平.加强基层基础工作　夯实社会和谐之基［J］.求是，2006（21）.

公民都希望法律稳固而有权威。"❶ 法律有权威，社会才能稳定，国家才能长治久安。当前，我国的社会转型尚未完成，发展形势和内外环境依然严峻，长期积累的结构性矛盾不断显现，干部队伍的腐败问题依然存在，破坏和污染生态环境的现象依然存在，思想观念交流交锋更加频繁，这些问题的解决需要依靠发展，更需要有法治思维和法律依据，只有加快完善法律法规体系，让法律提供强有力的保障，一切才能有法可依。因此，要加快完善法律法规体系，以法律为依托凝聚思想共识，维护社会秩序，推动社会发展。

第一，全面推进依法治国。法治兴则民族兴，法治强则国家强。全面依法治国是坚持和发展中国特色社会主义的本质要求和重要保障，事关我们党执政兴国，事关人民幸福安康，事关党和国家事业发展。党的十八大以来，以习近平同志为核心的党中央明确提出全面依法治国，并将其纳入"四个全面"战略布局，围绕全面推进依法治国总目标，抓住法治体系建设这个总抓手，以解决法治领域突出问题为着力点，对全面依法治国作出一系列重大决策部署。习近平总书记明确指出："全面推进依法治国总目标是建设中国特色社会主义法治体系、建设社会主义法治国家。"❷ 这个总目标，既明确了全面推进依法治国的性质和方向，又突出了工作重点和总抓手，具有纲举目张的意义。当前我国不仅要面对改革发展稳定的繁重任务，还面临着社会矛盾的日益错综复杂，有些偏远地区的经济发展水平还较为落后，滋生腐败的土壤依然存在，领导干部不收敛、不收手现象还没有完全遏制住，尤其是还存在"微腐败"等现象，这些矛盾和问题或多或少都与有法不依、执法不严、违法不究相关。人民日益增长的美好生活需要也包括对法治的期待，依法治国在党和国家工作全局中的地位更加突出，作用更加重大。全面依法治国，既是解决我国全面深化改革中的矛盾和问题的现实考量，也是着眼于长远发展的战略谋划。统筹中华民族伟大复兴战略全局和世界百年未有之大变局，必须全面推进依法治国，加强社会主义

---

❶ 查尔斯·霍顿·库利.人类本性与社会秩序［M］.包凡一，王㻋，译.北京：华夏出版社，1999：201.

❷ 中共中央文献研究室.习近平关于全面建成小康社会论述摘编［M］.北京：中央文献出版社，2016：95.

法律制度建设，强化法治力量，实现科学立法、严格执法、公正司法、全民守法，不断推进法治中国的建设向前发展，发挥全面依法治国的基础性、保障性作用，为党和国家事业发展提供根本性和全局性的法律制度保障，把体现人民利益、反映人民愿望、维护人民权益、增进人民福祉落实到全面依法治国各领域全过程，以法律为依托凝聚全党全国人民的思想共识。

第二，坚定不移走中国特色社会主义法治道路。方向决定道路，道路决定命运。中国特色社会主义法治道路是社会主义法治建设成就和经验的集中体现，是建设社会主义法治国家的唯一正确道路。走出一条好的法治道路不容易，关键是要坚定不移地走下去。习近平总书记指出："中国特色社会主义法治道路是一个管总的东西。具体讲我国法治建设的成就，大大小小可以列举出十几条、几十条，但归结起来就是开辟了中国特色社会主义法治道路这一条。"❶ 这条道路凝结着我们党和人民法治理论和实践的全部智慧，必须坚定自信、保持定力，必须倍加珍惜、始终坚持。中国特色社会主义法治道路的核心要义，主要包括三个方面的内容：一是坚持党的领导，二是坚持中国特色社会主义制度，三是贯彻中国特色社会主义法治理论。其中，坚持中国特色社会主义法治道路，最根本的是坚持党的领导，因为党的领导是中国特色社会主义最本质的特征，是社会主义法治最根本的保证，是中国特色社会主义法治道路的核心要义。中国特色社会主义制度是全面推进依法治国的制度保障，中国特色社会主义法治理论是法治中国建设的行动指南，因此，还要坚持中国特色社会主义制度，贯彻中国特色社会主义法治理论，确保我国法治建设始终沿着正确的方向前进，更好地统一全党全国各族人民的认识和行动。

第三，建设中国特色社会主义法治体系。中国特色社会主义法治体系，本质上是中国特色社会主义制度的法律表现形式，是国家治理体系的骨干工程。习近平总书记指出："全面推进依法治国涉及很多方面，在实际工作中必须有一个总揽全局、牵引各方的总抓手，这个总抓手就是建设中国特色社会主义法治体系。"❷ 必须牢牢抓住法治体系建设这个总抓手，加快

---

❶ 习近平.加快建设社会主义法治国家［J］.求是，2015（1）：3-8.

❷ 中共中央文献研究室.十八大以来重要文献选编（中）［M］.北京：中央文献出版社，2016：147.

形成完备的法律规范体系、高效的法治实施体系、严密的法治监督体系、有力的法治保障体系，形成完善的党内法规体系，不断开创法治中国建设新局面。首先，建设中国特色社会主义法治体系，要加快完善法律、行政法规、地方性法规体系，以及完善社会规范体系，为全面依法治国提供基本遵循。同时，要推进科学立法、民主立法、依法立法，使每一项立法都符合宪法精神，都能够反映人民意志，得到人民拥护。要坚持公正、公平、公开原则，把公正、公平、公开原则贯穿立法全过程，完善立法体制机制，增强法律法规的及时性、系统性、针对性、有效性。其次，要加快形成严密的法治监督体系。形成严密的法治监督体系，就是为了加强对权力运行的制约和监督，让权力运行公开透明，让权力在阳光下运行。因此，要加快形成和完善严密的法治监督体系，做到有权必有责、用权受监督、违法必追究，充分发挥社会监督、舆论监督的积极作用，增强监督合力和实效。

五、宣传保障：切实强化宣传思想工作

宣传思想工作是解决人的思想问题的工作，是凝聚思想共识的重要保障。长期以来，党中央不断推进思想文化建设，紧抓宣传思想工作，深化了对共产党执政规律和社会主义建设规律的认识，在自我发展和社会发展的过程中熔铸了坚实的精神支撑，凝聚了强大的思想力量。党的十八大以来，以习近平同志为核心的党中央高度重视思想建设和宣传思想文化工作，多次强调并提出了明确的要求，我们必须认真贯彻落实习近平总书记在全国宣传思想工作会议上的重要讲话精神，切实强化宣传思想工作，建设团结奋斗的强大主流舆论场，巩固马克思主义在意识形态领域的指导地位，巩固全党全国人民团结奋斗的共同思想基础，为统一思想、增进共识提供宣传保障。

第一，加强党对宣传思想工作的全面领导。中国共产党在国家各项事业发展中具有实际的领导力、组织力和凝聚力，党的领导是做好宣传思想工作的根本保证。宣传思想工作一旦脱离正确的政治方向，就一定会走向它的对立面，为社会主义现代化建设服务的职能就会丧失，可见，做好新时代宣传思想工作，必须旗帜鲜明坚持党管宣传、党管意识形态，牢固树

立"四个意识",坚决维护党中央权威和集中统一领导,充分发挥党总揽全局、协调各方的领导核心作用,加强宣传思想战线党的政治建设,提升政治能力,强化政治担当,落实政治责任,养正气、固根本、把方向、强阵地,让党的旗帜在宣传思想战线高高飘扬。

党的根本宗旨是全心全意为人民服务,宣传思想工作也是为了使人民群众认识、了解和掌握正确的思想,以正确的思想指导日常实践活动,其实质也是为人民服务。需要注意的是,党的路线方针政策是宣传思想工作的主要内容,宣传思想工作也是由党组织开展和领导把控的,可见二者有着共同的出发点和立足点,都是站在人民的立场上,为人民服务,为社会主义现代化建设服务的。把握了为人民服务这个立足点,党和宣传思想工作的关系就能得到正确处理,就能准确把握党性和思想性的关系、政治立场和思想立场的关系。首先,坚持党的领导就要坚持正确政治方向,坚持以人民为中心的工作导向。在我国,人民的思想和意志是占统治地位的思想和意志,这决定了我国宣传思想工作要为人民说话,为人民服务,要满足人们的精神需求,在宣传过程中充分展现科学的理想信念、价值追求和奋斗目标,引导人们树立高尚的家国情怀和道德情操,保证人们在精神层面享有更多的获得感,促进全体人民在理想信念、价值理念、道德观念上紧紧团结在一起,为服务党和国家事业全局作出更大贡献。其次,坚持党的领导要坚持党管媒体原则,确保主流意识形态话语权是掌握在可靠的人手中,传播好我们党领导人民努力奋斗的决心和信心,阐释清楚西方不良社会思潮的实质和危害,要关注并解决人民群众的现实问题,拨清人民群众的现实困惑,直面人们对美好生活的向往与当前发展状况之间的矛盾,实现宣传思想工作同社会发展、人民生活的良性互动,从而得到人民群众的真心认同,巩固全党全国人民团结奋斗的共同思想基础。

第二,提高宣传思想工作者的政治素养。宣传思想工作者是宣传工作的实施者和策划者,在宣传思想工作中居于主体地位。宣传思想工作能否顺利进行,效果如何,能否具有针对性和实效性,宣传思想工作者是关键;能否真正将党的路线方针政策宣传到位,能否让人民群众正确理解,宣传思想工作者负有很大的责任。由此可见,宣传思想工作者的政治素养,对于宣传思想工作具有重要的意义。如果思想宣传人员政治素质不高，理论功底不强，对党的路线方针政策理解不透，对于党的路线方针政策在群众中的宣传具有很大的负面影响。因此，做好宣传思想工作必须提高宣传思想工作者的政治素养。首先，要求宣传思想工作者要牢牢把握好政治方向，持续加强理论武装，坚持不懈用习近平新时代中国特色社会主义思想凝心铸魂，尤其要学懂弄通做实习近平总书记关于宣传思想工作的重要思想，自觉承担起举旗帜、聚民心、育新人、兴文化、展形象的使命任务，坚决贯彻执行党的基本路线和各项方针、政策，推动党的二十大精神、学习贯彻习近平新时代中国特色社会主义思想主题教育走深走实，以宣传成效忠诚捍卫"两个确立"，坚决做到"两个维护"。其次，要求宣传思想工作者要具备较强的政治敏锐性和政治鉴别力，善于从政治的高度分析和处理问题，拥护并推进改革、发展和稳定，要敢于在风口浪尖上进行斗争，旗帜鲜明地支持正确思想言论，旗帜鲜明地抵制各种错误思潮。最后，宣传思想工作者必须在工作中刻苦学习、勤奋钻研，不断掌握新知识、熟悉新领域、开拓新视野，不断增强脚力、眼力、脑力、笔力，不断加强知识的积累和经验的积累。宣传思想工作者只有努力提高自身的政治素质、业务素质和道德素质，掌握本职工作中的专业知识，具备处理复杂问题和突发事件的能力，把握好宣传思想工作的规律和特点，才能为宣传思想工作的提升打下坚实的基础。

第三，创新宣传思想工作方法。宣传思想工作的方法在一定程度上影响着宣传效果，必须通过创新工作方法，改善宣传方式，深化中国特色社会主义和中国梦宣传教育，促进社会主义核心价值观的培育践行，把服务群众同教育引导群众结合起来，多宣传报道人民群众的伟大奋斗和火热生活，唱响主旋律，壮大正能量，做大做强主流思想舆论，不断为改进思想宣传工作、凝聚思想共识注入新的活力。一方面，要坚持党性和人民性的统一，把好宣传思想工作的政治关。我国是社会主义国家，我们的新闻媒体是党和政府的宣传阵地，必须高举社会主义旗帜，坚持党对宣传思想工作的领导，做到爱党信党、在党言党，准确阐释党和国家的方针、政策，维护意识形态和文化领域的安全。同时，在党性和政治性的基础上紧密结合人民生活，注意"善于用简单、明了、群众易懂的语言讲话，坚决抛弃难懂的术语，外来语，背得烂熟的、现成的但是群众还不懂、还不熟悉的口号"❶。通过喜闻乐见的宣传方式，组织人民群众乐于参与的文体活动，表达党的主张，反映人民心声，实现党性与人民性、政治性与通俗性的统一，营造一种健康向上、团结进取的思想氛围。另一方面，要坚持权威性和生动性的统一。宣传思想工作要想提升吸引力和感染力，需要增强权威性，需要在学理上阐明社会主义核心价值观、中国梦的中国特色和民族特性，从学术上驳斥西方资本主义价值观、霸权主义以及歪曲事实、诋毁社会主义的西方话语，为主流意识形态传播提供坚实的理论依据，保障中国特色话语的权威性及合法性。同时，宣传思想工作仅仅讲究权威性还不够，一旦丧失准确有力的表达力和吸引力，权威性便会受到削弱，非马克思主义和非主流的意识形态便会趁势攻占网络平台。为了让主流意识形态更好地发出自己的声音，更广泛地得到传播和信任，理论化的宣传表达和多样化的创新方式缺一不可，要综合运用纸质媒体和网络媒体，构建网上网下同心圆，通过生动有趣、简明活泼、亲和质朴的宣传方式让主流意识形态强起来，壮大主流思想舆论，更好凝聚社会共识，提高主流意识形态话语的感染力，让主流意识形态话语成为时代最强音。

六、网络保障：建设风清气正的网络生态

当今时代，没有网络安全就没有思想安全和国家安全。网络空间是亿万民众共同的精神家园，如何把网络空间塑造成凝心聚力、引领风尚、丰富人民精神世界、凝聚人民思想共识、增强人民精神力量的新空间，是我们必须回答的时代课题。网络媒体的普及化和传播渠道的便捷化促进了信息资源共享、宣传渠道多样，同时也改变了人们的思维方式，在潜移默化中重塑着人们的思想意识和精神世界。尤其是网络环境的虚拟性和网络传播的随意性，导致了信息资讯爆炸式地产生和扩张，纷繁复杂的网络信息难辨真假，各种思想观点和价值观念互相交锋，充斥了整个网络空间，必须加强互联网建设和管理，完善网络立法，坚持正确舆论导

---

❶ 列宁全集：第 14 卷 ［M］.北京：人民出版社，2017：89.

向，在网络空间坚守住主流意识形态的网络阵地，建设风清气正的网络生态，打造健康的思想互动空间，为凝聚思想共识提供良好的网络环境和舆论支持。

第一，建立健全网络监管平台。"网络安全已经成为我国面临的最复杂、最现实、最严峻的非传统安全问题之一。"❶互联网的飞速发展推动信息传播方式发生深刻变革，网络以其开放性、互动性迅速渗透进了人们的学习、工作和生活，改变了人们的交往方式和生活方式，丰富的信息内容和海量的信息资源可以通过网络进行传输、浏览，人们还可以通过虚拟的网络进行交流、沟通。但要看到，互联网平台在发展过程中也衍生出平台垄断、不正当竞争、数据滥用、数据安全、金融风险、资本无序扩张等诸多问题。因此，无论是在虚拟的网络环境还是真实的现实生活，都必须加强法律和道德的约束，才能建立和谐有序的社会关系，为人们生活创造稳定、健康的社会环境。

当前，互联网等新技术新媒介日新月异，社会上思想活跃、观念碰撞。由于网络环境的虚拟性和网络传播的随意性，纷繁复杂的网络信息难辨真假，各种思想观点和价值观念互相交锋，主流意识形态和非主流意识形态充斥整个网络空间，导致网络信息内容呈现出纷繁复杂、良莠不齐的状况。为了维护网络安全，必须秉持科学现代的监管理念，加强网络综合治理，加快网络安全监管机构建设，持续创新监管的手段方法，构建互联网管理的技术支撑平台，建立全面的网络安全监测和预警系统，建立完善的网络监管制度和网络监管技术平台，借助一定的技术手段对网络平台、网络信息、网民行为进行有效监管，科学合理界定互联网平台的责任，进一步加强重点领域监管执法，集中整治网络不良行为乱象，使网民们在使用网络进行学习、工作和交流的同时，其网上行为也接受必要的监督和管理，对于网民们不良的言论和错误的行为要依法依规进行相关惩处，提高互联网平台监管的法治化、规范化和透明度，维护网上交往秩序，促进互联网健康发展。

第二，强化网络管理，完善网络立法。网络空间不是"法外之地"，

---

❶ 中共中央宣传部 . 习近平新时代中国特色社会主义思想学习纲要［M］. 北京：学习出版社、人民出版社，2019：182.

网络空间同现实社会一样，既要提倡自由也应保持秩序，接受法律管辖。网络具有高度的开放性和自由性，因此，这也使网络具有在网络空间的自组织功能。"这种功能在一定程度上可以鼓励网民的共同参与，确保网民能够进行正常的网络表达，从而拼接起众多支离破碎的片段，不断接近真相，逐步触摸真理，维护网络空间的有序性和组织性。" ❶ 我国是社会主义国家，决定了我们要坚持和建设具有强大凝聚力的社会主义意识形态。互联网的普及和信息化的推进增加了意识形态的管控难度，海量的信息碎片庞大且杂乱，无法考究内容的全面性，无法反映完整的事实、观点、思想，很多不当言论经过传播和发酵，成为混淆事实、影响恶劣的谣言，容易导致人们的思想混乱和价值观错位，削弱主流媒体的影响力，甚至会降低人们对马克思主义的认同度，削弱社会主义意识形态的引领力。面对这样的新情况新变化，必须从制度设计和技术治理两个方面出发，把依法办网落到实处，进一步规范网络传播秩序，运用法治思维和方式加强网络管理，促进互联网的健康发展。目前，我国关于网络权益保护方面的法律法规和相关政策还不完善，我们要大力推进网络管理法律法规体系的完善，建立网络行为监控机制，健全网络管理机制，建设和管理并重，出台网络使用和管理的一系列法规和制度性规定，保护网民的合法权益。同时，还要提升全社会网络法治意识和素养，加强人民群众的网络法律法规教育，使人民群众在使用网络时能够知法、守法、懂法，做到有法必依，引导网民增强依法上网意识、文明上网意识、个人隐私意识、网络安全与风险意识等，让每位用户都能够加强网络行为自律，让社会主义法治精神在网络空间得到全面彰显。此外，还要加大网络犯罪的处罚执行力度，严厉打击重大违法违规行为，进一步做到执法必严、违法必究。针对造成严重危害和恶劣影响的网络犯罪事件，要从重从严处罚，为人民群众提供反面典型教育，也为犯罪分子敲响警钟。

第三，引导正确的网络舆论导向。只有把握正确的舆论导向，才能巩固壮大主流思想舆论。当前网络媒体传播平台众多、准入门槛较低，部分商业网络平台逐利意识强烈、社会责任意识淡薄，使得网络内容生态面临被资本绑架的风险与挑战。此外，网民网络素养参差不齐，近年来，随着

---

❶ 余一凡，赵冶.互联网意识形态建设的三层次指向［J］.理论探索，2016（5）.

微信群、QQ 群、微博群等各类互联网群组不断涌现，人人都可以在网络平台发声，各种思想观念层出不穷、相互碰撞。西方国家也通过网络媒介加紧进行西方价值观的传播和意识形态输出，不断宣传自由、民主、个人主义等价值观念，还趁此加紧渗透新自由主义、历史虚无主义等不良社会思潮，妄图动摇马克思主义的指导地位，攻击我国社会主义意识形态。网络媒体是新闻舆论传播的重要媒介和途径，网络平台上多样多变的价值观点和错综复杂的网络信息传播范围极广，非理性内容有时会占据优势，给人们的思想造成一定的混乱。针对当前虚拟无序的网络环境，我们必须坚持正确的舆论导向，通过加强马克思主义宣传教育来强化思想引领，旗帜鲜明地同各种不良舆论和不良思潮作斗争，立场坚定地铲除毒害人民群众思想的西方价值观，在激烈的意识形态交锋中掌握主动主导的优势地位。此外，坚持正确的舆论导向，还要加强网络治理和自媒体管理，净化话语环境，守好网络意识形态阵地。习近平总书记指出："要依法加强网络社会管理，加强网络新技术新应用的管理，确保互联网可管可控，使我们的网络空间清朗起来。"❶通过加强对融媒体的引导，加强对自媒体的管理，明确网络平台的主体责任，增强广大网民的法治意识、规范意识，提升媒体记者和从业人员的素质，让网络"意见领袖"发挥积极作用，唯有如此，才能优化网络环境，促进网络舆论朝着正确、积极的方向发展，营造和谐有序的网络生态，打造健康活力的思想互动空间。

---

❶ 中共中央文献研究室.习近平关于社会主义文化建设论述摘编［M］.北京：中央文献出版社，2017：30.

结　语

　　追求和谐是人类的永恒理想，构建和谐统一的社会是人们从古至今殷切向往的美好生活状态。从现实意义来看，一个社会是否能够维持和谐稳定，在一定程度上取决于社会主导思想是否能够代表最广大人民的根本利益，取决于思想共识是否能够得到最大范围的凝聚。凝心才能聚力，同向才能同行，没有思想上的统一，就没有行动上的一致，社会的和谐及国家的安定便难以实现。纵观人类社会的发展历史，每一项重大的变革都需要进行思想动员，每一次伟大的进步都以汇聚思想合力为基础，无论是传统社会，还是现代社会，无论在我们国家，还是在西方国家，凝聚思想共识始终是关系社会和谐、国家发展的重大问题，也是需要高度重视并不断推进的重要实践活动。

　　长期以来，我国一直十分重视凝聚思想共识，在筚路蓝缕、砥砺前行的历史进程中积淀了丰富的思想资源，积累了诸多有益的经验。一方面，通过凝聚思想共识，形成了无穷的思想合力，明确了社会的前进方向，推动了我国社会主义革命、建设和改革事业的发展。另一方面，在推进社会发展、促进社会进步的实践过程中不断解放思想，统一思想认识，凝聚党心民心。经过四十多年的改革开放和社会主义现代化建设，我们国家和社会发生了巨大的变化，人民生活得到了极大的改善，社会整体思想状况总体上保持积极向好态势，马克思主义在思想领域的指导地位不断强化，全党全国人民共同奋斗的思想基础较为巩固，整个国家和社会的凝聚力、稳定力稳步提升。

　　凝聚思想共识的任务是长期复杂的，思想的转变和共识的形成不是一朝一夕就能完成的。社会存在决定社会意识，"我们只能在我们时代的条件下去认识，而且这些条件达到什么程度，我们便认识到什么程度"❶。伴随着广泛的社会变革及急剧的现代化转型，社会不断分化，矛盾逐渐凸显，社会结构的深刻变动和利益格局的深刻调整带来了思想观念的深刻变化，加之经济全球化的深入发展、网络信息化的迅猛推进，促进了思想意识的活跃和思想观念的交锋，也导致了意识形态领域的斗争日趋激烈，整个思想文化领域呈现出多样多变的特点，给思想共识的凝聚增加了不少困难和挑战。面对利益多元、思想多样、观念多变的现实情况，我们必须从社会变化和思想发展的客观实际出发，把握社会整体思想意识的动态，用习近平新时代中国特色社会主义思想凝心聚魂，以社会主义核心价值观引领社会思潮，用社会主流意识形态将不同的思想观念整合为共同的思想认识，减少思想分歧，化解思想矛盾，汇聚思想合力，为实现中华民族伟大复兴凝聚起磅礴力量。

奋斗于美好新时代，奋进在壮阔新征程，党和国家事业发展处于新的历史方位，在以习近平同志为核心的党中央坚强有力领导下，改革发展的伟大实践与主流意识形态建设同步推进、相辅相成，这为丰富发展壮大社会主义意识形态、凝聚全体成员思想共识提供了有利机遇和广阔空间。但也应认识到，我们面临的风险和挑战前所未有，意识形态领域斗争形势依然严峻复杂，我们比历史上任何时期都更接近中华民族伟大复兴的中国梦，因而也比任何时期都更需要全体中华儿女的齐心协力，更需要将人们的思想统一到实现中华民族伟大复兴的共同目标上来，将人们的力量聚合到实现中国梦的美好愿景上来。站在时代的高度、全局的角度，我们必须重视和加强我国凝聚思想共识的研究，积极构建凝聚思想共识完整的理论体系和实践体系，既要阐释清楚凝聚思想共识的基本理论问题，也要在现实层面研究和掌握人们的思想动态，分析凝聚思想共识的现实状况和实现路径，提升凝聚思想共识研究的整体性和实效性。这是本书的出发点和落脚点，但由于笔者理论水平有限，加之该研究的难度之大，难免有论证不足之处，需要在今后的研究中进一步拓展广度和深度，争取形成更加全面系统的研究成果。

书稿写作之时，正值新冠疫情暴发，这是中华民族伟大复兴进程中的

一场突如其来的遭遇战，也是对我国思想共识凝聚力的一次大考验。沧海横流，方显英雄本色。疫情发生之后，党中央高度重视，习近平总书记亲自部署、亲自指挥，全国上下万众一心、众志成城，中华儿女闻令而动、齐心战"疫"，各地区各部门迅速统一思想认识、密切沟通协作，十四亿中国人民在共克时艰中勇毅前行，全面打响了一场疫情防控的人民战争、总体战、阻击战。在这场没有硝烟的战斗中，全国一盘棋，党心顺、军心振、民心齐，各种社会关系、各种社会力量实现了有效整合，思想共识和人民力量得到了极大的凝聚，向世人展示了中国力量、中国精神、中国效率，切实彰显了中国共产党领导和中国特色社会主义制度的显著优势。我们党团结带领全国各族人民，付出巨大努力，取得了抗击新冠疫情斗争重大战略成果，在与新冠病毒的较量中，党中央统揽全局、果断决策，以非常之举应对非常之事，坚持把人民生命安全和身体健康放在第一位；中国人民和中华民族敢于斗争、敢于胜利的大无畏气概，铸就了生命至上、举国同心、舍生忘死、尊重科学、命运与共的伟大抗疫精神。可以说，伟大抗疫精神和伟大的抗疫斗争实践为新时代凝聚思想共识、防范化解重大风险提供了生动的启示录，这些重要的经验和深刻的启示需要认真总结，不仅有助于深化我国凝聚思想共识的理论与实践研究，也再次有力证明了中国共产党所具有的无比坚强的领导力，中国人民所具有的不屈不挠的意志力，中华优秀传统文化所具有的强大精神动力。

泱泱华夏，何以中国？回望奔腾不息的历史长河，守护源远流长的文明之根，中华民族从五千年的史卷中走来，经历过盛世繁荣的兴旺时期，也面临过生死存亡的危难关头，历磨难而不屈、经考验而不衰的重要原因就是我们始终有着统一的国家、团结的人民，始终凝聚着人们的思想共识，凝聚着强有力的精神命脉。翻开风云激荡的红色篇章，回顾中国共产党的百年辉煌历程，我们的每一次战略突破，几乎都与破解重大问题为动力、化解重大危机为机遇密切相关，中国共产党团结带领全国人民经受住了一次又一次的重大灾难和严峻考验，创造了世所罕见的经济快速发展奇迹和社会长期稳定奇迹。可以说，中国奇迹来自中国共产党的坚强领导，涵养于中华民族漫长奋斗积累的文化养分，确证了马克思主义的真理性，印证了中国道路的正确性，彰显了中国精神的凝聚力，谱写了社会主义运动的新篇章。新的奇迹等待着不断创造，新的辉煌等待着不断续写，只要我们高举马克思主义、中国特色社会主义伟大旗帜不动摇，坚持习近平新时代中国特色社会主义思想指导地位不动摇，用马克思主义观察时代、把握时代、引领时代，用习近平新时代中国特色社会主义思想武装全党、教育人民、指导实践，大力建设具有强大凝聚力的社会主义意识形态，使全体人民更加紧密地团结在以习近平同志为核心的党中央周围，坚持用习近平新时代中国特色社会主义思想统一思想、统一意志、统一行动，自觉用习近平新时代中国特色社会主义思想武装头脑、指导实践、推动工作，坚定拥护"两个确立"、坚决做到"两个维护"，在乱云飞渡中把牢正确方向，在风险挑战面前始终凝聚共识，以咬定青山不放松的执着奋力实现既定目标，以行百里者半九十的清醒不懈推进中华民族伟大复兴，就一定能在全社会画出最大的思想同心圆，筑牢全党全国各族人民团结奋斗的思想基础和精神之魂，不断开创新时代中国特色社会主义新前景，从胜利走向新的胜利！

参考文献

一、文献专著

[1] 马克思恩格斯文集：第 1、8、9、10 卷［M］.北京：人民出版社，2009.

[2] 马克思恩格斯选集：第 1-4 卷［M］.北京：人民出版社，2012.

[3] 马克思恩格斯全集：第 1、3 卷［M］.北京：人民出版社，1995.

[4] 列宁选集：第 1-4 卷［M］.北京：人民出版社，1995.

[5] 列宁全集：第 14、32 卷［M］.北京：人民出版社，2017.

[6] 列宁全集：第 55 卷［M］.北京：人民出版社，1990.

[7] 列宁专题文集·论社会主义［M］.北京：人民出版社，2009.

[8] 毛泽东选集：第 1-4 卷［M］.北京：人民出版社，1991.

[9] 毛泽东文集：第 7 卷［M］.北京：人民出版社，1999.

[10] 毛泽东文集：第 2 卷［M］.北京：人民出版社，1996.

[11] 邓小平文选：第 1、2 卷［M］.北京：人民出版社，1994.

[12] 邓小平文选：第 3 卷［M］.北京：人民出版社，1993.

[13] 邓小平文集（一九四九——一九七四年）：中卷［M］.北京：人民出版社，2014.

[14] 江泽民文选：第 3 卷［M］.北京：人民出版社，2006.

[15] 胡锦涛文选：第 2、3 卷［M］.北京：人民出版社，2016.

[16] 习仲勋文选［M］.北京：中央文献出版社，1995.

[17] 周恩来选集：下卷［M］.北京：人民出版社，1984.

[18] 马克思.1844 年经济学哲学手稿［M］.北京：人民出版社，2000.

[19] 习近平.习近平谈治国理政［M］.北京：外文出版社，2014.

[20] 习近平.习近平谈治国理政：第 2 卷［M］.北京：外文出版社，2017.

[21] 习近平.之江新语［M］.杭州：浙江人民出版社，2007.

[22] 胡锦涛.论构建社会主义和谐社会［M］.北京：中央文献出版社，2013.

［23］中共中央宣传部.习近平新时代中国特色社会主义思想学习纲要［M］.北京：学习出版社、人民出版社，2019.

［24］中共中央宣传部.习近平新时代中国特色社会主义思想三十讲［M］.北京：学习出版社，2018.

［25］中共中央文献研究室.习近平关于全面深化改革论述摘编［M］.北京：中央文献出版社，2014.

［26］中共中央文献研究室.习近平关于全面建成小康社会论述摘编［M］.北京：中央文献出版社，2016.

［27］中共中央文献研究室.中国共产党的九十年［M］.中共党史出版社、党建读物出版社，2016.

［28］钱穆.中国文化史导论［M］.北京：商务印书馆，1994.

［29］骆郁廷.精神动力论［M］.武汉：武汉大学出版社，2003.

［30］黄钊.中国古代德育思想史论［M］.北京：中国社会科学出版社，2011.

［31］冯友兰.中国现代哲学史［M］.广州：广东人民出版社，1999.

［32］王沪宁.政治的逻辑——马克思主义政治学原理［M］.上海：上海人民出版社，2004.

［33］欧阳康.社会认识论导论［M］.北京：中国社会科学出版社，2010.

［34］黄宗良.书屋论政——苏联模式政治体制及其变易［M］.北京：人民出版社，2005.

［35］俞可平.民主与陀螺［M］.北京：北京大学出版社，2006.

［36］孙立平.转型与断裂：改革以来中国社会结构的变迁［M］.北京：清华大学出版社，2004.

［37］桑玉成.利益分化的政治时代［M］.上海：学林出版社，2002.

［38］侯惠勤，等.冲突与整合——如何认识我国社会主义改革实践过程对人们思想的影响［M］.北京：中国人民大学出版社，2004.

［39］吴敬琏.改革共识与中国未来［M］.北京：中央编译出版社，2013.

［40］韩桥生.道德价值共识论［M］.北京：人民出版社，2015.

［41］寇鸿顺.当代西方共识民主理论研究［M］.北京：人民出版社，2014.

［42］杨晓畅.多元时代的政治共识：中立论自由主义的学理检视［M］.北京：法律出版社，2019.

［43］林尚立，赵宇峰.中国协商民主的逻辑（修订版）［M］.上海：上海人民出版社，2016.

［44］张耀灿，等.思想政治教育学前沿［M］.北京：人民出版社，2006.

［45］叶方兴.社会之境：思想政治教育社会整合研究［M］.上海：上海人民出版社，2018.

［46］张澎军.思想政治教育学理论前沿论略［M］.北京：人民出版社，2015.

［47］陈秉公.思想政治教育学原理［M］.北京：高等教育出版社，2006.

［48］祖嘉合.思想政治教育方法教程［M］.北京：北京大学出版社，2004.

［49］俞吾金.被遮蔽的马克思［M］.北京：人民出版社，2012.

［50］张一兵.回到马克思：经济学语境中的哲学话语［M］.3版.南京：江苏人民出版社，2013.

［51］沈壮海.思想政治教育有效性研究［M］.2版.武汉：武汉大学出版社，2008.

［52］褚凤英.思想政治教育活动研究［M］.北京：人民出版社，2011.

［53］陈燕.思想政治教育社会治理功能研究［M］.北京：中央编译出版社，2019.

［54］曹勇.思想政治教育功能研究：基于突发自然灾害的视角［M］.北京：社会科学文献出版社，2018.

［55］黑格尔.法哲学原理［M］.范扬，张企泰，译.北京：商务印书馆，2010.

［56］亚里士多德.政治学［M］.吴寿彭，译.北京：商务印书馆，2009.

［57］卢梭.社会契约论［M］.何兆武，译.北京：商务印书馆，2017.

［58］卢梭.论人类不平等的起源和基础［M］.邓冰艳，译.杭州：浙江文艺出版社，2015.

［59］约翰·罗尔斯.政治自由主义［M］.万俊人，译.南京：译林出版社，2000.

［60］约翰·罗尔斯.作为公平的正义——正义新论［M］.姚大志，译.上海：上海三联书店，2002.

［61］埃米尔·涂尔干.社会分工论［M］.渠东，译.北京：生活·读书·新知三联书店，2000.

［62］洛克.政府论［M］.叶启芳，瞿菊农，译.北京：商务印书馆，2008.

［63］安东尼·奥罗姆.政治社会学导论［M］.4版.张华青，何俊志，等译.上海：上海世纪出版集团，2006.

［64］乔万尼·萨托利.民主新论［M］.冯克利，阎克文，译.上海：上海人民出版社，2009.

［65］哈贝马斯.在事实与规范之间——关于法律和民主法治国的商谈理论［M］.童世骏,译.生活·读书·新知三联书店,2003.

［66］韦农·波格丹诺.布莱克维尔政治制度百科全书［M］.邓正来,等译.北京:中国政法大学出版社,2011.

［67］安德鲁·海伍德.政治学核心概念［M］.吴勇,译.天津:天津人民出版社,2008.

［68］托克维尔.论美国的民主［M］.董果良,译.北京:商务印书馆,2004.

［69］乔舒亚·库珀·雷默.不可思议的年代:面对新世界必须具备的关键概念［M］.何帆,译.长沙:湖南科学技术出版社,2010.

［70］塞缪尔·亨廷顿.文明的冲突与世界秩序的重建［M］.周琪,等译.北京:新华出版社,2010.

［71］S. N.艾森斯塔德.现代化:抗拒与变迁［M］.张旅平,等译.北京:中国人民大学出版社,1988.

［72］斯塔夫里阿诺斯.全球通史——1500年以前的世界［M］.吴象婴,梁赤民,译.上海:上海社会科学院出版社,1995.

［73］弗朗西斯·福山.历史的终结及最后之人［M］.黄胜强,等译.北京:中国社会科学出版社,2003.

二、期刊论文

［1］辛向阳.中国共产党的领导与中国式现代化［J］.马克思主义研究,2022（10）.

［2］辛向阳.深刻领会习近平新时代中国特色社会主义思想的世界观和方法论［J］.红旗文稿,2022（20）.

［3］杨国荣.论伦理共识［J］.探索与争鸣,2019（2）.

［4］刘建军.习近平对凝聚共识的全面论述［J］.思想理论教育导刊,2018（9）.

［5］柯利.社会主义核心价值体系凝聚共识的动力因素与影响机理［J］.重庆社会科学,2014（5）.

［6］刘磊,朱志明,鲍超.中国特色社会主义理论体系凝聚共识规律研究［J］.思想教育研究,2013（12）.

［7］寇清杰.在认同中凝聚共识和力量［J］.红旗文稿,2014（6）.

［8］葛慧君.切实担负起凝聚共识的职责使命［J］.思想政治工作研究,2017（2）.

［9］姚大志.社群主义的两副面孔——评沃尔策的正义理论［J］.天津社会科学,2007（1）.

［10］郑广永.社会共识与建设社会主义和谐社会［J］.党政干部学刊，2010（1）.

［11］王锁明.凝聚社会共识的重要性及路径思考［J］.人民论坛，2014（11）.

［12］李德全，杨全海.坚持以社会主义核心价值体系凝聚社会共识［J］.思想理论教育导刊，2013（11）.

［13］高成军.宪法共识：价值多元社会的认同共识［J］.甘肃社会科学，2018（4）.

［14］萧功秦.超越左右激进两极思维——以中道理性为基础重建社会共识［J］.人民论坛，2012（10）.

［15］沈湘平.反思价值共识的前提［J］.学术研究，2011（3）.

［16］杨佩，李建群.后哲学话语背景下价值共识的可能性探究［J］.学术界，2018（2）.

［17］蒋璀玢，魏晓文."后真相"引发的价值共识困境与应对［J］.思想教育研究，2018（12）.

［18］袁银传，郭亚斐.试论当代中国价值共识的凝聚机制［J］.思想理论教育导刊，2018（7）.

［19］汪信砚.价值共识与和谐世界［J］.武汉大学学报（哲学社会科学版），2017（5）.

［20］吴云，朱宗友.道德价值共识的重构［J］.科学社会主义，2017（4）.

［21］周谨平.权威性社会价值的共识进路［J］.湖北大学学报（哲学社会科学版），2018（3）.

［22］王莹.思想政治教育融入社会治理的着力点——一种基于社会治理现实的生成性视角［J］.思想理论教育，2017（7）.

［23］王崇兴.当代中国社会政治共识探析［J］.学术交流，2005（12）.

［24］李风华.政治共识：一种新的政治观念研究路径［J］.政治学研究，2012（1）.

［25］人民论坛课题组.改革发展关键阶段需要全面凝聚政治共识——当前公众的政治观念与政治意识调查报告［J］.人民论坛，2016（29）.

［26］寇鸿顺.论多元社会的政治共识与政治整合［J］.郑州大学学报（哲学社会科学版），2013（3）.

［27］周显信，叶方兴.政治共识：一种政治社会学的分析视角［J］.马克思主义与现实，2012（3）.

［28］郭中军.网络民粹主义与传统政治共识的解构［J］.学习与探索，2012（9）.

［29］刘杰.国家关怀与政治共识的建构［J］.学习与探索，2012（9）.

［30］秦国民.政治共识的凝聚：社会主义政治发展道路运行的价值机制［J］.郑州大学学报（哲学社会科学版），2014（5）.

［31］夏德峰.我国社会转型期政治共识的凝聚路径及其有效构建［J］.理论导刊，2014（10）.

［32］吕元礼.现代民主社会的政治共识［J］.江苏社会科学，2005（3）.

［33］张树平.从知识结构建构政治共识［J］.学习与探索，2012（9）.

［34］林晓燕.论改革共识的功能与凝聚路径［J］.思想教育研究，2018（2）.

［35］雷勇，陈锦宣.改革共识的逻辑分析与现实思考［J］.四川师范大学学报（社会科学版），2018（5）.

［36］张冬利，李萍.当代中国改革思想论争的历史品格与基本共识［J］.理论月刊，2016（3）.

［37］王文章.凝聚改革共识难在何处［J］.人民论坛，2017（17）.

［38］王树荫.全面深化改革进程中如何凝聚改革共识［J］.马克思主义研究，2014（6）.

［39］陈慧平.为什么"改革共识撕裂论"站不住脚［J］.人民论坛，2017（17）.

［40］宋周尧.凝聚改革共识的历史唯物主义基础分析［J］.宁夏社会科学，2018（2）.

［41］秦龙，邓晶晶.论中国梦与改革共识的价值共向［J］.广西社会科学，2017（3）.

［42］刘飞.道德共识及其边界［J］.伦理学研究，2018（5）.

［43］贺来."道德共识"与现代社会的命运［J］.哲学研究，2001（5）.

［44］甘绍平.道德共识的形成机制［J］.哲学动态，2002（8）.

［45］汪荣有，韩桥生.社会转型期道德共识构建问题探索［J］.理论导刊，2012（1）.

［46］赵爱玲.凝聚与重建道德共识：中国特色社会主义伦理文化建设的一种思维路向［J］.学校党建与思想教育，2016（11）.

［47］张铁勇.论以谋求共识为核心的德育理念［J］.道德与文明，2003（6）.

［48］付来林，俞晓敏.论社会主义和谐社会的社会思想共识［J］.中共南昌市委党校学报，2007（4）.

［49］陈娜.论思想共识凝聚的本质［J］.思想理论教育，2018（12）.

［50］陈娜.论思想共识凝聚及其时代价值［J］.思想理论教育导刊，2019（1）.

［51］刘艳芳.利益多元化社会的思想共识研究［J］.中共郑州市委党校学报，2007（6）.

［52］魏长领．社会公正与思想共识［J］．郑州大学学报（哲学社会科学版），2007（3）．

［53］寇东亮．主流意识形态与社会思想共识的形成［J］．郑州大学学报（哲学社会科学版），2007（3）．

［54］潘中伟．思想共识与利益多元时代的社会团结［J］．郑州大学学报（哲学社会科学版），2007（3）．

［55］郭彦森．建立有利于形成思想共识的合理利益关系［J］．郑州大学学报（哲学社会科学版），2007（3）．

［56］罗成翼．论利益关系与思想共识［J］．湖南社会科学，2008（4）．

［57］沈湘平．价值共识是否及如何可能［J］．哲学研究，2007（2）．

［58］葛洪泽．论共识［J］．现代哲学，2000（2）．

［59］姜玲玲．社会意识的自组织过程［J］．学术界，2010（8）．

［60］陈秉公．论国家意识形态"高势位"建设的规律性——30年国家意识形态建设成功经验的理论解读［J］．马克思主义研究，2009（11）．

［61］刘少杰．发展的社会意识前提——社会共识初探［J］．天津社会科学，1991（6）．

［62］于洪军，潘云涛．冲突与整合：思想政治教育中的意识形态教育与非意识形态教育的统一［J］．前沿，2008（4）．

［63］魏小萍．分配正义的两个抽象原则［J］．哲学动态，2015（12）．

［64］余一凡，赵冶．互联网意识形态建设的三层次指向［J］．理论探索，2016（5）．

［65］陈新汉．哲学视域中社会价值观念的共识机制［J］．哲学动态，2014（4）．

［66］张澍军．试论思想政治教育学科前沿的若干重大问题［J］．马克思主义研究，2011（1）．

［67］王秀阁．论思想政治教育研究取向的问题——马克思主义实践观视角［J］．马克思主义研究，2015（5）．

［68］褚凤英．思想政治教育本质新论［J］．学校党建与思想教育，2012（3）．

［69］陈建保，侯丹娟．思想政治教育功能研究述评［J］．理论月刊，2010（6）．

［70］黄泽．思想政治教育凝聚功能的重要性及其举措［J］．广西教育学院学报，2011（2）．

［71］代玉启，陈文旭．思想政治教育学科定位新探——社会、属性、功能三位一体定位分析［J］．思想政治教育研究，2009（3）．

［72］韦吉锋，韦继光.论和谐社会视野下思想政治教育的凝聚功能［J］.广西教育学院学报，2009（3）.

［73］肯尼·科伊尔，陈文旭.进入新时代的中国，及其世界社会主义意蕴［J］.人民论坛·学术前沿，2019（4）.

［74］杨金海，吕增奎.国外学者眼中的中国改革开放［J］.上海党史与党建，2009（1）.

［75］安德鲁·瓦尔德，张文成.失序的稳定：中国的政权为什么有力量［J］.国外理论动态，2010（6）.

［76］托马斯·海贝勒.关于中国模式若干问题的研究［J］.当代世界与社会主义，2005（5）.

［77］海克·霍尔比格，吕增奎.当代中国的意识形态重构：决定因素、进展和局限［J］.国外理论动态，2009（12）.

［78］彼得·拉特兰，王新颖.后社会主义国家与新的发展模式的变化：俄罗斯与中国的比较［J］.经济社会体制比较，2010（2）.

［79］颜学勇，周美多.基于共识的治理：后现代情境下政策共识的可能性及其限度［J］.电子科技大学学报（社科版），2011，13（4）.

［80］刘明厚.论多元社会的共识基础——兼论我国和谐社会的共识建设［J］.理论与改革，2011（2）.

三、报纸文章

［1］习近平.高举中国特色社会主义伟大旗帜　为全面建设社会主义现代化国家而团结奋斗［N］.人民日报，2022-10-26（001）.

［2］习近平.在庆祝中国共产党成立100周年大会上的讲话［N］.人民日报，2021-07-02（001）.

［3］习近平.决胜全面建成小康社会　夺取新时代中国特色社会主义伟大胜利——在中国共产党第十九次全国代表大会上的报告［N］.人民日报，2017-10-28（001）.

［4］习近平.在哲学社会科学工作座谈会上的讲话［N］.人民日报，2016-05-19（001）.

［5］习近平.在纪念马克思诞辰200周年大会上的讲话［N］.人民日报，2018-05-05（001）.

［6］习近平.胸怀大局把握大势着眼大事　努力把宣传思想工作做得更好［N］.人民日报，2013-08-21（001）.

［7］习近平.在第十二届全国人民代表大会第一次会议上的讲话［N］.人民日报，2013-03-18（001）.

［8］习近平.在省部级主要领导干部学习贯彻党的十八届五中全会精神专题研讨班上的讲话［N］.人民日报，2016-05-10（002）.

［9］习近平.在全国政协新年茶话会上的讲话［N］.人民日报，2018-12-29（001）.

［10］习近平.在中央政协工作会议暨庆祝中国人民政治协商会议成立70周年大会上的讲话［N］.人民日报，2019-09-21（001）.

［11］习近平.承前启后　继往开来　继续朝着中华民族伟大复兴目标奋勇前进［N］.人民日报，2012-11-30（001）.

［12］习近平.把培育和弘扬社会主义核心价值观作为凝魂聚气强基固本的基础工程［N］.人民日报，2014-02-26（001）.

［13］推进人民政协理论创新制度创新工作创新　推进社会主义协商民主广泛多层制度化发展［N］.人民日报，2014-09-22（001）.

［14］正确处理一致性和多样性的关系——二论学习贯彻习近平中央统战工作会议重要讲话精神［N］.人民日报，2015-05-22（001）.

［15］凝聚思想共识　汇集筑梦力量［N］.人民日报，2017-11-08（004）.

［16］凝聚思想共识　汇聚强军力量［N］.解放军报，2017-11-10（003）.

［17］刘云山.着眼提升国家文化软实力　主动精彩讲好中国故事［N］.人民日报海外版，2015-01-06（001）.

四、学位论文

［1］朱玲琳.社会共识论［D］.武汉：华中科技大学，2016.

［2］王忠勇.哲学视域中的共识问题研究［D］.北京：中共中央党校，2018.

［3］徐春喜.当代中国社会主义核心价值观的价值共识问题研究［D］.长春：东北师范大学，2018.

［4］张振华.当代中国社会共识形成研究［D］.武汉：武汉大学，2014.

［5］段元秀.西方政治思想中的共识理论研究［D］.天津：天津师范大学，2015.

［6］王秀娜.多元社会的共识理论研究［D］.长春：吉林大学，2013.

［7］魏强.社会管理中的思想疏导研究［D］.武汉：武汉大学，2013.

［8］戚如强.思想政治教育社会整合研究［D］.南京：南京师范大学，2013.

五、外文文献

［1］WEALE A. Democratic justice and the social contract: An overview ［J］. Critical Review of International Social and Political Philosophy, 2016, 20 （2）.

［2］Justice between individuals: John Rawls and the demands of political liberalism ［J］. The Tocqueville Review/La revue Tocqueville, 2022, 43 （1）.

［3］SEODU R H. Overlapping consensus view of human rights: A Rawlsian conception ［J］. International Theory, 2022, 15 （1）.